BRAND WARFARE

브랜드
전쟁

Brand Warfare: 10 Rules For Building The Killer Brand

1 2 3 4 5 6 7 8 9 10 CHR 20 09 08 07 06 05 04 03 02

Original: Brand Warfare: 10 Rules For Building The Killer Brand
        By David F. D'Alessandro
        ISBN 0-07-136293-2

This book is exclusively distributed in Chung Rim Interactive Publishing Co.

When ordering this title, please use ISBN 89-352-0468-4

Printed in Korea

BRAND WARFARE

브랜드
전쟁

데이비드 댈러샌드로(David F. D'Alessandro) 지음
이수정 옮김

옮긴이 | 이수정

이화여자대학교 신문방송학과를 졸업하고 고려대학교 언론대학원을 수료했다. 대학 졸업 후 삼성그룹의 CATV 아나운서와 사보 기자를 거쳐 광고 회사에서 카피라이터 및 AE로 활동 했다. 영국 BBC 방송국이 제작한 교육용 애니메이션 〈Fourways Farm〉을 비롯한 다수의 기 업 홍보물을 번역했으며, 세계적인 음악 잡지 「Jazz Hipster」의 번역에도 참가했다. 현재는 미 국 뉴저지 주에 거주하면서 일본어 및 영어 전문번역가로 활동하고 있다. 역서로는 『나는 나 그래서 아름답다』 등이 있다.

브랜드 전쟁

1판 1쇄 발행 | 2002년 2월 10일
1판 2쇄 발행 | 2002년 3월 25일

지은이 | 데이비드 댈러샌드로
옮긴이 | 이수정
발행인 | 고영수
발행처 | 청림출판
등　록 | 제9-83호(1973. 10. 8)
주　소 | 135-816 서울시 강남구 논현동 63번지
전　화 | (02) 546-4341
팩　스 | (02) 546-8053

http://www.chungrim.com
e-mail:cr2@chungrim.com

ISBN 89-352-0468-4　03320

서 문

브랜드, 디지털 시대의 새로운 가치

나에게 브랜드에 관한 가장 값진 교훈을 준 사람은 다름 아닌 나의 첫번째 고객이다. 대학을 졸업하자마자 바로 뉴욕의 유수한 홍보 회사에 취직이 된 나는 세상 돌아가는 이치를 훤히 꿰뚫고 있다는 대단한 착각 속에 빠져 있었는데, 그 착각을 여지없이 깨뜨려준 사람이 바로 나의 첫번째 고객인 오빌 레덴바허(Orville Reden bacher) 씨였다. 그는 중서부 출신의 작달막한 중년 남자로 머리는 옛날 TV 연속극 〈작은 악당들(The Little Rascals)〉에 나오는 '알팔파' 처럼 앞가르마를 타서 짝 갈라붙인데다가 나비넥타이까지 하고는 우리 회사를 찾아왔다. 그런 외모 때문인지 오빌 레덴바허라는 그의 이름까지도 내게는 무척 우스꽝스럽게만 들렸다.

레덴바허 씨는 원래 우리 회사의 시카고 지사에 홍보를 의뢰했지만 동부 지역에서의 제품 홍보를 원했기 때문에 내가 있는 뉴욕 지사에서 그의 프로젝트를 맡게 되었던 것이다. 그렇게 해서 시카고에서 뉴욕까지의 그 먼 길을 날아온 나의 첫 고객은 통성 명을 끝내자마자 곧 자신이 손수 개발했다는 그 '특별한 팝콘'이 팝콘 산업계에 일으킬 회오리 바람에 대해 침을 튀기며 설명을 늘 어놓기 시작했다.

무엇보다도 고작 '팝콘' 하나를 두고 '산업' 운운하는 것부터 가 내게는 무척 이상하게 들렸다. 그 당시 시중에 나와 있던 팝콘 의 종류는 딱 두 가지로, 튀긴 것을 봉지에 넣어 파는 봉지 팝콘 과 집에서 직접 튀겨 먹는 인스턴트 팝콘인 지피팝(Jiffy Pop)이 전 부였다. 특히 지피팝은 맛보다는 재미나 심심풀이로 팝콘을 먹는 사람들의 심리를 겨냥하여 제품의 기본 콘셉트를 '먹을 때 재미 있고, 만들 때 재미있는 팝콘'으로 설정한 것이었다.

레덴바허 씨는 목청을 드높여 자신이 개발한 팝콘이 기존 제품 들과 어떤 식으로 얼마나 다른지 일일이 예를 들어가면서 설명하 고 또 설명했다. 그의 설명에 의하면 오빌 팝콘은 튀겨진 팝콘 알 갱이의 크기가 기존 팝콘의 거의 두 배나 되는데다가 남는 알갱 이 하나 없이 100퍼센트 튀겨진다는 것이었다. 그는 자신이 개발 한 팝콘이 마치 자신이 낳은 자식이라도 되는 것처럼 시종일관 매 우 진지한 태도로 말했다. 그러면서 자못 비밀스러운 어투로 이 런 말까지 덧붙였다.

"팝콘 껍질이 치아 표면에 들러붙으면 찝찝하잖아요? 우리 팝 콘은 절대 그럴 염려가 없답니다. 왜냐구요? 껍질이 아주 얇은 옥 수수만 쓰거든요."

그는 끝까지 터지지 않고 남아 있는 팝콘 알갱이를 '노처녀'라고 부르는 등 팝콘 알갱이 하나하나가 인격을 갖춘 사람이라도 되는 것처럼 조심스럽게 지칭하며 이야기를 계속했다. 그래서 나를 비롯해 그의 이야기를 함께 듣고 있던 우리 회사 직원들은 모두 그의 머리가 어떻게 된 건 아닌가 하고 생각했을 정도이다. 그러나 정신병자가 아니라 그보다 더한 사람이라 해도 그가 우리에게 광고를 의뢰하고 그에 대해 돈을 지불할 능력과 의사가 있는 한, 레덴바허 씨는 어디까지나 우리의 소중한 고객임을 나는 잊지 않았다.

레덴바허 씨는 이미 제품 홍보에 관한 확고한 자기 철학을 세워두고 거기서 한 발짝도 물러서려고 하지 않았다. 제품의 이름을 결정해야 할 때쯤 해서 우리 회사 직원 중 한 사람이 '100퍼센트 확실한 팝콘'으로 하자고 제안했다. 그러자 레덴바허 씨는 대번에 싫다고 하며 펄펄 뛰더니 급기야는 우리에게 버럭 화를 내는 것이었다. 그래서 우리는 그가 원하는 대로 좀더 '노골적인' 이름을 생각해냈고, 그것이 바로 그의 이름이 들어간 브랜드 네임 '오빌 팝콘'이었다. 팝콘 봉지에 커다랗게 적힌 자신의 이름을 보며 레덴바허 씨는 만족스러운 웃음을 지었다.

그러나 그는 자신의 제품에 이렇듯 각별한 애정을 가지고 있으면서도 지나치게 많은 비용을 들여 제품을 광고하기보다는 그저 사람들에게 자신이 만든 팝콘의 존재를 알릴 수만 있도록 해달라고 부탁했다. 그래서 나는 제품 홍보를 위해 뉴욕에서 발행되는 음식 관련 잡지의 편집장과 칼럼니스트 수백 명을 초대하는 성대한 파티를 기획했다. 그리고 파티에 참석한 사람들에게 공짜 술을 마구 따라주면서 모두들 거나하게 취해 분위기가 무르익기만을 기다렸다. 적당하다 싶은 순간이 되자 나는 레덴바허 씨를 그의 트레이드 마크인 나비넥타이 차림으로 단상에 올려 보내 팝콘에 대해서 나에게 들려준 그대로 설명하도록 했다.

반응은 기대 이상이었다. 나 스스로도 놀랐을 정도니까. 잘난 체하고 콧대 높기로 유명한 뉴욕의 음식 비평가들이 모두 이 엉뚱한 사람에게서 눈을 떼지 못하고 그의 설명을 진지하게 경청하는 것이 아닌가! 그날의 파티 이후, 미국의 유명 일간지며 잡지들은 일제히 '세계 제일의 팝콘'을 향한 오빌의 부단한 노력에 대해 경쟁적으로 기사를 써대기 시작했다. 당연한 결과지만 대형 상점과 소비자들의 관심 또한 덩달아 높아졌고, 오빌 레덴바허의 인생은 드디어 극적인 전환점을 맞이하게 되었다. 이를 계기로 명실공히 전세계 팝콘 산업의 제왕 자리에 등극한 레덴바허는 그로부터 몇 년 후 사업체를 헌트 웨슨(Hunt-Wesson: 미국 최대의 식품 그룹 콘아그라(ConAgra)의 계열사 — 역주)에 넘기고 은퇴할 때에는 이미 천문학적 액수의 재산을 자랑하는 거부(巨富)가 되어 있었던 것이다.

이 이야기가 할리우드 영화의 시나리오라면 이쯤에서 나는 순진하고 어리석은 한 젊은이가 어느 신비한 노인 덕에 '비즈니스 전쟁에서는 품질 좋은 상품이 언제나 승리하게 마련이다'라는 진실에 눈뜨게 되었노라고 자못 감격적인 어조로 고백해야 하리라.

하지만 내가 오빌 레덴바허와의 만남을 통해서 얻은 교훈은 그런 것이 아니다. 오빌에게는 미안한 이야기지만, 나는 그의 팝콘이 그토록 인기를 끌 수 있었던 비결은 제품 자체의 우수성보다는 오히려 소비자들에게 자신이 만든 팝콘의 독특함을 알리고자 꼼꼼하게 작성한 그의 설명서에 있다고 줄곧 생각해왔다.

내가 그에게서 얻은 진짜 교훈은 무엇이었을까?

'좋은 브랜드'는 시장에서 통용되는 다른 모든 마케팅 요소를 단번에 제압하는 저력을 가지고 있음을 깨달은 것이었다. 소비자들이 타사의 제품보다 비싼 가격에도 불구하고 너도나도 오빌 팝콘을 사 먹은 이유는, 그것이 다른 제품에 비해 월등히 나은 품질이나 눈에 띄는 차이점을 지니고 있기 때문도 아니었고, 터지지 않는 '노처녀'가 생길 우려가 없기 때문도 아니었다. 소비자들은 바로 오빌 레덴바허라는 사람의 그 독특함에 매료되어 그의 제품을 구입한 것이다.

오빌 레덴바허는 진정한 브랜드 구축이란 어떤 것인지를 온몸으로 보여준 사람이다. 그는 아무도 주목하지 않았던 너무나도 평범한 상품에 자신만의 독특한 색깔을 부여하는 데 성공했으며, 소비자들에게 그의 팝콘에는 타사 제품과는 다른 '오빌 팝콘'만의 독특한 개성이 있기 때문에 그만큼 더 가치가 있으리라는 믿음을 심어주었다. 결국 그 모든 과정을 통해 레덴바허는 '팝콘'이라는 소비재 상품 하나만을 가지고도 당당하게 '산업'의 한 분야를 개척했다. 나와 처음 만난 자리에서 이야기했던 것처럼.

나는 그에게서 얻은 교훈을 십분 활용했다.

1984년에 내가 존 행콕 금융서비스 회사(John Hancock Financial Service)로 직장을 옮겼을 당시만 해도 존 행콕은 구닥다리 일색의 금융 상품만을 취급하고 있었다. 하지만 그 가운데 딱 한 가지 내 눈에 띄는 새로운 상품이 있었으니 그것이 바로 '생명보험'이었다. 생명보험이라는 것은 오늘날 첨단 닷컴기업들이 온라인상

에서 판매하는 제품과 마찬가지로 실체가 없는, 그야말로 볼 수
도 만질 수도 없는 상품이다. 생명보험에 가입한다는 것은 가입
자가 필요로 할 때 보험금을 제때 정확히 지불해 주겠다는 보험
회사의 약속을 구입하는 것과 마찬가지다. 따라서 보험 회사가 소
비자에게 팔려고 내놓는 것은 제품이 아닌 바로 그들의 '명성' 이
다. 회사를 믿을 수 없다면 아무리 저렴하고 혜택이 많은 보험 상
품이 나온다 해도 소비자들은 거들떠보지도 않을 것이다. 생각해
보라. 생명보험 상품의 우수성을 확인하기 위해서는 정말로 죽어
보는 수밖에는 다른 방법이 없지 않은가?

　이렇듯 실체가 없는 상품을 판매하는 생명보험 사업이야말로
기본적으로 탄탄한 브랜드가 바탕이 되어 있지 않는 한 쉽게 성
공할 수 없다. 하지만 안타깝게도 생명보험 회사의 운영자들은 대
부분 무형 자산인 브랜드의 진가를 외면한 채 그저 숫자와 실적
에만 혈안이 되어 있는 것이 현실이다. 다행히 존 행콕의 경영자
들은 매우 현명한 사람들이었다. 존 행콕의 커뮤니케이션 부서 책
임자로 부임했을 때 내 앞에 놓인 과제는 낡고 침체된 존 행콕의
브랜드를 오빌 레덴바허의 그 독특한 나비넥타이처럼 소비자들
에게 강력히 어필할 수 있도록 변모시키는 것이었다. 그때 회사
경영진과 이사회의 전폭적인 지원을 등에 업고 강력한 브랜드 개
혁을 추진할 수 있었던 것은 지금 돌아보아도 내게는 커다란 행
운이었다.

　대대적인 브랜드 개혁을 단행한 지 15년이 지난 지금 존 행콕
은 「뉴욕 타임스(The New York Times)」가 선정한 '20세기 100대
브랜드' 의 대열에 당당히 포함되기에 이르렀다. 세계 100대 브랜

드에 속하는 강력한 브랜드를 소유함으로써 우리는 경쟁사들을 보다 쉽게 제압할 수 있고, 소비자들에게 존 행콕에서는 생명보험뿐 아니라 투자 상품 또한 안심하고 구입할 수 있다는 신뢰감을 심어줄 수 있게 되었다.

이제는 브랜드의 가치와 의미를 강조하는 일이 그다지 새삼스러울 것도 없다. 소비자들이 낯설고 미심쩍은 브랜드보다는 강렬하면서도 호의적인 느낌을 주는 브랜드를 선호한다는 사실을 외면한 채 기업 활동을 할 수는 없기 때문이다. 특히 최근 미국에서 일고 있는 '브랜드 열풍' 에는 두 가지 중요한 요인이 있다. 첫번째는 인기를 구가하는 브랜드의 주식에는 고액의 프리미엄에도 불구하고 투자가들이 몰린다는 사실이다. 브랜드 컨설턴트 회사인 인터브랜드(Interbrand)는 매년 전세계적으로 가장 영향력 있는 브랜드의 순위를 매겨서 이들 빅 브랜드의 '브랜드 가치' 를 '시장 가치' 로 환산하여 발표하고 있는데, 지난 2000년에 최고 브랜드로 선정된 코카콜라(Coca-Cola)의 경우에는 브랜드 가치가 725억 달러에 달하며 이는 기업 총자산의 절반이 넘는 51퍼센트에 해당하는 액수이다.

'브랜드 열풍' 을 확산시키고 있는 두번째 요인은 인터넷의 보급으로 인해 경제 전반의 풍토가 숨막히도록 빠르게 변화하고 있다는 점이다. 하룻밤 사이에 강력한 파워 브랜드로 부상했다가 다음 순간 갑자기 나자빠지는 브랜드가 속출하고 있다. 인터넷 서점 아마존닷컴(Amazon.com)의 성공에 자극을 받아서 1990년대 후반 앞다투어 인터넷 사업에 뛰어든 신흥 닷컴기업들은 우선적으로 '브랜드' 를 전면에 내세워 소비자들의 의식 속에 자신들의 존재를 뚜렷이 각인시키고 난 다음에야 비로소 이윤 창출에 주력하는 방식으로 기업을 운영하기 시작했다. 이는 단기적으로 볼 때도 상당한 효과를 보장받을 수 있는 전략이다.

'브랜드 열풍' 은 비단 비즈니스 세계에서만 볼 수 있는 현상이 아니다. 오늘날 시장을 주름잡고 있는 '강력한 브랜드' 가 우리 사회와 문화에 행사하는 영향력은 다른 어떤 비즈니스적 요소보다도 크다. 예를 들어 톰 행크스(Tom Hanks) 같은 유명한 영화배우는 자신의 이름인 '톰 행크스' 브랜드에는 엄청난 가치 창출의 효과가 있으므로 정당하게 보호될 필요가 있다고 공공연하게 주장한다. 또 경치가 아름답기로 유명한 버몬트(Vermont) 주는 '버몬트' 라는 지역명 역시 고유 브랜드이므로 다른 곳에서 이를 함부로 도용하지 못하도록 법적 규제조치를 마련하는 방안까지 논의 중이다.

몇 해 전 「뉴욕 타임스」는 동네에 있는 가까운 성당을 두고 굳이 멀리 떨어진 노틀담 성당까지 찾아가서 미사를 드리는 프랑스 사람들에 관한 기사를 실은 적이 있었다. 그에 대해 노틀담 성당의 클로드 니콜라(Claude Nicolas) 신부는 다음과 같이 말했다.

"노틀담에 가면 왠지 더 나을 거라고 생각하는 사람들이 많기 때문입니다. '노틀담' 도 이제는 어엿한 브랜드 네임인 셈이지요."

이처럼 이제는 특정 분야의 전문가를 비롯하여 비즈니스에 관여하고 있는 사람이면 누구나 브랜드의 중요성을 실감 내지는 공감하고 있다. 그런데도 나는 왜 또 구태여 '브랜드' 에 대한 책을 쓰려고 하는 걸까? 그 이유는 간단하다.

많은 사람들이 브랜드의 중요성을 인식하고 있다고 해도, 브랜드 효과를 유용하고 적절하게 활용하는 방법에 대해서는 한마디로 무지한 상태에 있는 사람들이 대다수이기 때문이다.

연간 수십억 달러가 넘는 돈이 '브랜드'의 구축과 유지에 쓰이고 있지만 안타깝게도 그 대부분은 헛되이 낭비되고 있다. 더 나은 브랜드를 위한 투자도 없이 어떻게 해서든 기존 브랜드만 우려먹으려 하는 기업이 있는가 하면, 소비자들의 심리는 고려하지도 않고 무조건 브랜드 확장에만 열을 올리는 기업도 있다. 또 어떤 기업은 '기업 합병'이라는 명분하에 잘 나가는 브랜드를 마구 사들인 다음 입맛에 맞지 않는다고 '기업의 구조조정' 운운하며 미련 없이 폐기시키기도 한다. 그 밖에 브랜드의 소유를 단순히 광고의 차원으로만 생각하는 기업도 있다. 하지만 자사의 이미지를 대변하는 브랜드의 구축은 그보다 훨씬 큰 위험을 감수해야만 하는 일이다.

유통업체인 시어스(Sears)가 1980년대에 금융서비스 사업에 발을 들여놓을 때 그들은 새로운 사업의 운영에 얼마나 많은 자본과 기술, 인력, 그리고 제품과 유통 라인이 필요할 것인지 등을 충분히 고려하여 브랜드 확장을 결정했다고 한다. 그러나 불행히도 시어스는 자사 브랜드의 기본 속성을 제대로 파악하지 못하는 결정적인 실수를 저질렀다. 소비자들은 공구(工具)나 속옷이 연상되는 시어스의 이미지와 '주식 매매' 사이에서 그 어떤 연결 고리도 찾지 못했던 것이다.

본문에서 자세히 다루겠지만 1990년대를 풍미했던 몇몇 파워 브랜드들 — 자사 로고를 소비자들에게 계속적으로 홍보하여 브랜드 구축에 성공한 나이키(Nike)나 코카콜라 같은 회사들 — 도 역시 브랜드 운영의 핵심 원칙을 간과하여 한때 고전을 겪기도 했다.

브랜드 운영의 핵심 원칙이란 과연 무엇일까?

브랜드는 기업의 일부분에 불과한 것이 아니다. 기업이 소비자들에게 전달하고자 하는 '전부' 인 동시에, 의도하지는 않았어도 자연적으로 전달되는 또 다른 '전부' 가 바로 '브랜드' 이다. 한 마디로 브랜드는 소비자들이 기업의 이름을 듣는 순간 머리 속에 떠올리는 모든 이미지라고 할 수 있다. 더군다나 정보 전달 시스템이 고도로 발달한 오늘날에는 기업의 이름을 통해 연상되는 '브랜드 이미지' 에 노조 문제, 품질 관리, 환경 보호, 소비자 서비스, 그 밖에 인터넷상에 떠도는 온갖 루머들까지 모두 포함되기에 이르렀다.

'노동자들의 근로 조건' 과 같이 마케팅과는 전혀 상관없어 보이는 문제도 브랜드 이미지에 얼마나 치명적일 수 있는지를 보여 준 예가 바로 '나이키' 이다. 제3세계의 노동 환경이 사회적 이슈가 되었던 1996년에 인도네시아에 있는 나이키 공장 근로자들의 처우 문제를 제기한 「비즈니스 위크(BusinessWeek)」지와의 인터뷰에서 나이키의 회장 필 나이트(Phil Knight)는 이런 말을 했다.

"그곳은 미국이 아니라 인도네시아입니다. 우리 힘으로 조정하고 관리할 수 있는 일도 있지만 그럴 수 없는 일도 많지요."

물론 나이트 회장이 법적으로나 실제적으로 틀린 말을 한 것은 결코 아니다. 하지만 '나이키' 라는 브랜드의 이미지를 고려한다면 차라리 회사가 '모든 것' 을 조정하고 관리하고자 노력하고 있다는 인상을 주는 편이 훨씬 더 나은 결과를 가져왔을 것이다. 외부 환경과는 무관하게 브랜드는 그 브랜드의 이름을 걸고 벌어지는 '모든' 일에 책임을 져야 하기 때문이다. 궁색한 변명으로 책임을 회피하려 했던 나이키는 값싼 임금 체계를 악용하는 부도덕한 기업이라는 낙인과 함께 노동 착취와 관련하여 전세계 언론으로부터 집중 공격을 받아야만 했다. 결국 1998년, 나이트 회장은 다음과 같이 자신의 허탈한 심정을 토로하기에 이른다.

"사람들은 이제 '나이키'라는 이름만 들으면 '노예 임금', '살인적인 잔업', '부당한 대우' 등의 나쁜 이미지를 떠올리는 것 같더군요."

이처럼 기업이 행하는 모든 활동이 그대로 기업의 브랜드 이미지에 영향을 미치기 때문에, 기업의 모든 결정은 그것의 옳고 그름을 떠나서 — 소비자 서비스를 줄이기로 결정하든, 새로운 시장으로 진출하기로 결정하든, 기업의 CEO(Chief Executive Officer, 최고경영자)가 좋아하는 스포츠팀을 스폰서하기로 해서 CEO의 비위를 맞춰주든 — 반드시 브랜드라는 프리즘을 통해 한 번 더 들여다보고 걸러내야 한다. 그러나 안타깝게도 심각한 문제가 터지기 전까지 브랜드는 뒷전으로 밀린 채 등한시되는 경우가 다반사이다. 대부분의 기업이 말로만 브랜드의 중요성을 떠벌릴 뿐이고, 기업의 기본적인 구조부터가 진정한 브랜드의 구축을 가로막고 있는데도 수수방관하는 태도로 일관하고 있다.

심지어는 내로라 하는 대기업의 직원들조차도 자사의 브랜드 가치를 깎아내리는 일에 앞장서고 있다. 예를 들어 기업의 고문 변호사라는 사람들은 회사가 스캔들이나 위기에 처했을 때 이에 대해 발빠르게 대응하고 조치를 취하기보다는 될 수 있는 한 오래오래 늑장을 부리면서 버티라고 조언한다. 그들은 장기적인 안

목의 브랜드 관리보다는 코앞에 닥친 문제의 해결이 훨씬 더 중
요하다고 생각하기 때문이다. 공장 근로자나 매장 점원들은 잘못
된 점이나 고쳐야 할 점을 발견해도 그저 구경만 할 뿐이다. 현장
에서 보고 느낀 악습을 상부에 보고해봤자 책임 추궁이나 당하게
될 테니 차라리 모르는 척하는 편이 낫다는 게 그들의 생각이다.

기업의 재무 담당자들은 또 어떤가? 이들은 브랜드 구축 따위
를 위해서는 한푼의 경비도 내줄 수 없다고 벌벌 떠는 답답한 사
람들로, 힘들여 구축한 브랜드의 가치를 깎아내리는 일등 공신이
다. 그뿐이 아니다. 수백만 달러라는 거액의 광고비를 쏟아붓고
도 소비자의 지갑을 열지 못하는 한심한 광고 담당자들도 많다.
광고를 뒷받침하는 브랜드의 중요성을 간파하지 못했기 때문에
생기는 현상이다.

결국 강력한 브랜드 구축의 의지를 가진 사람은 안팎으로 동시
에 두 가지 전쟁을 치를 수밖에 없다. 타사의 경쟁 브랜드를 굴복
시키기 위한 전쟁과 자사 내부에 덩굴처럼 친친 감겨 있는 부정
적 견해들을 쳐나가는 전쟁이 바로 그것이다.

여기서 나는 브랜드를 구축하고 제대로 운영해야 할 책임은 기
업 사정에 밝은 CEO에서부터 이제 막 입사한 홍보부 신입사원에
이르기까지 기업에 속한 모든 사람에게 있음을 강조하고 싶다. 아
직까지는 기업 내에서 브랜드 운영의 책임을 지고 그에 대한 투
자를 강조하는 사람은 주위로부터 따가운 시선을 받는 경우가 많
다. 사실 그도 그럴 것이 대부분의 브랜드 담당자들이란 '브랜드
에 독특한 색(色)을 부여하자' 라든지 혹은 '소비자의 호감을 얻
어야 한다' 면서 뜬구름 잡는 식의 계획만 늘어놓기 일쑤고 거기

다 많은 돈까지 쏟아부어야 한다고 주장하니까 말이다. 모르는 사람들의 눈에는 비현실적이고 전혀 쓸데없는 일로 보이는 것이 바로 브랜딩이다. 그러나 이에 굴하면 안 된다. CEO가 됐건 말단 사원이 됐건 브랜드의 구축과 운영을 위해서는 이런 곱지 않은 시선들에도 당당하게 맞서야 한다.

내가 이 책을 쓴 이유는 이처럼 안팎으로 즐비한 수많은 장애 요소를 극복해야 할 브랜드 담당자와 CEO들에게 도움을 주기 위해서이다. 좋은 브랜드를 구축하는 것은 분명 힘든 일이다. 많은 사람들을 설득하고 이끌어 나가기 위한 탁월한 리더십을 갖추어야 할 뿐 아니라 브랜드와 여타 요소의 교묘한 배합, 그리고 적절한 타이밍을 포착하기 위해서는 타고난 감각도 필요하다. 경쟁사와의 차별화를 위해서, 아니 할 수만 있다면 경쟁사들을 남김없이 싹 쓸어버리기 위해서는 때로는 인정사정 보지 않고 돌진해야 하는 경우도 있다. 하지만 그와 동시에 우리가 만든 물건을 구매하는 소비자들과의 공감대를 형성하고, 넓게는 휴머니즘까지 발휘할 수 있는 따뜻한 마음도 필요하다. 이처럼 특별한 능력과 자질이 요구되는 것이 '브랜딩'이지만 이는 짧은 시간 내에 배워서 터득할 수 있는 성질의 것이 아니다.

하지만 이 책을 통해 이제 막 사회에 첫발을 내민 풋내기든 아니면 이미 승부의 세계에서 잔뼈가 굵은 전문가든 비즈니스 게임을 승리로 이끌 수 있는 법칙만은 누구나 터득할 수 있을 것이다. 그것이 바로 내가 이 책을 쓰는 목적이다.

Contents

브랜드 제일주의를 표방하라

*21세기에는 과거의 마케팅에서 중시되었던 모든 요소들이 브랜드 앞에 무릎을 꿇는다.
품질조차도 브랜드의 뒷전으로 밀려난다. 브랜드가 소비자의 이목을 끌지 못하면 마케팅은
실패로 돌아가기 때문이다. 우리는 이제 명실공히 '브랜드 전쟁'에 돌입한 것이다.*

1992년 미국 대통령 선거에서 빌 클린턴을 승리로 이끈 탁월한
선거전략가 제임스 카빌(James Carville)은 선거전이 진행되는 내
내 자신의 책상에 다음과 같은 글귀를 적어두었다고 한다.

"뭐니뭐니해도 경제!"

나는 이 이야기를 약간 비틀어 모든 CEO들에게 다음과 같이 충
고하고 싶다. 사장실 한쪽 벽에 떡하니 버티고 있는 모네(Claude
Monet)의 그림을 당장 떼어내고 그 자리에다 이렇게 써붙이라고
말이다.

"뭐니뭐니해도 브랜드!"

내가 이런 말을 하는 것은 최근 브랜드의 중요성을 망각하고 그

로 인해 도산까지 하는 기업이 부쩍 늘었기 때문이다. 그 중에는 업계에서 제법 탄탄한 명성을 누리던 '빅 브랜드'를 소유한 기업도 다수 포함되어 있다. 빅 브랜드를 보유하고도 하루아침에 무너져버리고 마는 것은 바로 '브랜드 오만(brand arrogance)' 때문이다. 기업이 일단 브랜드 오만에 빠지면 절대 잊어서는 안 되는 기본 원칙마저도 무시하곤 한다. 제아무리 빅 브랜드라 해도 소비자들에게 만족을 주지 못하면 결국 낙오된다는 원칙 말이다.

브랜드 오만

내가 겪어본 가장 극심한 '브랜드 오만' 사례를 하나 소개하겠다. 1970년대 후반 나는 7개월에서 8개월가량 시티은행(City Bank)에서 근무한 적이 있었다. 오늘날 명실공히 세계 최대 규모의 종합 금융서비스업체로 손꼽히는 시티은행은 그 당시 이미 전세계적인 지점망을 자랑하는 거대 은행의 모습을 갖추고 있었다. 하지만 어찌된 일인지 내가 맡은 부서는 하나같이 자기 도취에 빠진 사람들로 가득 찬 정신병동 같았다. 부서원들이 기가 막힌 아이디어랍시고 내놓는 의견이 고작 이런 것이었다.

"여기가 어딥니까? 시티은행 아닙니까? 그러니까 군소 은행들하며 신용 관련 업체들은 죄다 우리를 따라잡는 데에만 혈안이 되어 있다 이겁니다. 바로 그걸 이용하는 거죠."

특별한 목적을 위해 엄격한 심사를 통해서 선발된 소위 '엘리트'라는 사람들이 회의를 한답시고 죽 둘러앉아서는 군소 은행들

을 어떻게 이용할 것인가, 타은행들을 상대로 무엇을 팔아먹을 것
인가에만 골몰하고 있는 모습이라니. 컴퓨터 시스템, 창구 직원
을 위한 교육용 테이프, 대출 프로그램 등 다른 은행에 '팔아먹
을' 상품 아이템을 끝없이 나열하면서 모두들 자신의 아이디어가
스스로도 대견해 죽겠다는 표정이다. 여기에 사장까지 가세해서
아무리 작고 사소한 것이라도 일단 팔아보자고 우긴다.

"크리스마스를 맞이해서 홍보용 달력을 제작한다는데 그 달력
을 상품으로 내놓으면 어떨까?"

그러면 직원들은 경쟁사인 와코비아 은행(Wachovia Bank)에서
벌써 달력을 주문하기라도 한 것처럼 환호하며 일제히 찬성의 박
수를 친다. 상품의 질이나 서비스 따위에는 전혀 관심도 없다. 군
소 은행들에게 상품을 팔면 얼마나 수익을 올릴 수 있는가, 오직
그것만이 주요 관심사이다. 이에 대한 전망도 한결같이 오만하기
짝이 없다.

"사지 않고는 못 배길걸. 왜? 시티은행에서 만들었으니까."

그러던 어느 날 회의 석상에서 일어난 일을 통해 나는 이런 사
고방식의 문제점을 확실하게 깨달았다. 그날의 회의는 기술부에
서 곧 시판할 상품에 대한 프레젠테이션을 하는 자리로, 특별히
회사의 경영진 중에서도 한 사람이 참석해 자리를 빛냈다. 이제
부터 그 사람을 '경영자'라고 부르기로 한다. 원래 그렇게 지위
가 높으신 분들은 프레젠테이션 내용에 대해 뭔가 할말이 있어도
까마득한 말단 사원들은 좀처럼 상대하지 않으려고 한다. '그분'
같이 대단한 분에게는 나 같은 부사장 따위도 눈에 들어올 리 만
무하니까. 그래도 꼭 해야 할 말이 있을 땐 사장하고 이야기한다.

그날 프레젠테이션을 담당한 기술부 직원은 거래 은행을 대상으로 한 컴퓨터 시스템의 판매 전략을 설명하면서 다음과 같은 표현을 자주 사용했다.

"성공적인 판매를 위해서는 얼마간의 제약이 따르는 게 사실입니다."

"이 상품에는 어느 정도 한계가 있다고 할 수 있습니다."

"시간이 필요한 일입니다."

그러자 프레젠테이션을 지켜보던 경영자가 갑자기 뭔가를 결심한 듯 사장에게 말했다.

"컵을 올려놓게."

사장이 다른 직원에게 뭐라고 속삭이더니 일회용 종이컵을 가져와 프레젠테이션을 하고 있는 직원 앞에 올려놓게 했다. 그러고는 프레젠테이션을 하는 직원을 향해 그가 경영자를 언짢게 하는 말을 할 때마다 컵 안에 5센트짜리 동전을 넣으라고 지시했다.

경영자는 기존의 판매 계획에 차질을 준다거나 시장 출시를 지연시킬 수밖에 없다는 내용의 말만 나오면 심기가 불편했던 것이다. 아직 시장에 내놓을 준비가 안 되었다는 요지의 말이 들릴 때마다 경영자는 손가락 하나를 치켜들었는데, 그것은 당신의 말이 귀에 거슬리니 동전을 집어넣으라는 신호였다. 담당 직원은 잔돈이 별로 없었는지 동전을 찾느라고 여기저기 주머니를 뒤지며 진땀을 흘리기 시작했고, 결국 이를 보다 못한 사장이 보증금을 걸듯 5달러짜리 지폐 하나를 컵에 넣어주었다. 다행히 5달러가 다 떨어지기 전에 프레젠테이션은 끝났다.

이 사건을 지켜본 나는 실로 큰 충격을 받았다. 수백만 달러의 예산이 투입된 중요한 프로젝트의 추진을 손가락 하나로 좌지우지하는 경영자의 오만을 두 눈으로 확인한 사건으로, 그 자리에 끝까지 앉아 있기가 민망할 정도로 유치한 광경이었다. 기업을 운영하는 경영자라는 사람이 성실하고 능력 있는 자사의 직원을 공식적인 자리에서 모욕했다는 사실도 충격적이었지만 그보다 더 기가 막힌 것은 회의를 끝내면서 그가 남긴 말이었다.

"여기는 시티은행입니다. 혹 마케팅에 문제가 있다면 몰라도 우리가 내놓는 상품 그 자체에는 어떠한 문제도 있을 수 없습니다."

이것은 바꾸어 말하자면 '시티은행'이라는 이름만으로도 우리가 내놓는 상품은 무조건 다른 경쟁 업체들의 것보다 훌륭하기 때문에 '품질' 따위를 걱정해서는 안 된다는 뜻이다. 우리는 이 '훌륭한' 상품을 적절히 마케팅하기 위한 노력에만 집중해야 한다는 뜻이다.

그 경영자도 나름대로 유능하다는 평은 듣고 있었지만 마케팅과 브랜드에 대한 인식이 전혀 없는 사람이었다. 오히려 프레젠테이션을 담당했던 직원이 브랜드와 마케팅의 핵심을 제대로 파악하고 있었다고 할 수 있다. 우리 회사는 시티은행이기 때문에, 떠받들어야 할 명망 있는 이름이기 때문에 단지 그 이유 하나만으로 무조건 직원들은 더 열심히 일하고 더 잘해야만 한다는 것은 있을 수 없는 일이다. 더군다나 우리가 우습게만 보았던 군소 은행들도 더 이상 당하고 있지만은 않을 태세였다. 그들도 이미 시티은행의 저의를 불안과 의심의 눈초리로 바라보며 경계하기 시작한 것이다. 그러니 그들에게 없어서는 안 될 절대적으로 필요한 상품이 아니라면 그 어떤 것도 더 이상 쉽게 팔리지만은 않으리라는 사실을 시티은행은 진작에 깨달았어야 했다.

프레젠테이션을 담당했던 직원은 그 일이 있은 후 얼마 지나지 않아 결국 회사를 그만두었다. 그토록 공개적인 수모를 당하며 업무를 수행해야 하는 곳에 더는 있고 싶지 않다는 말을 남기며. 나 역시도 떠나고 싶은 생각이 들었다. 그런 안하무인식 경영이 계속되는 한 언젠가는 망하게 될 것임이 너무도 확실했기 때문이다. 다행히도 존 리드(John Reed)가 새롭게 '경영자'의 자리에 오른 후, 시티은행은 타의 추종을 불허하는 견실한 기업으로 재도약할 수 있었다. 위에서 언급한 문제의 '경영자'는 비교적 젊은 나이에 강제 퇴사 당하는 비운을 겪고 말았다.

내가 시티은행의 예를 든 것은 소위 영향력 있는 '빅 브랜드'를 소유한 많은 기업들이 한때는 바로 그 '경영자' 같은 이들에 의해 운영되어왔다는 점을 지적하기 위해서이다. 미국의 경제계에는 한때 시티은행식의 나르시시즘적 경영이 성행하던 시절이 있었다. 그 당시에는 자기 만족에 빠져 거드름을 피워도 그런 대로 회사를 유지해나갈 수 있었다. 하긴 시대적 특성상 그럴 수밖에 없었다고도 할 수 있다.

그러나 시대는 바뀌었다. 제2차 세계대전을 겪은 전쟁 세대로부터 베이비붐 세대, 그리고 엑스 세대로의 세대 교체가 이제는 거의 완성되었다. 물론 미국의 전쟁 세대가 대공황을 이겨내고 민주주의를 정착시키는 등, 시대적 요구를 대부분 성공적으로 완수한 것은 사실이다. 톰 브로코(Tom Brokaw: 미국 NBC 방송국의 앵커— 역주)는 최근 베스트셀러가 된 그의 저서 『가장 위대한 세대(The Greatest Generation)』에서 제2차 세계대전을 겪은 전쟁 세대를 '그 어느 세대도 이루지 못한 위업을 달성해낸, 미국 역사상 가장 위대한 세대'라고 극찬했다. 일리가 있는 말이다. 세계대전을 겪고 그것을 극복한 전쟁 세대는 자신들의 값진 경험에서 우러나온 자긍심을 가질 자격이 충분히 있다.

하지만 여기엔 분명하게 짚고 넘어가야 할 문제가 있다. 구세대의 경영자들은 자신들이 전쟁이라는 시련을 극복했듯이 전쟁 직후의 혼란스러운 경제 질서 역시 온몸으로 맞서 싸워 재편에 성공했노라고 스스로 자부하고 있다. 그러나 대단히 죄송스럽게도 나는 그러한 생각에 동의하지 않는다. 오늘날의 관점에서 보았을 때에는 사업상의 교제를 핑계로 초호화판 점심 식사나 즐겼던 그 시대의 비즈니스란 그저 만나서 골프나 테니스를 치는 것과 다를 바 없는 가벼운 게임에 불과했기 때문이다.

타임머신을 타고 20년, 혹은 30년 전으로 돌아가서 운 좋게도 당신이 꽤 탄탄한 브랜드를 소유하게 된 기업주라고 가정해 보자. 아마 당신은 별다른 노력이나 특별한 전략 없이도 꽤 오랫동안 굳건히 브랜드의 명성을 지킬 수 있을 것이다. 일단 빅 브랜드를 가지고만 있으면 그 이후로는 모든 것이 탄탄대로였다.

TV 네트워크는 CBS, NBC, ABC의 3대 방송사가 장악하고 있었고 유통시장은 시어스가, 무선통신업계는 AT&T가, 택배업계는 유에스 포스트 오피스(U.S. Post Office)가 거의 독식하다시피 했다. 내가 현재 몸담고 있는 생명보험업계는 비교적 재벌 기업의 독점이 덜한 편이었지만, 그렇다고는 해도 소수의 몇몇 회사가 거의 모든 업계의 이익을 나누어 가졌다는 점에서는 그리 다를 바가 없었다.

한마디로 그 시대에는 업계의 구조가 매우 단순해서 경쟁 구도
를 한눈에 파악할 수 있었고 소비자의 상품 선택 범위도 좁아서
별다른 광고 활동 없이도 많은 매출을 올리는 것이 가능했기에,
그 어떤 신생 기업도 기존 업체들의 영역을 섣불리 위협할 수 없
었던 것이다.

그렇다면 여기서 잠시 과거 생명보험업계의 상황을 구체적으로
들여다보자.

과거 대형 생명보험사들의 영업 방식은 너나할것없이 모두 똑
같았다. 보험사가 보험 상품을 각 영업점에 배분하면 보험 판매
원들이 집집마다 방문하여 소비자들에게 판매하는 것이 유일한
방법이었다. 이때 각 영업점은 자신들이 판매하는 보험 증권에 대
한 엄청난 수수료를 선불로 받아 챙겼고 그 부담을 모두 소비자
들에게 떠넘겼다. 이러한 판매 방식은 소비자들의 입장에서 보면
경제적 부담도 가장 크고 시간도 오래 걸릴 뿐더러 거래상의 문
제가 발생활 확률도 가장 높은 매우 강압적인 방법이다. 하지만
프러스(Prus), 메츠(Mets), 존 행콕 말고는 별다른 보험사가 없었
으니 소비자들에게는 달리 선택의 여지가 없었다.

그러던 중에 피델리티(Fidelitys), 찰스 슈왑(Charles Schwab) 같
은 기업들이 등장해 생명보험 대신 '뮤추얼 펀드'라는 새로운 상
품을 선보였고, 다른 한편으로는 신생 보험사들이 기존의 보험사
들보다 훨씬 저렴한 가격의 보험 신상품을 새로운 유통 경로를 이
용해서 전혀 다른 방식으로 판매하기 시작했다. 하지만 상황이 변
했음에도 불구하고 기존의 재벌 보험사들은 여전히 팔짱을 낀 채
태연하게 코웃음만 치고 있었다.

"생명보험을 놔두고 뮤추얼 펀드를 살 이유가 있겠어?"

"우리가 이렇게 버티고 있는데 누가 이름도 못 들어본 회사의 상품을 산단 말이야?"

요즘이라면 이렇게 게으르고 안일한 사고방식을 가진 기업은 일찌감치 망해버렸을 것이다. 그러나 그 후로도 몇십 년을 그들은 참 잘도 버텨냈다. 당시로서는 생명보험뿐 아니라 모든 분야에서 신생 기업이 세간의 주목을 끌기가 그리 쉽지 않았기 때문이다. 새로운 브랜드를 출시하여 업계에 뿌리내리기 위해서는 TV 광고가 필수였는데, 바로 그 때문에 신생 기업들은 시작도 하기 전에 좌절부터 맛보아야 했다. TV 광고를 내보내려면 막대한 자금이 필요했을 뿐만 아니라 힘겹게 광고를 내보낸다 해도 그에 걸맞은 충분한 효과를 얻을 수 없었다. 인구통계학적으로 따졌을 때 단일 상품에 대한 예상 소비자층은 기껏해야 전체 시청자의 10퍼센트에서 20퍼센트 정도가 고작이다. 즉 어마어마한 비용을 들여서 광고를 해도 광고를 시청하는 사람의 80퍼센트가 구매는커녕 상품에 관심조차 갖지 않는다는 말이다. 게다가 방송 매체라는 것은 근본적으로 변화를 꺼리는 속성이 있다. 불특정 다수인 시청자의 눈높이에 맞추다보니 대부분의 TV 광고는 가급적이면 평범한 상품에 대한 평범한 광고 기법으로 가능한 한 많은 사람들에게 어필하는 것을 목표로 한다.

특히 거대 기업이 시장을 이미 완전히 장악하고 있는 분야에서 새로운 브랜드로 승부하려면 가히 천문학적인 비용의 지출을 각오해야만 한다. 그것은 마치 정해진 경계선 밖으로 서로를 밀어내려고 안간힘을 쓰는 '스모' 경기와도 같다. 내가 밀어내야 할 적은 오직 내 앞에 있는 상대방뿐인 싸움인 것이다.

브랜딩에 관한 구시대의 뿌리깊은 고정관념도 당시의 분위기를 반영하고 있다. 당시에는 '브랜드' 란 무조건 오래될수록, 또 많은 사람들이 알고 있을수록 좋은 것이라는 생각이 일반적이었다.

'이중 부담의 원칙' 이라는 마케팅 용어가 있다. 열등한 브랜드 는 빅 브랜드에 비해 브랜드를 찾는 소비자의 수도 적고, 소비자 들의 구매 횟수 또한 적다는 뜻이다. 반면 빅 브랜드의 상품은 월 등히 많은 수의 소비자가 훨씬 자주 구입한다. 빅 브랜드의 소비 자들은 또한 물건을 살 때 그 브랜드만 고집하는 '충성스러운' 구 매 성향을 보이기도 한다. 다시 말해 이미 기득권을 차지하고 있 는 기업이 또다시 모든 이점을 누리는 '부익부' 의 상황이 반복된 다는 것이다.

그 밖에 시장점유율은 쉽게 바뀌지 않는 것이기에 일단 최고의 브랜드가 되기만 하면 영원히 최고로 남을 수 있다는 안이한 사 고방식도 팽배했다. 그러니 이런 상황에서 IBM이나 시어스, 유에 스 포스트 오피스 같은 초강력 파워 브랜드가 두려워할 것이 도 대체 무엇이었겠는가? 이미 업계 최고의 브랜드를 손에 쥐고 있 는데 무엇 때문에 기를 쓰고 경영의 혁신을 꾀하겠는가? 켄모어 (Kenmore)가 버티고 있는데 소비자들이 다른 가전 제품에 눈을 돌릴 까닭이 있겠는가? 유명 브랜드면 그만이지 당일 배달 서비 스 체계쯤 갖추지 못한 게 뭐가 그리 큰 문제란 말인가?

이처럼 한 번 1등은 끝까지 1등일 수 있었던 과거의 풍토는 오 늘날의 경영자들에게는 참으로 부러운 이야기가 아닐 수 없다.

오늘날의 달라진 시장 환경에서 그야말로 무적의 제왕으로 군

림했던 브랜드들 — 제이씨 페니(JC Penny), 시어스, AT&T, 유에
스 포스트 오피스와 3대 TV 방송국 — 은 과거의 그 찬란했던 영
화가 못내 그리울 것이다. 이제는 갭(Gap), 홈 디포(Home Depot),
스프린트(Sprint), 페덱스(FedEx), CNBC, WB 네트워크 같은 신생
업체들이 어느새 그들을 대신하여 소비자들의 의식 속에 단단히
자리매김을 하고 있으니 말이다.

오늘날의 비즈니스 세계를 보면 마치 강도 높은 지진 현장 속
에 있는 듯한 느낌이 든다. 언제고 그 자리에 버티고 있을 것만
같던 에베레스트 산이 하루아침에 와르르 무너지고, 난데없이 나
타난 신생 기업이 소비자의 마음을 사로잡으며 그 자리에 우뚝 선
다. 깊은 잠에 빠져 있다가 지축을 흔들어대는 소리에 부시시 깨
어난 빅 브랜드들은 빠른 속도로 부상하는 신생 기업들을 발견하
고는 정신을 차려보지만 이미 때는 늦고 말았다. 신생 기업이 성
장하는 속도는 너무 빨라 예측조차 힘겹기만 하다. 몇 년 전까지
는 존재하지도 않았던 이베이(eBay)나 아마존닷컴 같은 신생 업
체가 지금은 업계를 완전히 장악하고 있지 않은가?

오늘날의 비즈니스는 더 이상 스모 경기에 비유할 수 없다. 대
신 영화 〈레이더스(Raiders of the Lost Ark)〉에 나오는 그 유명한
장면과 흡사하다. 그럴듯한 포즈로 긴 칼을 휘두르며 해리슨 포
드를 위협하던 검은 옷의 키 큰 사나이는 해리슨 포드가 쏜 단 한
방의 총탄에 너무도 허무하게 쓰러졌지만 총에 맞기 전까지는 세
상에 무서울 게 없는 무적 강자로 군림했던 것이다. 몸집이 크다
는 이유만으로 무조건 상대방을 제압할 수 있었던 시대는 지났다.
지금 우리가 살고 있는 세상에서는 신기술을 소유한 현명하고 동

작 빠른 사람만이 승자가 될 수 있다.

소비자 혁명

'스모형' 브랜드가 몰락하게 된 이유는 다음의 세 가지로 정리
될 수 있다.

1. 소비자 태도의 변화

현재 경제계의 주류를 이루고 있는 베이비붐 세대는 그들의 부
모 세대에 비해 교육 수준도 높고 외부 현상을 받아들이는 태도
역시 보다 비판적이다.

베트남 전쟁과 워터게이트 사건, 그리고 엑슨 발데즈(Exxon
Valdez) 사건(1989년 3월 23일 알래스카 해안에서 유조선 엑슨 발데즈
가 좌초하여 다량의 기름이 유출된 사건. 석유재벌의 늑장 처리와 당국
의 방관으로 기름 제거 시기를 놓쳐 미국 역사상 최악의 해양오염 사고
로 기록되었다 — 역주)을 겪는 동안 베이비붐 세대는 거대 조직체
일수록 오히려 더 신뢰할 수 없다는 사실을 깨달았다. 따라서 재
벌 그룹에 대한 비판적 시각은 이들 세대의 문화를 이해하기 위
한 열쇠라고도 할 수 있다.

이러한 성향은 영화 속에서도 그대로 나타난다. 영화 〈시빌 액
션(Civil Action)〉에서 주인공 존 트라볼타(John Travolta)는 대기업
인 베아트리스(Beatrice)와 그레이스(W.R. Grace)를 상대로 싸웠으
며 〈인사이더(Insider)〉에서는 러셀 크로우(Russell Crowe)와 알 파

치노(Al Pacino)가 브라운 앤드 윌리엄슨(Brown & Williamson)을, 또 〈에린 브로코비치(Erin Brockovich)〉에서는 줄리아 로버츠(Julia Roberts)가 피지앤드이(PG&E)를 각각 보기 좋게 한 방 먹였다.

그렇다면 관객들은 과연 누구 편일까? 잘 빠진 몸매에 짧은 미니스커트를 입고 스크린을 종횡무진 누비며 당당히 거대 기업에 맞서는 줄리아 로버츠일까, 아니면 공장 폐기물을 하천에 몰래 방출한 비양심적인 재벌 그룹일까? 답은 너무도 뻔하다. 영화관을 나오는 사람들에게 피지앤드이는 이미 용서할 수 없는 파렴치한 기업으로 각인되어 있다. 최고의 자리에서 밑바닥으로 추락하는 건 한순간이다. 그 어떤 기업도 이 점을 망각한 채 빅 브랜드의 자리를 유지할 수는 없다.

2. 기술의 발달과 미디어의 폭발적 증가

기술의 발달과 미디어의 증가로 인해서 사업체를 설립하고 새로운 브랜드를 선보이는 데 드는 비용이 대폭 감소했다. 한때 '실리콘밸리는 차고에서 탄생했다(첨단정보산업의 메카인 미국 실리콘밸리의 시조이자 전세계 벤처기업 제1호인 휴렛팩커드 사가 1939년 캘리포니아 주 팰러앨토에 있는 조그마한 차고에서 빌 휴렛(Bill Hewlett)과 데이비드 팩커드(David Packard)라는 두 명의 젊은이에 의해 시작된 데서 나온 말— 역주)'는 말이 유행하기도 했지만, 인터넷의 보급과 발전에 힘입어 좋은 기술과 능력만 있다면 소자본으로도 사업을 시작할 수 있는 가능성은 더욱 커졌다.

제프 베조스(Jeff Bezos)는 부모님의 퇴직금 30만 달러로 아마존닷컴의 문을 열었고 피에르 오미디어(Pierre Omidyar)는 코드 운

용에 대한 지식과 월 30달러의 사용료를 내는 인터넷 서비스를 자
산으로 해서 이베이를 출범시켰다. 그리고 너무나 유명한 야후
(Yahoo!)는 공부보다 인터넷에 푹 빠져 있던 두 명의 대학원생이
트레일러 안에서 탄생시킨 사업체다. 물론 사업체가 점점 성장해
감에 따라 신생 기업으로서 겪게 되는 여러 가지 어려움이 전혀
없는 것은 아니지만, 최소한 시장에 발을 내딛는 것만큼은 과거
에 비해 훨씬 수월해졌다고 할 수 있다.

 TV 광고 또한 더 이상 대기업만의 전유물이 아니다. 오늘날 전
체 미국 가구의 3분의 2가 케이블 TV를 보유하고 있는데, 이는 기
업이 40개 내지 50개에서 많게는 60개에 이르는 다양한 채널을
통해 소비자에게 접근할 수 있게 되었음을 의미한다. 게다가 1999
년 현재 전국 정기간행물협회에 등록된 소비자 대상의 잡지는 약
1만 8,000여 종에 달하는데, 이는 10년 전에 비해 무려 40퍼센트
가 증가한 수치이다. 그리고 셀 수도 없이 많은 웹페이지를 통해
실로 다양하게 소비자들의 눈길을 끌 수 있는 인터넷이라는 최첨
단 홍보 수단도 있다. 어디 그뿐인가? 전화와 서류, 그리고 팩스
의 한계를 모두 극복한 첨단 커뮤니케이션 수단인 이메일(e-mail)
도 빼놓을 수 없다.

 아마존닷컴은 일체의 광고를 하지 않았음에도 불구하고 문을
연 지 30일도 안 되어 미국 내 50개 주와 전세계 45개국에 수십만
권의 책을 팔아치우는 위업을 달성했다. 자신의 가족들과 친구를
합해서 모두 300명쯤 되는 사람들에게 소문을 내달라고 부탁한
것이 제프 베조스의 유일한 광고 전략이었다. '입소문' 과는 비교
할 수 없을 정도로 커다란 위력을 가진 인터넷의 파급 효과 덕에

가능한 일이었다.

특히 오늘날과 같은 뉴미디어 시대에는 통계 자료의 정확성도 매우 높아서 이를 반영하는 브랜드 전략을 통해 한치의 오차도 없이 정확하게 표적 소비자층에 다가갈 수 있게 되었다.

케이블 TV의 보급으로 인해 채널의 종류가 다양해지고 각 채널의 성격 또한 보다 전문화되었기 때문에 이전과는 비교도 안 되게 저렴한 비용으로 생활정보 채널이나 교양 및 다큐 채널, 혹은 요리 채널 등 원하는 채널을 선택해 광고를 내보낼 수도 있고, 특정 소비자층을 겨냥한 제품의 경우에는 청소년을 대상으로 한 「틴 피플(Teen People)」이나 시사 잡지인 「브릴즈 콘텐트(Brill's Content)」, 혹은 원예 잡지인 「파인 가드닝(Fine Gardening)」 등 특정 독자를 대상으로 하는 잡지에 광고를 실을 수도 있다. 거기다 막강한 전파력을 가진 인터넷 광고까지 곁들인다면 금상첨화다.

이렇게 해서 이름도 못 들어본 신생 기업이 빅 브랜드를 소유한 재벌 그룹이 꽉 움켜쥐고 있던 시장을 단숨에 빼앗는 일도 가능해졌다. 오만한 대기업이 신생 기업의 출현과 위협을 전혀 예측하지 못하고 방심하는 경우라면 상황은 더욱 유리해진다. 덕분에 마이크로 양조 맥주(microbrewed beer: 소규모 가내 수공으로 제조한 맥주 — 역주)에서 뮤추얼 펀드에 이르기까지 거의 모든 분야의 상품에 대한 브랜드 선택의 폭이 넓어진 소비자들은 기쁨의 환호성을 지르고 있다.

3. 정보 접근 기회의 무제한적 확대

무적의 제왕으로 군림했던 재벌 그룹의 위상이 심각하게 흔들리는 현상은 구(舊)소련의 붕괴 과정과 매우 유사하다.

과거 마르크스주의 국가 소련이 오랜 세월 동안 자신의 체제를 유지할 수 있었던 것은 국가가 정보의 흐름을 철저하게 통제했기 때문이다. 소련의 정보 통제 정책은 국민에게 '말똥을 먹이고 암흑 속에 가두어놓아라' 는 요지의 일명 '버섯 이론(mush-room theory)' 에 바탕을 둔 것이다. 이는 대중이 아닌 정부에게 유리한 정보, 즉 일방적인 정보만 제공하고 그나마 그 흐름도 차단시켜 '정보의 암흑' 상태를 유지해야 한다는 뜻이다.

과거의 재벌 그룹 역시 이 원칙을 철저히 고수한 마르크스주의적 경영 방식을 유지했기에 자신들의 막강한 힘을 오랫동안 유지할 수 있었던 것이다. 따라서 소비자들에게는 극히 제한된 정보와 판매처만 허용되었으며, 소비자들의 선택권 또한 제한적일 수밖에 없었다.

지금과 같은 인터넷 시대가 도래하기 전에 재벌 기업이 장악하고 있던 시장과 소련 해체 직전의 모스크바 생필품 가게를 비교해보면 그 모습이 매우 흡사함을 알 수 있다. 소비자들은 동네 가게에서 파는 소시지를 살 뿐, 갈색 소시지를 살까 하얀 소시지를 살까 망설이다가 원하는 것을 선택할 수 있는 기회는 감히 엄두도 못 냈다.

그러나 이제는 인터넷의 보급으로 소비자들이 더 이상 동네 시장에만 갇혀 지낼 필요가 없어졌다. 제품의 비교를 위해 굳이 다리품을 팔아 이 가게 저 가게를 다니며 거짓말을 밥 먹듯 하는 점원들과 입씨름을 할 필요도 없어졌다. 개 사료에서 뮤추얼 펀드에 이르기까지 원하는 상품이 모두 망라되어 있는 인터넷에서 30

분 정도만 검색하면 「소비자 리포트(Consumer Reports: 미국 최고의 권위를 자랑하는 소비자 정보 잡지로 소비자들의 구매 결정에 중요한 영향을 미치는 것으로 알려져 있다— 역주)」에 버금가는 엄청난 양의 정보를 수집할 수 있기 때문이다.

기존 경제는 생산자 우선의 경제 체제였다. 생산자는 자신들이 만들고 싶은 상품만 만들었고 판매 가격도 당연히 자신들의 기준으로 결정했다. 그러면 영업사원들이 상품을 들고나가 아무것도 모르는 순진한 소비자들에게 팔았다. 하지만 오늘날의 경제는 전혀 다르다. 소비자를 우선으로 하는 새로운 마케팅 경제 시대가 열렸다.

소비자의 힘

샤를 드골(Charles de Gaulle) 전 프랑스 대통령은 프랑스 국민들의 까다로운 취향에 대한 불만을 정치와 연관지어 다음과 같이 재미있게 표현한 적이 있다.

"치즈의 종류가 246가지나 되는 나라의 국민을 도대체 무슨 수로 통치한단 말인가?"

많은 선택권을 가지고 있는 국민을 골고루 만족시키며 효율적으로 통치하기는 분명 어렵다. 특히 독재자가 다스리는 나라에서는 집권자와 국민들 간의 갈등이 더욱 심각할 수밖에 없다. 선택의 범위가 넓은 국민들에게는 자신이 무엇을 좋아하고 싫어하는지 확실하게 판단할 수 있는 능력이 있기 때문이다.

가능한 한 많은 '상품' — 샴푸에서 정치 이념에 이르기까지의 — 을 파는 것이 목적인 사람들에게 소비자의 선택권이 넓어졌다는 것은 그다지 환영할 만한 일이 못 된다. 지난날 소비자들의 머리 꼭대기에서 오만하게 군림했던 일류 브랜드들이 지금은 몽둥이로 한 대 얻어맞은 듯 갈팡질팡하며 헤매는 이유는 바로 오늘날의 소비자들이 과거에 비해 더 많은 선택의 기회를 누리고 있기 때문이다.

소비자가 선택해주지 않는 브랜드는 그 옛날 좋았던 시절에 뽐내던 파워를 더 이상은 자랑할 수 없게 되었고, 거대 기업의 경영자들은 자신들에게 닥친 현실이 생각보다 훨씬 더 잔혹하다는 사실을 뒤늦게 깨달아야만 했다. 과거 일류 브랜드들이 그처럼 오랜 세월이 흐르는 동안 변함없이 최고의 자리를 지킬 수 있었던 이유는 브랜드 자체의 우수성보다는 역사적 특수성을 비롯한 여러 가지 주변 요인이 그들에게 매우 유리하게 작용했던 탓이다.

하지만 경영자들은 순전히 자신들의 천재적인 경영 수완 덕에 자신들의 기업이 높은 시장점유율을 기록할 수 있었다는 자만으로 가득 차 있었다. 그러다가 어느 날 혜성처럼 등장한 신진 경쟁사들의 기세에 놀라 그 동안 외면해 왔던 진실에 눈을 뜨고는 그제서야 부랴부랴 허둥대며 사태의 수습에 나섰다.

이 같은 상황은 계속해서 반복되는 일종의 패턴으로 꼬리에 꼬리를 물고 이어진다. 막강한 파워를 자랑하던 대기업이 소비자의 마음을 헤아리려는 노력은 하지도 않으면서 오만한 태도로 일관하면 소비자들은 점점 멀어져만 간다. 연이어 기업을 둘러싼 전반적인 상황은 악화되고 매출은 눈에 띄게 감소하기 시작한다. 매

출의 감소는 더욱 냉담한 소비자의 외면으로 이어지고 그로 인해
기업의 위상은 더더욱 곤두박질치는 악순환이 거듭된다. 물론 개
중에는 화려한 전성기에 쌓아놓은 막대한 자본을 바탕으로 운 좋
게 기사회생하는 경우도 있다. 대표적인 예로 IBM을 포함한 몇몇
기업들은 보다 경쟁력 있는 기업으로 재도약하기 위한 경영 쇄신
을 시도해서 변화에 성공했다. 그러나 안타깝게도 그들 중 어느
기업도 한때 자신들이 독차지했던 높은 시장점유율을 회복하는
것은 불가능했다. 지금의 비즈니스 세계는 안간힘을 써서 다시 초
일류 브랜드들 틈을 비집고 들어간다 해도 예전처럼 정상의 자리
를 혼자서 차지할 수만은 없는 상황이 되었기 때문이다.

우리는 여기서 과거엔 무시무시한 힘을 과시했지만 이제는 늙
고 지쳐서 힘도 못 쓰는 공룡 기업들을 본보기 삼아 소비자들의
마음을 사로잡는 자만이 경쟁에서 살아남는다는 교훈을 이끌어
낼 수 있다. 그렇다면 엄청난 양의 정보로 무장하고 있는 현대의
소비자들을 사로잡아 경쟁에서 승리하려면 과연 무엇을 어떻게
해야 할까?

가장 먼저 조심해야 할 것은 근시안적인 마케팅이다. 수많은 기
업들이 소비자를 끌어들이기 위해 무조건 낮은 가격으로만 승부
하려는 오류를 범한다. 그러면 경쟁사들 역시 이에 뒤질세라 상
품의 가격을 떨어뜨릴 게 뻔하고, 이런 식으로 너나없이 경쟁적
으로 가격인하를 단행하다보면 결국 제 살 깎아먹기식의 악순환
이 초래될 수밖에 없다. 이것을 과연 이기기 위한 경쟁이라고 할
수 있을까?

하지만 현명한 경영자들은 다르다. 그들은 이미 가격 경쟁을 초

월했다. 그들은 발빠르게 브랜드 중심 경영 체제를 도입하고 브
랜드 가치를 감안하여 제품의 가격을 오히려 더 높게 책정했다.
호라이즌 오르가닉(Horizon Organic)은 더 이상 단순한 우유에만
만족하지 않는 소비자의 심리를 간파하여 기존 우유보다 두 배나
비싼 가격의 '유기농 우유(organic milk: 화학 첨가제가 전혀 들어가
지 않은 천연 사료를 먹인 소에게서 추출한 우유 ─ 역주)'를 출시하여
소비자들로부터 열렬한 호응을 얻었다.

소비자들은 더 이상 우물물이나 저수장에서 끌어온 공짜 물은
마시고 싶어하지 않는다. 소비자들은 작은 병 하나에 1달러도 넘
는 돈을 내고 기꺼이 에비앙(Evian)이나 그 밖의 다른 고가 브랜
드의 물을 사먹는다. 물론 처절한 가격 경쟁에서 벗어나고 싶은
경영자는 고품질의 상품과 고품격의 서비스를 전면에 내세울 수
도 있다. 그러나 고도의 기술이 무제한적으로 보급되어 있는 요
즈음에는 경쟁사가 절대 모방할 수 없는, 완전히 새롭고 독창적
인 상품을 개발해낸다는 것은 거의 불가능하다.

이제 남은 수단은 브랜드밖에 없다. 브랜드와 브랜드 간의 싸움
에 뛰어드는 수밖에 없다. '브랜드 전쟁'에서는 과거의 마케팅에
서 중시되었던 이윤, 서비스, 정보시스템 같은 여타의 모든 요소
들이 '브랜드' 앞에 무릎을 꿇는다. 품질조차도 '브랜드'의 뒷전
으로 밀려난다. 다른 요소들을 아무리 잘 관리해도 그 모든 것에
우선하는 브랜드가 소비자의 이목을 끌지 못하면 마케팅은 실패
로 돌아간다. 우리는 이제 명실공히 '브랜드 전쟁'에 돌입한 것
이다.

현대의 경제이론가들은 일찍이 '경험 경제', '엔터테인먼트 경

제' 시대의 도래를 예고한 바 있다. 업계에서 이미 성공을 거둔 기업들이 다음 단계의 경영 전략으로 상품이나 서비스가 아니라 그 동안 축적한 '경험'을 시장에 내놓는다는 것이다.

환상적인 스포츠용품점 '나이키 타운(Niketown Stores)'을 운영하고 있는 나이키가 그 좋은 예다. 나이키 타운은 소비자들에게 단순히 운동화만 판매하는 곳이 아니다. 나이키 타운에서 나이키 운동화를 사서 신는 소비자들은 그와 동시에 스포츠 세계에서 벌어지는 다채로운 경험을 공유하는 듯한 착각에 빠지게 된다.

스타벅스(Starbucks) 역시 '경험'을 상품화하여 성공한 좋은 예이다. 스타벅스에 대한 사람들의 인식은 단순한 커피 전문점 그 이상이다. 그곳을 찾는 사람은 누구나 다양한 커피뿐 아니라 커피 전문점 전반에 걸친 경험과 노하우도 함께 얻을 수 있다. 스타벅스의 카운터에는 자체 제작한 잡지 「조(Joe)」를 비롯하여 커피에 관련된 각종 책자들을 구비하여 손님들이 커피를 마시며 다양한 읽을거리를 즐길 수 있도록 세심하게 배려해놓았다.

그런데 이렇게 소비자들에게 상품과 동시에 다양한 '경험'까지 제공하는 비즈니스계의 새로운 현상은 널리 확산되는 동시에 점점 단순화되는 추세다. 솔직히 존 행콕 같은 생명보험 회사가 디즈니랜드 여행의 경험을 소비자들에게 제공할 수는 없지 않은가.

사람들은 누구나 쇼핑센터에서 물건만 사가지고 곧바로 집에 돌아오기보다는 이왕이면 풍부한 경험까지 얻고 싶어한다. 특히 일류 브랜드 제품을 구매할 경우에는 그 경험의 수준이 비브랜드 제품을 구매할 때보다 훨씬 높으리라고 기대한다. 브랜드를 통해 연상되는 이미지 때문에 일류 브랜드 제품을 사면 그만큼 자신의 경험도 업그레이드된다고 믿기 때문이다.

　모든 것이 브랜드에 좌우되는 까닭은 무엇일까? 무한에 가까운 선택권을 손에 쥔 오늘날의 소비자들은 기쁨과 만족을 주는 상품이 아니라면 굳이 돈을 들여 구입할 이유가 없다고 생각하기 때문이다. 강력한 브랜드는 소비자로 하여금 사고 싶고 가지고 싶다는 마음이 들게 한다. 따라서 강력한 브랜드를 소유하는 자가 브랜드 전쟁에서 승리하는 것은 당연한 일이다.

2
브랜드족을 공략하라

좋은 브랜드를 구입하는 소비자들은 자신이 마치 마음 맞는 여행자 그룹의 일원이라도
된 것 같은 편안함과 만족감을 느낀다. 이것이 바로 브랜드가 주는 일체감이고
브랜드는 그들 사이에서 통용되는 그들만의 또 다른 '언어'인 셈이다.

존 행콕 금융서비스 회사의 본사는 보스턴에 있다. 그런데 이 보스턴이라는 도시는 무척이나 독특하고 재미난 곳이다. 다른 도시에서와는 달리 보스턴 사람들은 대부분 아르마니(Armani)보다 브룩스 브라더스(Brooks Brothers)를 더 즐겨 입으며 아르마니는 거의 이류 브랜드 취급을 당한다. 아르마니를 입고 보스턴 거리를 돌아다니다가는 주위 사람들로부터 촌티를 벗으려고 어설프게 멋을 낸 시골뜨기 취급을 당하기 십상이다.

보스턴 사람들의 브랜드 선호도가 타지역 사람들과 이토록 큰 차이를 보이는 이유는 뭘까? 보스턴의 경제적 수준이 너무 낮아서 아르마니 같은 일류 브랜드의 옷은 사 입을 수 없다거나, 보스턴 사람들이 멋이나 유행에 무관심하고 패션 감각이 뒤떨어져서 가 아니다. 오히려 보스턴은 부유층이 많기로 유명하고 고급 문화가 자리잡은 세련된 도시이다.

그럼에도 불구하고 보스턴 사람들이 그 유명한 아르마니 대신 브룩스 브라더스를 선호하는 이유는 뭘까? 통속적인 것을 거부하는 상류사회의 청교도적 가치관, 우아하고 고상한 것을 지향하는 교육과 연구의 중심지 케임브리지의 지적인 분위기, 그리고 화려함보다는 수수한 멋을 선호하는 첨단 직종의 엘리트들이 보스턴 문화의 주류를 형성하고 있기 때문이다. 구태여 유행을 좇으려 애쓰지 않으면서도 나름대로 독특한 그들 고유의 유행을 창조해내는 것이 바로 '보스턴 문화' 라고 할 수 있다.

보스턴에서는 이렇게 말하는 사람들을 쉽게 볼 수 있다.

"난 브랜드 같은 건 거의 신경쓰지 않아. 눈에 띄길래 그냥 하나 샀을 뿐이지. 누가 만든 옷인지 알 게 뭐야? 몇 년 전에 필렌스 베이스먼트(Filene's Basement: 미국 최대 백화점의 하나인 필렌 백화점 계열의 할인매장 — 역주)에 갔다가 산 건데."

한 가지 예외적인 품목이 있기는 하다. 보스턴 사람들은 버켄스탁(Birkenstock: 발바닥 형상을 기억하는 코르크 밑창으로 유명한 독일제 샌들로, 특히 미국과 유럽에서 인기 있는 세계적 브랜드이다— 역주) 외의 다른 브랜드라면 그 어떤 것도 진정한 샌들로 인정하지 않는다. 그러나 샌들을 제외한 그 밖의 모든 품목에 있어서는 결코 특정 브랜드에 집착하지 않는다고 스스로 믿고 있는 사람들이 바로 보스턴 사람들이다.

사실 우리 주위에도 자신이 물건을 살 때 브랜드 따위엔 절대

연연하지 않는다고 생각하는 사람들이 많다. 하지만 그건 착각이다. 그들은 단지 빅 브랜드보다는 그 반대편에 해당하는 브랜드, 즉 '반항적이고 왠지 좀 튀는 브랜드'에 더 많은 관심을 가지고 있을 뿐이다. 그들은 자신이 남과는 다르다는 것, 그리고 대다수의 사람들이 무조건적으로 추종하는 초일류 브랜드에 혹하지 않고 당당하게 그것을 거부할 수 있을 만큼 지적인 사람이라는 것을 과시하고 싶을 뿐이다.

나는 이처럼 스스로 '브랜드 면역성'이 강하다고 믿는 사람들을 보면 꼭 해보고 싶은 테스트가 있다. 없어서는 안 될 일상용품의 목록을 작성하라고 한 다음 그 중에서 꼭 사고 싶은 물품은 무엇이며 사게 되면 어떤 브랜드의 것으로 사고 싶은지, 또 수많은 브랜드 중에서 그 브랜드를 선택한 기준은 무엇인지 물어보고 싶다. 장담하건대 그들 역시 우리에게 익숙한 수많은 빅 브랜드들을 입에 올릴 것이다. 그 이유를 물으면 십중팔구는 빅 브랜드는 품질이 좋기 때문이라고 대답할 것이다. 하지만 나는 지금까지 살아오면서 스크루 드라이버나 스패너 같은 연장을 들고 다니며 직접 제품을 조여보고 늘여보는 등 일일이 검사를 한 후에야 비로소 구매를 결정하는 사람은 한번도 보지 못했다.

아이를 어느 학교에 보낼 것인가, 어떤 종류의 감자칩을 살 것인가 하는 문제를 결정할 때, 품질을 확인하기 위해 매번 스크루 드라이버나 스패너 같은 연장을 꺼내들어 일일이 검사할 수도 없는 노릇일 뿐더러 그런다고 해서 품질을 정확하게 판가름할 수 있는 것도 아니지 않는가? 그렇다면 좋은 물건을 고르기 위해서는 모든 종류의 브랜드를 하나도 빼놓지 않고 다 써보아야 할까? 그렇게 살기에 우리의 인생은 너무나 짧고 아깝다.

소비자들이 '브랜드'를 꼭 필요로 하는 이유가 바로 여기에 있다. 브랜드가 있기에 소비자들은 비로소 스스로의 경험을 체계화할 수 있으며, 무엇을 사고 사지 말아야 할지도 판단할 수 있다. 그뿐이 아니다. 브랜드라는 것은 물건을 살 때만이 아니라 인생의 중요한 문제를 결정할 때도 중요한 역할을 한다.

내 개인적인 경험을 통해 구체적인 예를 들어보겠다.

아직 결혼을 하기 전의 어느 날 나는 사귀던 여성으로부터 느닷없이 결별을 통고받은 적이 있었다. 깜짝 놀라 그녀에게 이유를 물으니 내 이름이 데이비드여서 싫다는 것이었다. 자신이 알고 있는 데이비드라는 이름의 남자들은 하나같이 불쾌한 기억만 남겼다면서 같은 이름을 갖고 있는 나 역시도 왠지 좋아할 수가 없다고 했다. 그녀는 '데이비드'라는 브랜드에 더 이상 어떤 매력도 호감도 가질 수 없었던 것이다. 따지고 보면 내 이름이 잘못되었다기보다는 세상을 한 가지 잣대로만 보려고 하는 융통성 없는 그녀에게 더 심각한 문제가 있었던 것이다.

그러나 정도의 차이는 있을지언정 모든 사람에게는 그녀와 같은 성향이 있다. 우리는 모두 제각각의 가치 규범, 성격, 반감 등의 기본적 정서를 보유하고 있으며 이를 바탕으로 우리에게 주어진 주변 환경을 파악하고 받아들인다. 브랜드 역시 우리에게 주어진 상황을 빠르고 간단하게 인지 혹은 판단할 수 있도록 도와주는 일종의 도구이며 매개물이다.

오늘 소개받기로 한 여성의 머리색이 금발일까, 아니면 붉은색일까 혹은 검은색일까? 각각의 경우에 따라 '나'의 느낌은 분명

하게 달라진다. 다시 말해 우리는 상대방의 머리색 하나만 가지
고도 거의 본능적으로 그 사람의 퍼스낼리티 전체를 추측한다. 이
런 추측이 완전히 틀린 것으로 판명되는 경우도 물론 있지만 어
쨌거나 우리는 머리색이라는 단 하나의 정보만을 가지고도 그 여
자가 어떤 사람인지에 대한 한 가닥 실마리를 잡을 수는 있다. 머
리색만 정보가 될 수 있는 것은 아니다. 그 여성이 입고 있는 원
피스가 프라다(Prada)냐 아니면 베르사체(Versace)냐, 즉 그 사람
이 다른 모든 브랜드를 제치고 선택한 '바로 그 브랜드'가 과연
무엇이냐에 따라서 그 사람을 평가하기도 한다.

　결론적으로 말해서 브랜드는 소비자들 사이에 통용되는 또 하
나의 '언어'인 셈이다. 예를 들어 어떤 사람이 "나는 출근길에 꼭
스타벅스에 들릅니다."라고 말했다고 치자. 대부분의 사람들은 이
말 속에 미묘하게 감추어져 있는 또 다른 의미를 '스타벅스'라는
브랜드를 통해 쉽게 간파할 수 있다. "답답한 직장생활을 하고는
있지만 알고 보면 나도 보헤미안 기질이 넘치는 낭만적인 사람이
랍니다."라고 말이다.

　물론 '브랜드 언어'는 고유한 언어와는 다른 것이다. 그럼에도
불구하고 그 많은 브랜드 네임을 잊어버리지도 않고 머리 속에 죽
꿰고 있는 요즈음 사람들을 보면 나조차도 놀라움으로 입이 벌어
질 지경이다. 한편으로는 모든 언어가 그러하듯 브랜드 언어의 어
휘들도 끊임없이 변화한다. 또 그래야만 한다.

　모든 세대는 자기 세대만의 독특한 색을 주장하기 위해 앞선 세
대가 선호했던 브랜드는 무조건 거부해야 한다는 일종의 강박관
념 비슷한 것을 가지고 있다. 언젠가 「보스턴 매거진(Boston

Magazine)」에서는 엑스 세대와 베이비붐 세대가 나타내는 부문별 브랜드 선호도의 차이를 기획 특집으로 다룬 적이 있다.

항공사 부문에서 베이비붐 세대는 브리티시 항공사(British Airways)를 선호하는 것에 반해 엑스 세대는 버진 애틀랜틱(Virgin Atlantic)을 첫번째로 꼽았고, 가장 좋아하는 은행으로 베이비붐 세대는 플릿뱅크(FleetBank)를 택했지만 엑스 세대는 윙스팬뱅크(WingspanBank)를 택했다. 그리고 뉴스 미디어에 있어서는 베이비붐 세대는 보스턴 글로브(Boston Globe)를, 엑스 세대는 살롱닷컴(Salon.com)을 각각 선호하는 것으로 나타났다. 이렇듯 브랜드 선호도는 세대가 바뀜에 따라 달라지게 마련이지만, 아무리 세대가 바뀌어도 결코 변하지 않는 것이 하나 있다. 그것은 다름 아닌 특정 브랜드에 대한 집착 성향이다. 세대 간의 차이가 어찌되었든 사람들이 힘없는 브랜드보다 강력한 브랜드를 선호한다는 사실만큼은 변하지 않는다. 설사 변한다 해도 그것은 시간이 흐를수록 집착의 정도가 더욱 심해지는 것일 뿐 결코 약해지거나 사라지는 법은 없다. 이제는 사람들이 강력한 브랜드를 선호하는 차원을 넘어서 그것을 간절히 '필요' 로 하기에 이르렀으며 이런 추세는 앞으로도 계속될 것이 확실하다.

그러나 좋은 브랜드와 좋아하는 브랜드 사이에서 원하는 것을 마음대로 선택할 수 있는 오늘날의 소비자들이 마냥 행복하기만 한 것은 아니다. 지나치게 많은 선택의 가능성 중에서 소비자들은 과연 무엇을 선택해야 할지 혼란스럽기만 하다. 소비자들은 선택할 수 있는 '자유' 를 누린다기보다는 오히려 선택해야만 하는 '피곤' 으로 지쳐 있다. 변화된 현대인의 생활 패턴, 즉 맞벌이로

인한 공동 가사와 공동 육아, 잦은 이혼과 재혼, 반복되는 가족의
이합집산, 교통량 증가, 눈 돌아갈 정도로 빠르게 바뀌는 뉴스, 100
여 개가 넘는 케이블 채널 등 이 모든 것으로 인해 현대인들은 골
치가 아프다 못해 기진맥진해 있다. 그래서일까? 선택할 수 있는
브랜드의 수가 점점 많아질수록 소비자들은 오히려 마음에 드는
단 한 가지 브랜드에만 집착하려는 성향을 보인다. 이런 역설적
인 현상은 왜 생기는 걸까? 좋은 브랜드는 시간이 갈수록 늘어만
가는 소비자들의 혼란과 스트레스를 다음과 같은 세 가지 측면에
서 명쾌하게 해소해 주기 때문이다.

1. 시간을 절약해 준다.
2. 선택에 대한 확신을 가질 수 있다.
3. 일체감을 제공한다.

시간을 절약해 준다

좋은 브랜드는 선택의 시간을 줄여준다. 소비자들에게 최고의
브랜드는 곧 최고의 품질을 뜻하고 이에 대한 소비자들의 믿음은
결코 흔들리는 법이 없기 때문이다. 따라서 굳이 해당 품목의 모
든 제품을 일일이 따져보고 비교할 필요가 없다. 브랜드 인지도
와 제품의 질이 반드시 일치하지만은 않는다는 사실을 이미 알고
있다 하더라도 대부분의 소비자들은 유명 브랜드를 선호한다.
이런 성향은 '의약품'의 경우 더욱 두드러지게 나타난다. 아기

가 열이 나면 대부분의 사람들은 타이레놀(Tylenol)을 찾는다. 하
지만 다른 해열제들 역시 동일한 성분을 함유하고 있을 뿐 아니
라 가격은 오히려 타이레놀보다 3분의 1이나 저렴하다. 그럼에도
불구하고 대부분의 소비자들은 업계 최고 브랜드라는 이유만으
로 주저 없이 타이레놀을 선택한다. 실제로 유아용 타이레놀의 판
매량은 다른 경쟁사 제품들의 판매량을 모두 합한 것보다도 압도
적으로 많다. 타이레놀 애용자들의 브랜드 집착 성향은 다른 품
목에 비해서도 유별나게 강하다는 연구 결과가 있을 정도이다.

　브랜드에 대한 소비자들의 집착은 이성보다는 감정적인 요소에
서 기인한다. 소비자들은 '타이레놀'이라는 이름이 주는 심리적
인 안도감만으로도 타이레놀을 선택할 이유가 충분하다고 느끼
는 것이다. 하지만 아무리 브랜드에 집착한다 해도 창문 유리 하
나 갈아 끼우기 위해 세 배나 더 많은 돈을 물어가면서까지 굳이
브랜드를 고집할 사람은 없을 것이다. 창문 유리 같은 제품은 유
명 브랜드가 아니라 해도 왠지 불안하거나 의심스럽지 않기 때문
이다. 결국 건강 혹은 신체와의 직접적인 관련성이 큰 품목일수
록 소비자들이 유명 브랜드 제품을 구매할 확률은 높아진다고 할
수 있다. 신체에 착용하는 제품, 특히 입으로 섭취하는 제품의 경
우 브랜드 네임은 소비자의 선택에 결정적인 영향을 미친다.

선택에 대한 확신을 가질 수 있다

좋은 브랜드가 가지고 있는 두번째 이점은 소비자들에게 자신

의 선택에 대한 확신을 심어준다는 것이다. 좋은 브랜드를 선택
함으로써 소비자들은 골치 아픈 상황을 사전에 피할 수 있다.

미국인이라면 입맛 까다로운 어머니에게 치즈 케이크를 만들어
드리려고 할 때 슈퍼마켓의 자체 브랜드보다 필라델피아 크림 치
즈를 선택하기를 주저할 사람은 거의 없을 것이다. 필라델피아 브
랜드만이 제공해줄 수 있는 그 훌륭한 맛을 잘 알고 있는데 구태
여 색다른 브랜드로 모험을 감행할 필요가 있을까?

이러한 안전 지향의 심리는 비즈니스 현장에서도 쉽게 찾아볼
수 있는 것으로, 데이터를 처리하는 정보처리업계의 매니저들 사
이에서는 오랫동안 다음과 같은 믿음이 이어져오고 있다고 한다.

"IBM을 선택하면 절대 해고될 염려가 없다."

컴퓨터 관련 업계 내의 탄탄한 명성을 오랜 세월 굳건히 지키
고 있는 브랜드인 IBM을 구입한다면 누구도 트집을 잡지 못할 것
이라는 말이다.

지난 2000년 초에 존 행콕은 뮤추얼 보험사에서 공모주 회사로
의 변신을 도모하면서 IPO(Initial Public Offering, 기업공개)의 주간
사(lead underwriter: 기업체가 주식을 모집할 때, 주식이나 채권의 인
수 수량이 가장 많고 중심이 되어 책임 있는 알선 역할을 하는 증권 회
사 — 역주)로 모건 스탠리(Morgan Stanley)를 선정했다. 대외적으
로는 '모건 스탠리의 직원들이 마음에 들었기 때문'이라고 선정
이유를 밝혔지만 우리가 모건 스탠리를 택한 진짜 이유는 따로 있
었다. 사실 모건 스탠리를 비롯해 우리가 만나본 투자 은행사의
직원들은 하나같이 말쑥하게 차려 입은 정장 차림에 말투나 행동
도 아주 비슷해서 특별히 누가 더 낫다고 할 것도 없었다. 모두가

다 능력 있는 사람들이었으며, 모두가 다 한결같이 우리와의 계약이 성사되기를 희망했다.

그런데도 우리가 한치의 망설임도 없이 모건 스탠리를 선택한 것은 자타가 인정하는 업계 최고의 명성을 누리는 회사이기 때문이었다. 따라서 존 행콕의 IPO가 설령 실패로 돌아갔다 해도 그 원인을 모건 스탠리 탓으로 돌릴 사람은 한 사람도 없었으리라고 확신한다. 실제로 존 행콕 IPO의 성공은 부분적으로나마 모건 스탠리의 명성에 힘입은 바가 크다고 할 수 있다. 업계 최고 브랜드와 손을 잡음으로써 자칫 우리를 외면했을지도 모를 투자가들을 끌어들이는 데 성공할 수 있었으니 말이다.

일체감을 제공한다

좋은 브랜드를 구입하는 소비자들은 자신이 마치 마음 맞는 여행자 그룹의 일원이라도 된 것 같은 편안함과 만족감을 느낀다. 이것이 바로 브랜드가 주는 일체감이다. 저명한 역사학자인 대니얼 부어스틴(Daniel J. Boorstin)은 『미국인들: 민주주의의 역사(The Americans: The Democratic Experience)』라는 그의 저서에서 브랜드에 의해 형성된 '소비 공동체'를 미국 사회의 두드러진 특징이라 규정하고 19세기 말에서 20세기 초에 형성되기 시작한 '소비 공동체'를 다음과 같이 묘사했다.

광고주들은 자신들이 광고하는 전국적인 브랜드 상품을 구매하면 특별한 그룹에 속할 수 있다는 말로 소비자들을 유혹했다. 그리고 셀 수 없이 많은 미국인들이 그러한 특별한 그룹의 일원이 되기를 원했다. 이 특별한 그룹은 일정한 생각, 희망, 실망 등의 감정을 서로 공유하는 소비자들로 이루어졌다.

현대 미국인들은 먹고, 마시고, 운전하고, 읽고, 사용하는 거의 모든 일상용품에 관하여 수천만 명의 다른 미국인들과 결합되어 있는데, 이때 이들을 한데 묶어주는 것이 바로 '충성심'이라는 변덕스럽고 불안하기 짝이 없는 한 가닥 얇은 끈이다.

부어스틴에 의하면 브랜드 충성심으로 결합된 소비 공동체는 초기 미국 역사에서 큰 역할을 담당한 종교적 혹은 정치적 이데올로기 공동체만큼 의미심장한 것은 아니라고 한다. 하지만 그럼에도 불구하고 소비 공동체가 미국 역사에서 차지하는 의의는 나름대로 되새겨볼 만하다.

20세기 초의 미국은 이질적인 두 집단의 통합이 절실하게 요구되던 시기였다. 여기서 말하는 두 집단이란 각각 넓은 국토의 여기저기에 외따로 흩어져 살던 원주민들과 가히 짐작도 못할 만큼 그 수가 늘어난 이민자들을 의미한다. 바로 이 시기에 전국적인 명성을 얻어 그 이름을 날리기 시작한 유명 브랜드들이 양쪽 집단의 구성원 모두로 하여금 자신들도 크게 보아 미국 문화의 일부라는 일체감을 가질 수 있도록 하는 매개체가 되었다. 미국 내 모든 지역, 모든 사람들에게 알려진 유명 브랜드를 구입함으로써 비로소 자신들도 '미국의 일부'임을 확인할 수 있었던 것이다. 더구나 20세기 초반 이후 눈부시게 발달한 교통과 기술, 그리고 사회구조가 미국인들을 이어주고 있는 연결 고리를 보다 유동적이고 광범위한 것으로 만들었다. 현대인의 소속감은 지리적 조건이나 혈통, 인종, 종교적 제약을 초월한다. 교육과 교양 정도에 의해 소속집단이 결정되고, 구성원이 무엇을 소비하는가에 따라 소속집단 간의 차이가 명확하게 구분되고 있는 추세이다. 점점 더 많은 현대인이 '브랜드족(brand tribes)'의 일원이 되어가고 있다.

만일 자신만은 결코 브랜드족에 속하지 않는다고 생각하는 사람이 있다면 스스로에게 이런 질문을 한 번 던져보자. "부어스틴이 말한 '일정한 생각, 희망, 실망 등의 감정'을 나는 도대체 누구와 나누어야 할까?" 하고 말이다. 3,000마일이나 떨어진 곳에 살고 있지만 나와 같은 브랜드의 맥주를 마시는 사람인가, 아니면 바로 옆집에 살긴 하지만 나와는 달리 버드와이저(Budweiser)를 마시는 사람인가? 희한하게도 우리는 같은 동네에 살면서 나와는 전혀 다른 브랜드를 즐기는 사람보다는 나와 같은 브랜드의 맥주를 마시며 지구 반대편에 살고 있는 사람과 더 많은 것을 공유하고 있는 듯한 느낌을 갖는다.

물론 같은 브랜드 제품을 구매하는 사람들의 집단인 '브랜드족' 간의 차이점이 예전보다 많이 모호해진 것은 사실이다. 1970년대에는 거리에서 캘빈 클라인(Calvin Klein) 청바지를 입은 사람들은 서로를 한눈에 알아볼 수 있었다. 캘빈 클라인을 입은 사람들은 누구나 엉덩이에 대문짝만하게 붙어 있는 상표를 실룩거리며 거리를 활보했기 때문이다. 그러나 최근 뉴욕이나 로스앤젤레스 같은 도시에 가보면 사람들의 옷에서 대문짝만한 로고는 사라지고 대신 온통 검은색으로 대변되는 의류 브랜드 일색이다. 어디를 봐도 검은색 옷을 입은 사람들을 볼 수 있다. 그럼에도 불구하고 요즘 사람들은 신기하게도 건너편에 있는 사람이 입고 있는 검은 옷이 구찌(Gucci)인지, 프라다인지, 그도 아니면 프루트 오브 더 룸(Fruit of the Loom)인지 쪽집게처럼 가려낸다. '브랜드족'들에게는 누가 무슨 브랜드를 입고 있는지가 너무나 중요한 문제이기 때문이다.

따라서 발빠르고 영리한 기업들은 좀더 많은 사람들을 자사 브랜드의 추종자로 끌어들이기 위해 브랜드족 간의 강한 결속감을 이용한다. 그 대표적인 예가 바로 나이에 제한을 두지 않고 모든 연령층의 도시 직장 여성을 표적 고객층으로 하는 앤 테일러(Ann Taylor)다. 앤 테일러 매장에 가보면 쇼핑객들 중 열에 아홉은 이미 서로 비슷한 스타일의 옷을 입고 있다. 대다수 여성들이 원하는 스타일과 브랜드 메시지를 적절하게 결합시켜서 자사 브랜드를 찾는 소비자 집단을 '앤 테일러 피플'이라는 브랜드족으로 결집시키는 데 성공한 것이다.

일단 앤 테일러 피플이 되면 심리적인 편안함을 얻는다. 앤 테일러 재킷은 굳이 입어보지 않아도 이미 경험을 통해 자신에게 어울리리라는 것을 잘 알고 있기 때문이다. 앤 테일러의 옷은 튀지도 않고 그렇다고 너무 수수하지도 않으리라는 것을 잘 알고 있기 때문이다. 가격 또한 너무 비싸지도 않고 너무 싸지도 않으리라는 것을 잘 알고 있기 때문이다. 앤 테일러 피플은 매장을 나설 때 억지로 유행을 좇은 흔적은 좀처럼 찾을 수 없는 매우 세련되고 우아한 모습을 하고 있을 것임을 확신하기 때문이다. 동화 속의 골디락스(Goldilocks)가 자신의 몸에 꼭 맞는 아기 곰의 침대에

누워서 "그래, 바로 이거야."라고 말할 때의 그런 편안한 느낌이
랄까? 이렇게 해서 앤 테일러가 제공하는 편안함에 흡족해진 소
비자들은 앤 테일러에 대한 변함없는 충성까지도 다짐하게 된다.

심지어 브랜드를 '숭배'하는 소비자들도 있다. 이들이 어쩌다
다른 브랜드를 구매하는 경우에는 스스로 불안해서 못 견딘다. 따
라서 늘 좋아하는 한 가지 브랜드만 구매하고, 결국에는 그것에
만 집착하는 '브랜드 중독자'가 된다. 가족 구성원 전체가 합세
하여 한 가지 브랜드만 구입하는 가정도 많다. 숙모님의 크리스
마스 선물로는 앤 테일러 한 벌을 사드리는 것이 가장 좋으리라
는 의견에 온 가족이 모두 박수를 치며 찬성하고, 뭘 입을까 혹은
뭘 선물할까 걱정할 것 없이 무조건 앤 테일러로 결정하면 모든
고민과 번거로움으로부터 해방될 수 있다고 확신한다.

이처럼 좋은 브랜드와 소비자는 서로에게 득이 되는 거래를 통
해 완벽한 공생관계를 형성하고 있다. 무엇을 골라야 할지 몰라
쩔쩔매는 소비자에게 브랜드는 안정과 신뢰, 편리, 일체감을 제공
하고 그 보답으로 소비자들은 다른 브랜드는 절대 사지 않겠다는
충성의 약속을 바친다. 이러한 완벽한 '상호보완'의 관계는 모든
브랜드 운영자들이 지향하고 있는 바이기도 하다.

복잡하게 돌아가는 정신없는 일상을 단순화하고 마음의 평안을
얻기 위해 오직 하나의 브랜드만을 고집하는 소비자들은 그러나
자신들의 기대를 채워주지 못하는 브랜드에는 결코 충성하지 않
는다. 충성을 바치던 브랜드가 더 이상 기대에 미치지 못함을 깨
닫는 순간 소비자들은 다시는 그 브랜드를 구입하지도, 거들떠보
지도 않는 냉혈한으로 돌변한다는 사실을 잊어서는 안 된다.

과거의 소비자들은 브랜드에 대한 불만이 있다 하더라도 그것을 제대로 표현하지 못했다. 동네 장난감 가게에 갔다가 불쾌한 일을 당해도 발길을 끊기는커녕 금세 또 찾아가고는 했다. 장난감 가게가 오직 한 곳뿐이었기 때문이다. 하지만 오늘날 소비자들에게 선택되어 그들의 충성을 한몸에 받던 브랜드가 이런 식으로 소비자를 화나게 했다가는 곧바로 다른 브랜드로 대체된다. 그 자리를 대신하여 소비자의 충성을 받기만을 바라고 있는 새로운 브랜드가 수도 없이 널려 있지 않은가? 특정 브랜드만 사겠다고 결심하는 것뿐 아니라 특정 브랜드는 절대 사지 않겠다고 마음먹는 것 역시 소비자의 당당한 권리가 되었다.

여기서 어떤 체인점과 나 사이에 있었던 일을 이야기해주겠다.

어느 요식업체가 간단한 아침 식사를 전문으로 하던 우리 동네의 소규모 작은 식당들을 전부 인수해서 자사 체인점들로 바꾼 일이 있었다. 하지만 나는 별로 개의치 않았다. 미국은 엄연히 자본주의 국가이며, 자본을 가지고 있는 사람이 투자를 하겠다는데 무슨 불만을 가질 수 있겠는가? 어쨌든 새로 생긴 식당들은 처음에는 일단 깨끗해서 좋았다. 하지만 그것도 잠시뿐 곧 나는 크게 실망했다. 직영 체인이 아니라 지점마다 주인이 다른 건 그렇다 쳐도 커피 맛이 도대체가 들쭉날쭉 제멋대로였다. 어떤 곳은 너무 진하고 어떤 곳은 너무 연하고 어떤 곳은 떫은 맛이 나기도 했으며 심지어 실컷 기다리게 해놓고는 아예 숯 검댕이가 된 커피를 먹으라고 내오는 곳도 있었다. 그러던 어느 날, 그날도 역시나 형편없는 커피를 마셔야 했던 나는 참다못해 본사의 책임자를 찾아 커피 맛에 대한 불만을 토로했다. 어디까지나 그들에게 도움이 되기를 바라는 마음에서 말이다. 그러나 나의 기대와는 달리 그 사람은 선뜻 '조처를 취하겠다' 고 대답하지 않았다.

오히려 자기 쪽에서 몹시 불쾌하다는 듯 내 상식까지 들먹이며 나를 몰아세우더니 지역마다 수질 상태가 다르기 때문에 커피 맛에 차이가 있을 수밖에 없다는 등 말도 안 되는 핑계를 댔다. 도대체 지역 수질 상태와 커피 맛이 무슨 관계가 있다는 말인가? 그보다는 각 지점 주인들이 한푼이라도 아끼기 위해 저마다 물의 양을 다르게 한 것이 진짜 이유였을 것이다.

당연히 나는 그 식당에는 그날로 발길을 뚝 끊었고 앞으로도 전 세계 어느 곳에 가든 그 식당의 체인점만큼은 절대로 들르지 않으리라 마음먹었다. 그 브랜드를 내 머리 속에서 완전히 몰아내겠다고 결심한 순간, 나도 모르게 소비자 심리가 발동하더니 그 자리를 대신할 다른 커피 전문점 브랜드들이 끊임없이 떠오르기 시작했다. 하지만 어쨌든 모닝 커피 한 잔이 간절할 때 멀리 동네 밖까지 나가야 한다는 건 무척이나 번거로운 일이 아닐 수 없다.

결론적으로 말해서 이 시대의 소비자들에게는 브랜드가 반드시 필요하다. 무한한 선택의 바다를 건너기 위해서는 좋은 브랜드와 나쁜 브랜드가 모두 다 필요하다. 물론 브랜드 운영자의 입장에서는 강렬한 인상, 적절한 이름, 흥미로운 요소를 갖춘 좋은 브랜드가 되어 소비자들의 충성과 존경을 동시에 받는 것을 목표로 해야 하겠지만 말이다. 그러기 위해서 가장 먼저 해야 할 일은 소비자들이 원하는 적절한 브랜드 메시지를 정하는 것이다. 다음 장에서 그 방법을 다루기로 하겠다.

3

까다로운 소비자의 기호를 파악하라

훌륭한 브랜드의 명성은 날뛰는 야생마와도 같다. 야생마가 어떤 동물인가?
굴복시키기만 하면 지극한 충성심으로 주인을 모시는 동물이다. 하지만 자칫 잘못하면
맨땅에 내동댕이쳐질 수도 있으니 일단 한번 올라타면 절대 고삐를 놓치지 말아야 한다.

브랜드 운영자의 임무 중 가장 중요한 것은 브랜드 메시지의 확
정이다. 새로운 브랜드의 경우에는 소비자들이 브랜드의 본질을
정확하게 이해할 수 있도록, 기존 브랜드의 경우에는 현재 지니
고 있는 이미지는 물론 앞으로 브랜드가 나아가야 할 방향까지 제
시해줄 수 있는 브랜드 메시지를 정해야 한다.

완전한 무에서 시작하여 새로운 브랜드에 맞는 새로운 메시지
를 창조하는 것이 나을지, 아니면 이미 시장에 나와 있는 기존 브
랜드를 재구성하는 것이 나을지는 쉽게 단정하기 어려운 문제이
다. 이 문제에 대해 오랫동안 고심해온 마케팅 전문가들 역시 아
직 명쾌한 해답을 내리지 못하고 의견이 분분한 상태이다.

재미있는 비유를 통해 이 문제를 다시 생각해보자. 새로운 인물을 왕좌에 앉혀서 민심을 수습하는 편이 나을까, 아니면 한때 나라를 무력으로 통치하고 수많은 양민을 학살했지만 앞으로는 자비로운 성군이 되겠다고 맹세하는 과거의 정복자를 다시 받아들이는 편이 더 나을까?

역시 어느 쪽이 낫다고 단번에 결정을 내리긴 어렵지만 새로운 인물이 적어도 한 가지 면에서는 월등히 유리하다고 할 수 있다. 새 왕은 적어도 자신의 현재 위치를 정확히 인식하고 있다는 것이다. 왜냐하면 아무것도 없는 백지 상태에 있기 때문이다.

인터넷 시대의 브랜드 창조

새로운 브랜드를 내놓고자 하는 기업이 해야 할 일과 해서는 안될 일에는 어떤 것이 있는지 알고 싶다면 인터넷 시대의 선봉장 격인 신흥 닷컴기업들의 사례를 연구해보라고 권하고 싶다. 이들 신흥 닷컴기업들은 오프라인의 신규 브랜드들과는 반대되는 속성을 갖고 있다. 이들이 갓 출범했을 당시 기술 분야 공모주는 시장에 나왔다 하면 그 가치가 하늘 높은 줄 모르고 치솟았다. 따라서 오프라인의 경우와는 달리 닷컴기업들에게는 투자 자본의 유치가 누워서 떡 먹기보다도 쉬운 일이었다.

그렇다면 이쯤에서 한번 제1기 닷컴기업들의 사례를 살펴보자. 아마존닷컴이나 이베이 같은 제1기 전자상거래 기업들은 브랜드 홍보를 위해 굳이 막대한 광고비를 지출할 필요가 없었다. 사람들의 입에서 입으로 전해지는 소문과 인터넷을 통해 자연스럽게 자사의 브랜드를 홍보할 수 있었기 때문이다. 하지만 인터넷 기업의 수가 기하급수적으로 증가한 지금의 사정은 또 다르다. 새로운 전자상거래 사이트를 발견하고 참신함을 느낀 네티즌들이 각각 500명의 친구들에게 자발적인 홍보를 해주기만을 바라며 팔자 좋게 앉아서 기다리기만 하던 시대는 벌써 끝난 것이다.

그래서 이제 제2기를 맞이한 인터넷 브랜드들은 방향을 180도 선회하여 기존 광고 매체로 눈을 돌릴 수밖에 없었다. 그 결과 닷컴기업들은 1999년 한 해에만 수백억 달러의 광고비를 쏟아부었고, 2000년에는 프로 미식축구 챔피언 결정전인 슈퍼볼과 대형 스포츠 이벤트의 광고판을 모두 점거하다시피 했으며 유명 잡지란 잡지는 모두 다 자사 광고로 도배를 했다. 상황이 반전되어 이들은 1999년과 2000년 최고의 광고주로 급부상하기에 이르렀다.

하지만 그토록 막대한 광고비를 들여서 그들이 얻은 것은 과연 무엇이었던가? 가여운 게르빌루스 쥐(gerbil: 모래쥐라고도 하며 의학실험용으로 많이 쓰인다 — 역주)가 대포로 발사되어 하늘로 솟구치질 않나, 영화 〈스타트랙(Star Trek)〉의 주인공 윌리엄 샤트너(William Shatner)는 30년 전 자신의 가수 시절을 스스로 패러디하질 않나, 길을 가던 사람들이 뜬금없이 로버트 프로스트(Robert Frost)의 시를 읊조리질 않나, 심지어는 '포틀랜드의 루시(Lucy of Potland)' 라는 있지도 않은 성인을 칭송하는 광고도 있었다.

끝까지 주의깊게 봐도 도대체 무슨 상품을 광고하는 건지, 무슨 이야기를 하려는 건지, 왜 이런 광고를 하는 건지 알 길이 없는 정체 불명의 광고 일색이었다. 그러나 의미를 알 수 없는 난해한 내

용이기는 해도 어쨌거나 이러한 광고들이 흥미를 끌었다는 것만
은 기꺼이 인정하겠다.

1990년대 후반의 닷컴기업들은 서로 약속이나 한 듯 이런 '애
매모호' 하고 '두리뭉실' 한 기법의 간접적인 광고를 내보냈다. 어
떻게든 더 '미묘' 해지기 위해 안간힘을 썼다고나 할까? 애매하기
그지없는 광고를 통해서 그들이 표현하고자 했던 핵심적인 브랜
드 메시지는 바로 이런 것이었다.

"직접적으로 다가가기에 우린 너무 새롭답니다."

하지만 조금만 더 생각해보면 이런 계획된 '애매모호함' 뒤에
숨겨져 있는 분명한 의도를 알아낼 수 있다.

첫번째는 제2기 인터넷 브랜드들이 아마존닷컴 같은 초기 닷컴
기업들처럼 '언더그라운드 네트워크(underground network: 여기서
는 상대가 눈에 보이지 않는 인터넷 세상을 의미한다 — 역주)' 에만 의
존하여 자신들의 브랜드를 확립하는 것은 분명 불가능해졌다 하
더라도 적어도 선배 기업들의 성공의 원동력이 되었던 언더그라
운드 정신만은 지키고 싶어했다는 점을 들 수 있다.

두번째는 확실치는 않으나 이미 한 차례 시행되어 대대적인 성
공을 거둔 바 있는 첨단 테크놀로지 기법의 광고를 인터넷 기업
들이 약속이나 한 듯 일제히 모방하고자 했다는 점이다. 그 대표
적인 모델이 애플(Apple)사에서 새로운 매킨토시 컴퓨터의 출시
를 기해 제작한 1984년도 슈퍼볼 광고이다. 조지 오웰(Goerge
Orwell)의 미래 소설 『1984년』에서 아이디어를 얻은 그 광고는 방
안을 가득 메운 노예들이 커다란 스크린을 통해 노예 상인의 훈
시를 듣고 있는 장면으로 시작된다. 그때 갑자기 애플의 로고가

그려져 있는 티셔츠를 입고 나타난 아름다운 근육질의 여성이 대형 스크린을 향해 커다란 망치를 던진다.

광고하고자 하는 제품은 화면 어디에서도 찾아볼 수 없다. 단지 전달하고자 하는 브랜드 메시지만 확인할 수 있다. 그 광고에는 지금까지 그 유례를 찾아볼 수 없을 정도로 독특하고 웅장한 브랜드 메시지가 담겨져 있었다. 당시 애플의 브랜드 메시지는 다름 아닌 '인류의 구원자'였던 것이다.

이 광고는 여러 분야에서 매우 획기적인 것으로 평가되고 있다. 우선 〈블레이드 러너(Blade Runner)〉와 〈글래디에이터(Gladiator)〉를 비롯하여 수많은 히트 영화를 만든 리들리 스코트(Ridley Scott) 감독이 연출한 시각적 영상미가 압도적이었다. 하지만 이 광고가 아직까지도 인구에 회자되고 있는 가장 결정적인 이유는 단 1회에 그쳤다는 점에 있다. 비록 단 한 번밖에 볼 수 없었지만 그 광고를 본 사람은 누구나 잊을 수 없는 강렬한 인상을 받았다. 그러나 이처럼 엄청난 효력을 발휘한 기념비적인 광고 기법일지라도 신생 기업들은 절대로 흉내내서는 안 된다. 그 이유는 잠시 후 자세히 설명하도록 하겠다.

인터넷 브랜드 광고의 대부분이 '알쏭달쏭' 할 수밖에 없었던 세번째 이유는 닷컴기업의 운영자가 거의 기술 엔지니어라는 데에 있다. 엔지니어란 전기적 신호를 해독하고 그것을 전달하는 일에 능숙한 사람들이다. 따라서 이들은 마케팅 전문가처럼 노련하게 소비자들의 심리를 분석하고 그들을 설득할 줄 모른다.

네번째 원인은 줏대 없는 광고 회사에 있다. 프로 근성이라고는 눈곱만큼도 없는 일부 광고 회사들은 돈만 제대로 준다면 광고주

의 입맛에 딱 맞는 광고를 얼마든지 제작해준다. 비슷비슷한 광
고가 판을 치든 말든 광고 회사들은 전혀 관심도 없다.

다섯번째로는 자신들만의 언어를 온 세상에 강요할 정도로 당
당하고 자신만만했던 인터넷 회사들의 오만함을 들 수 있다. 그
들은 소비자들의 언어로 말하기보다는 소비자들에게 자신들의 언
어를 가르치려고 들었다. 위엄 있고 보수적이기로 유명한 해일
(Hale), 도르(Dorr), 굿윈 프록터(Goodwin Procter) 같은 보스턴의
법률 회사들마저 자신들의 고객인 닷컴기업의 비위를 맞추기 위
해 말쑥한 정장을 벗어던지고 '평상복'으로 갈아입을 정도였다.
콧대 높은 상류층의 정서가 실리콘밸리로부터 시작된 새로운 문
화에 자리를 내주고 말았던 것이다. 하지만 변호사가 입고 있는
옷이 마음에 들지 않으니 바꿔 입으라고 강요하는 고객이 세상에
어디 있단 말인가? 자기 쪽에서 먼저 소비자에게 한 걸음 더 다가
갈 생각은 않고 멀찍이 떨어져서 오히려 소비자들에게 자신들 쪽
으로 오라고 손짓만 하는 식이다. 이것이 바로 닷컴기업들이 저
지른 치명적인 실수 중의 하나이다.

이미 자리를 잡은 브랜드만의 특권

애플사의 1984년 슈퍼볼 광고가 소비자들에게 그토록 강하게
어필할 수 있었던 것은 소비자들이 애플사의 존재나 그 명성을 이
미 잘 알고 있었기 때문이다. 그러나 만약 소비자들에게 아직 낯
설기만 한 신생 브랜드가 이처럼 알쏭달쏭한 메시지를 들고 나온

다면 실로 위험천만한 일이 아니라고 할 수 없다.

의미를 알 듯 모를 듯 해서 더 기억에 남는 광고 메시지는 비즈니스계에 이미 확고한 자리를 잡은 기존 브랜드만이 누릴 수 있는 막강한 특권이다.

예를 들어 존 행콕도 그 중 하나라고 할 수 있다. 존 행콕이라는 브랜드가 소비자의 의식 속에 이미 뚜렷하게 각인되어 있기 때문에 과감하게 마치 한 편의 영화 같은 느낌을 주는 독특한 기법의 광고를 내보내도 별 무리가 없었던 것이다. 평범한 일상의 단면을 묘사하고 있는 존 행콕의 광고는 얼핏 보기에는 전혀 광고처럼 보이지 않는다. 광고가 끝날 때쯤 떠오르는 존 행콕의 로고를 보고서야 '저게 광고였구나!' 싶을 정도이다. 그러나 한순간 짧게 나타났다가 사라지는 존 행콕의 로고를 본 소비자들의 뇌리에는 앞서의 광고 내용은 물론이고 브랜드 네임까지 확실하게 새겨진다.

하지만 나이키에 비하면 우리 광고는 아무것도 아니다. 나이키의 광고는 성공적인 메시지 전달 사례 중에서도 첫손가락에 꼽힐 정도로 탁월하다. 광고의 마지막 화면에 '저스트 두 잇(Just Do It)'이라는 그 유명한 나이키의 캐치프레이즈가 뜨면서 '쉭' 하고 옷깃 스치는 소리가 들리기까지는 그것이 광고인지 무슨 캠페인인지 아리송하기만 하다. 하지만 오히려 그런 아리송함이 소비자 심리를 매우 효과적으로 자극했다. '우리는 운동화를 파는 회사입니다'라고 노골적으로 말하는 것보다 얼마나 매력적이고 세련된 접근법인가? 이 역시 나이키가 이미 모든 소비자들에게 알려진 유명 브랜드였기에 가능한 일이었음은 물론이다.

그러나 뛰어난 효과만을 노리고 애매한 기법의 광고를 무턱대고 흉내낸 신생 인터넷 기업들은 나이키나 존 행콕과는 반대로 큰 낭패를 보고 말았다. 회사 이름과 상품의 내용도 아직 낯설기만 한데 거기다 한술 더 떠 광고까지도 난해하기 이를 데 없으니 소비자들로서는 황당할 수밖에 없었다.

인터넷 공간에서 컴퓨터와 관련 제품을 판매하는 사이베리안 아웃포스트(Cyberian Outpost)의 터무니없이 엉뚱한 TV 광고가 그 대표적인 예라고 할 수 있다. 대포에서 발사된 게르빌루스 쥐가 '아웃포스트' 라고 쓰여 있는 벽을 향해 솟구쳐 날아가는 모습을 담은 그들의 광고는, 분명 충격적이지만 너무도 아리송해서 실소를 금할 수 없었다. 이 광고는 1999년도 슈퍼볼이 방송되는 동안 몇 번씩이나 전파를 타고 전국의 소비자들에게 보여졌다. 실로 엄청난 관심을 불러일으킬 수 있는 절호의 기회였고 이를 위해 아웃포스트에서 지출한 광고비도 어마어마한 액수였다. 그러나 브랜드 운영의 측면에서 이는 분명한 실패작이다. 그나마 소비자들의 기억 속에 '아웃포스트' 라는 이름을 뚜렷이 각인시킨 것만은 성공적이었다고 할 수 있다. 하지만 회사 이름만 알렸을 뿐 무엇을 하는 회사인지, 무슨 제품을 만드는 회사인지는 전혀 드러나지 않았다. 다행히 아웃포스트닷컴(Outpost.com)은 서둘러 유능한 CEO를 영입한 후 재빨리 아래와 같은 두 개의 추가 메시지를 내보냈다.

"우리 회사는 주문 당일 무료로 배달해드립니다."

"우리는 게르빌루스 쥐가 아니라 첨단 기술을 판매하는 온라인 회사입니다."

결론적으로 말해 신규 브랜드의 경우에는 당분간은 고전적이고 평범한 광고를 통해 브랜드를 홍보하는 편이 낫다. 도대체 그 회사가 무엇을 만드는 회사이며 무엇을 광고하려는 것인지, 적어도 그것만큼은 소비자들에게 알려줘야 하지 않겠는가.

아이디어보다 실행이 중요하다

대부분의 닷컴기업들은 주로 '창의성'과 '기발함'을 내세워 자신들의 브랜드를 널리 알리는 것에 주력해왔다. 다른 요소보다 유독 이런 '독창성'을 강조하고 있는 이유는 바로 아이디어 하나만 가지고 인터넷 사업을 시작한 창업자들이 많기 때문이다.

하지만 좋은 아이디어가 반드시 좋은 결과를 보장하는 것만은 아니다. 이는 구석기 시대부터 이어져 내려오는 불변의 진리이다. 원시시대의 어느 천재가 나무를 깎아서 손에 쥐기도 편하고 휘두르기도 좋은 방망이를 만들었다. 사람들은 한동안 그 천재를 추켜세우며 칭찬했다. 그런데 어떤 사람이 그 방망이를 들고나가 사냥을 하더니 매일 먹을거리를 가지고 들어오는 것이었다. 결국 방망이를 보물 대하듯 하며 그저 들여다보고만 있던 천재보다는 그것을 실생활에 활용한 사람이 더 오랜 시간에 걸쳐 칭송되고 더 큰 업적을 남긴 인물로 평가되었다.

실제로 위에서 언급한 천재처럼 대단해 보이는 아이디어 하나만 믿고 근사하게 사업을 시작했다가 브랜드를 제대로 구축해보지도 못하고 무너진 닷컴기업이 한둘이 아니다. 제대로 성공한 기업의 비율을 따져보면 1퍼센트도 안 된다.

 승리의 월계관은 뛰어난 기술을 가진 엔지니어도, 허세 부리는 경영자도 아닌 훌륭한 마케터에게 돌아가는 것이다. 진정한 마케터는 초일류 브랜드로 성공하기 위해서는 창업 밑천인 아이디어를 신주 단지 모시듯 하며 쳐다만 보고 있어서는 안 된다는 점을 잘 알고 있다. 브랜드 구축은 TV나 라디오, 혹은 신문을 매개체로 삼아 그 건너편에 위치한 '소비자'들의 심리를 이해하고 자극하는 작업이다.

 하지만 아이디어 하나만 믿고 소비자와의 커뮤니케이션을 등한시한 것이 비단 닷컴기업만의 일은 아니다. 1970년대에 나는 인터넷 회사인 컨트롤 데이터(Control Data)에서 잠시 일한 적이 있었는데, 당시 그 회사는 일본에 지사를 세우기 위한 작업을 한창 추진중이었다. 그래서 회사 이름을 적절한 일본어로 바꾸고 회사 로고나 마크도 일본인이 선호하는 스타일로 재조정하는 등 눈코 뜰 새 없이 바빴다. 우리는 머지않아 일본 시장을 석권하리라는 기대감에 한껏 신이 나 있었다.

 지사 개설 작업에 단 한 가지 걸림돌이 있었다면 일본 정부 기관의 승인을 얻어야 한다는 것이었다. 우리는 몇 달에 걸쳐 사방팔방으로 해당 관료들을 찾아다니며 수백만 달러의 로비 자금을 뿌렸다. 일본 관료들은 대단히 정중하고 호의적으로 우리를 대해주었고 그래서 우리는 더욱더 긍정적인 결과를 기대했다. 그러나 결국 우리의 일본 진출은 좌절되고 말았다. 그들이 우리에게 확실하게 밝히지도 못했던 거절 이유는 나중에 알고 보니 일본어로 옮긴 우리 회사의 이름에 있었다. 당시 일본 소비자들을 겨냥해 새롭게 바꾼 우리 회사의 이름은 일본어로 '우리는 임질을 전합니다' 라는 뜻이 있었다고 한다.

일본어 번역을 담당했던 사람이 앙심을 품고 그랬는지 아니면 능력이 부족해서 그랬는지는 지금까지도 알 길이 없다. 그러나 그보다 중요한 것은 그가 제시한 결과물에 대해 우리가 의심은커녕 검토할 생각조차 해보지 않았다는 사실이다. 일본 관료들이 우리를 얼마나 한심하게 생각했을까? 사업 아이디어에 대한 자신감에 도취된 나머지 소비자들과의 커뮤니케이션에는 제대로 주의를 기울이지 않아서 겪게 된 부끄러운 경험이었다.

브랜드 메시지의 대상은 소비자이다

그러나 목표로 한 시장에 자사 브랜드를 성공적으로 소개하고 탄탄하게 자리잡은 인터넷 기업들의 예도 많다. 온라인 증권사인 이트레이드(E*Trade)는 그 중에서도 특히 브랜드의 출시와 운영을 성공적으로 수행해온 대표적인 닷컴기업이라고 할 수 있다.

대부분의 닷컴기업들처럼 이트레이드 역시 이용의 편리성과 저렴한 가격을 특징으로 하는 전자상거래 회사이다. 그러나 그들의 광고는 상품의 특성이나 가격에 초점을 맞춘 것이 아니었다. 대신 '이트레이드' 라는 브랜드의 흡인력을 통해 소비 심리를 자극하는 방법을 택했다. "이트레이드와 함께 새로운 경제를 창조하십시오." 라는 브랜드 메시지로 말이다.

1996년에 첫선을 보인 이트레이드의 웹사이트는 '당신의 브로

커를 내쫓아라!' 라는 문구를 게재해서 화제가 되었다. 이는 기존의 주식 중개인을 정면에서 공격한 실로 대담하고 도전적인 기법의 광고였다. 그러나 이트레이드는 여기서 그치지 않고 1999년에 또 다른 충격적인 광고로 다시 한 번 일대 파문을 일으켰다.

"당신의 브로커가 그토록 유능한 사람이라면 왜 아직도 그는 브로커 일을 하고 있는 걸까요?"

그 밖의 다른 이트레이드 광고에서는 부자가 되고자 하는 욕망 하나로 모진 현실을 꾹 참고 사는 서민들의 모습을 너무도 적나라하게 표현해서 그들의 자존심에 상처를 주기도 했다. 봉급을 올려달라고 애걸하는 사람, 돈 많은 중년 여성에게 비굴하게 아부하는 사람, 돈 버는 방법을 소개하는 인포머셜(informercial: 정보(information)와 광고(commercial)의 합성어로 1분에서 30분의 시간 동안 상품이나 경제에 대한 상세한 정보를 제공하는 방송 광고 프로그램 — 역주)을 눈이 빠지도록 시청하는 사람, 하루종일 복권만 맞춰보는 사람, 별 시답잖은 성공담을 떠벌리는 토크쇼에 열심히 귀기울이는 사람 등등.

이런 광고들을 본 시청자들은 드디어 자신의 '한심한' 인생을 자각하고는 영화 〈네트워크(Network)〉에 나오는 피터 핀치(Peter Finch)처럼 이렇게 소리치고 싶었을 것이다.

"나 진짜 화났어. 이제 더 이상은 못 참는다구!"

기존 증권 회사들과의 차별화된 이미지 구축을 위해 생각해낸 이트레이드의 광고 기법은 결코 온건한 것이라고 볼 수 없다. 이트레이드의 CEO인 크리스토스 코사코스(Christos Cotsakos)도 이 사실을 부정하지는 않는다.

"맞습니다. 우리들은 광신자들이 되었습니다. 지금 이곳에서는 광고의 지하드(jihad: 이교도에 대한 이슬람 교도의 성전(聖戰) — 역주)가 모든 것을 휩쓸고 있으니까요."

그러나 그들은 자신들의 '반항적' 이미지만을 내세우는 것에 그치지 않았다. 이트레이드는 자신의 브랜드를 당당하게 상품으로 내놓았던 것이다. 이트레이드라는 브랜드는 소비자들이 과거의 경제에 저항할 수 있는 기회를 의미했다. 이트레이드의 브랜드 메시지가 소비자들에게 제공한 것은 이제껏 소비자들을 제대로 대접해주지 않았던 모든 투자상담가들에게 통쾌하게 복수할 수 있는 기회였던 것이다.

이것이 바로 온라인 증권시장에 혜성처럼 나타난 이트레이드가 피델리티 같은 막강한 투자 브랜드를 능가하고 찰스 슈왑의 뒤를 잇는 거대 기업으로 급성장할 수 있었던 핵심 요소이다.

강력한 메시지를 위한 두 가지 지식과 한 가지 훈련

자의식이 강한 사람들과 마찬가지로 일류 브랜드 기업들 또한 자신을 아주 잘 파악하고 있다. 자기 자신을 확실히 알고 있으면 치명적인 실수를 면할 수 있는 법이다.

캐주얼 의류업체인 갭을 미국을 대표하는 최고의 의류 브랜드로 성장시킨 CEO 미키 드렉슬러(Mickey Drexler)는 1996년에 신문과 잡지 등에 실린 갭의 광고 시리즈가 도무지 마음에 들지 않았다. 당시 광고계에서 유행했던 마약 중독을 테마로 한 파격적인 광고가 소비자들에게는 신선했을지 몰라도 드렉슬러에게는 용납이 되지 않았던 것이다. 결국 그는 「포춘(Fortune)」지와의 인터뷰에서 이렇게 털어놓았다.

"오늘날의 갭을 있게 한 중산층의 소박하고 평범한 이미지와 너무나 상반되는 비윤리적인 광고였습니다."

그리고 그는 서둘러서 광고를 중지시켰다. 갭과 같이 특히 명망 있는 회사의 직원일수록 무의식적으로 자사의 브랜드 메시지에 대한 자의식을 가지게 되는 경우가 많다.

브랜드 메시지를 강화하기 위해 자사 브랜드에 대한 자의식만큼이나 중요한 것은 자신의 브랜드가 차지하고 있는 위치를 정확하게 파악하는 일이다. 다시 말해 내부의 기준이 아니라 기업 외부의 기준, 즉 소비자들의 기준으로 자사 브랜드의 의미를 이해해야 한다는 뜻이다. 그래서 많은 기업들이 자체적으로 소비자 조사를 실시하기도 한다. 하지만 엄청난 예산을 투입해서 공들여 실시하는 소비자 조사라는 것이 대부분 기업 내부의 입장을 재차 확인하는 것에 불과하는 경우가 많다.

거의 모든 기업들이 소비자 조사의 중요성을 떠벌리고는 있지만 소비자들의 솔직한 의견에 제대로 귀를 기울여서 성실하게 시행하는 기업은 아주 드물다. 소비자의 욕구나 심리에 관한 '진실'을 진심으로 이해하고자 하는 경영자들이 그리 많지 않기 때문이다. 그러나 성공적인 브랜드 관리의 열쇠는 소비자의 욕구와 심리를 제대로 파악하는 데에 있다. 따라서 경영자들은 시장의 '진실'을 정확히 규명하고자 하는 마음가짐으로 소비자 조사에 좀더 충실을 기해야 한다. 특히 다음과 같은 몇 가지 기본적인 사항들은 소비자 조사를 통해 반드시 파악해두어야 한다.

1. 사람들이 우리 브랜드를 얼마나 잘 알고 있는가?
2. 우리 브랜드의 어떤 점이 소비자에게 어필하고 있는가? 신용, 저렴한 가격, 정직한 이미지, 소비자에 대한 세심한 배려, 이 모두가 아니라면 도대체 무엇인가?
3. 우리 브랜드에 대해 소비자들은 어떤 불만을 가지고 있는가? 그것이 혹시 해당 산업 전반에 대한 소비자들의 불만에서 기인한 것은 아닌가?
4. 우리 브랜드와 소비자를 연결해주는 유통과 판매 현황은 어떠한가?
5. 우리 브랜드의 판매자 혹은 판매점에 대해 소비자들은 어떻게 생각하고 있는가?

이런 식으로 소비자 조사를 철저히 해두면 소비자와의 커뮤니케이션을 위한 기본 노선을 결정하는 데 많은 도움이 된다. 소비자 조사도 제대로 이루어지지 않은 상태에서 소비자를 설득하려고 하는 것은 눈감고 다트게임을 하는 것과 마찬가지로 무모한 짓이다.

복합 기업인 베아트리스가 남긴 사례를 보면 자기 인식의 결여가 브랜드에 얼마나 큰 타격을 주는지 알 수 있다. 지칠 줄 모르는 문어발식 확장으로 이미 여러 개의 생활용품 회사들을 흡수한 베아트리스는 1980년대 중반에 당시 막강한 파워를 자랑하던 피터팬(Peter Pan) 땅콩버터, 헌츠(Hunts) 케첩, 샘소나이트(Samsonite)

가방, 버터볼(Butterball) 칠면조, 스티펠(Stiffel) 램프 같은 우량 브랜드들을 대거 인수했다.

따로 놓고 보아도 각각 대단한 파워를 자랑하는 빅 브랜드들을 한데 그러모으면 얼마나 대단하겠냐는 것이 베아트리스의 계산이었다. 그래서 그들은 케첩병, 여행가방, 칠면조 고기 등을 죽 늘어놓고는 '우리는 모두 베아트리스 가족!' 이라고 외치는 그야말로 산만하기 그지없는 TV 광고를 내보냈다. 아마 베아트리스측에서는 광고를 보는 소비자들이 이렇게 생각해주길 바란 것 같다.

"저 케첩을 사야겠다. 세상에! 베아트리스가 케첩도 만든다는 걸 왜 여태 몰랐을까? 이제 다른 케첩은 쳐다도 안 볼 거야."

아니면 보다 고차원적인 마케팅 전략이 숨어 있었을지도 모르는 일이다.

"베아트리스 케첩은 정말 맛있어. 그러니까 베아트리스 램프 역시 최고겠지."

하지만 정작 소비자들에게 '베아트리스' 라는 브랜드는 별 의미가 없었다. 생활용품 비즈니스에 관한 한 모(母)브랜드는 그 산하에 있는 개개의 브랜드만큼 중요하지 않기 때문이다.

비슷한 예를 더 들어보자. 질레트(Gillette)는 오랄비(Oral B)를 소유하고 있지만 이를 아는 사람은 그리 많지 않다. 질레트의 전략은 베아트리스와는 정반대였다. 면도기 회사에서 만드는 칫솔은 소비자들에게 그다지 인기를 얻지 못하리라는 사실을 제대로 간파하고 있었던 것이다. 그래서 질레트는 각각의 독립적인 브랜드 이미지를 살려 개별 광고를 했고 그들의 예상은 적중했다.

베아트리스는 자사가 보유하고 있는 모든 브랜드를 한꺼번에

알리고 싶은 욕심에 대규모 광고를 제작하는 데에만 실로 천문학
적인 돈을 뿌렸다. 그러나 그들의 의도는 소비자들에게 전혀 전
달되지 않았다. 소비자와의 커뮤니케이션에 실패하고 만 것이다.

그렇다면 이제 여러분은 브랜드를 완전히 '망가뜨리는' 방법
한 가지는 확실하게 익힌 셈이다. 소비자가 원하는 정보는 절대
로 제공하지 말고 대신 막대한 예산을 투자하여 소비자에게 알리
고 싶은 것만 광고하면 된다. 그러면 누구도 알아주지 않을 것이
고, 당신의 브랜드는 완전히 파멸할 것이다. 나는 복합 기업 베아
트리스의 아성이 점차 무너져 내리고 있는 원인도 바로 여기에 있
다고 생각한다.

자신을 알고 자신의 위치를 확실히 깨달은 후에는 뛰어난 '전
술'이 필요하다. 브랜드 운영은 여러모로 선거운동과 비슷한 점
이 많다. 선거운동을 총체적으로 지휘하는 선거운동 본부장의 역
할을 한번 생각해보자. 무엇보다도 후보자의 장점을 가장 잘 드
러낼 수 있는 적절한 선거 메시지를 결정하고 그것을 유권자들에
게 정확하게 전달하는 것이 그의 가장 중요한 임무이다. 물론 그
과정에서 선거 전략에 맞게 메시지를 다시 다듬고 보완하여 유권
자들과 상대 진영의 허를 찌를 수 있어야 함은 물론이다. 그렇게
한다면 유권자들은 결국 그 후보를 선택하지 않고는 못 배길 것
이다.

1988년 미국 대선에서 공화당의 대통령 후보 조지 부시(Gorge
Bush)측의 수석 전략가였던 리 애트워터(Lee Atwater)는 상대편
후보였던 마이크 듀카키스(Mike Dukakis)를 '위험한 인물'로 부
각시키는 데 선거운동의 초점을 맞추었다. 그는 유권자들이 듀카

키스를 윌리 호튼(Willie Horton)이라는 악질 범죄자와 동일시하도
록 유인하는 교묘한 전략의 '네거티브 캠페인'을 벌여서 선거전
을 주도해나갔다. 살인죄로 수감중이던 윌리 호튼이라는 범죄자
가 '48시간 특별 외박법'으로 외박을 나왔다가 살인 및 강간을 저
지른 사건이 있었는데, 공화당은 이 위험한 법을 만든 인물이 민
주당 대통령 후보였던 듀카키스 전 매사추세츠 주지사라는 점을
놓치지 않고 이를 적극 이용하여 범죄에 대한 상대 후보의 안일
한 태도를 공격했다. 승리는 당연히 부시에게로 돌아갔고 애트워
터는 교활한 전략을 썼다는 비판을 듣기는 했지만 그래도 명실공
히 '천재'적인 선거 전략가로 인정받게 되었다. 다음 대통령 선
거가 있었던 1992년에 애트워터는 급작스럽게 사망하고 대신 민
주당의 선거 전략가 제임스 카빌이 당시 유권자들의 간절한 요
구 ― "뭐니뭐니해도 경제!" ― 를 반영한 선거 메시지를 앞세워
부시를 누르고 클린턴을 백악관에 입성시키는 데 성공했다.

브랜드 운영자들도 정치 캠페인을 하듯 체계적인 전술화 작업
을 거쳐서 브랜드 메시지를 정해야 할 필요가 있다.

내가 근무하고 있는 생명보험 회사 존 행콕은 수년에 걸쳐서 존
행콕이 미국 내 여타 보험 회사들과는 확실히 다르다는 점을 소
비자들에게 주지시키려 애써왔다.

생명보험업계가 어떤 곳인가? 소비자들의 자본을 끌어들여 부
동산에 투자하는 등 회사 자본을 불리는 것에만 모든 관심을 기
울이는 냉정한 조직의 대명사가 바로 생명보험 회사이다. 따라서
소비자들은 보험 회사라는 것을 으레 소비자와의 감정적인 교류
따위는 안중에도 없는, 화강암처럼 무감각한 조직이라고 인식하

고 있다. 사실 생명보험이 고리대금업이나 경마와 같은 냉혹한 비즈니스라는 말도 어느 정도는 맞다고 할 수 있다. 생명보험업에 종사하는 사람들은 죽음이라는 것이 많은 사람들이 걱정하듯 그렇게 불시에 찾아오지는 않는다는 사실을 잘 알고 있다. 그러면서도 급작스러운 죽음에 대한 공포를 조장해서 소비자들이 맡긴 돈에 비싼 이자를 붙여 대출을 하거나 그 돈으로 투자를 해서 엄청난 이익을 얻고 있는 것도 사실이다.

하지만 존 행콕은 우리가 하는 비즈니스의 본질을 이처럼 있는 그대로 소비자들에게 알릴 경우 얻는 것보다는 잃는 것이 더 많으리라고 확신하고, 대신 소비자와의 '공감 형성'을 브랜드 메시지의 핵심으로 삼아야 한다는 데 의견을 모았다. 그래서 우리는 다른 회사들의 광고에서 흔히 볼 수 있는 기업 중심의 태도, 즉 스스로에 대해 자랑하고 떠벌리는 태도를 최대한 자제하기로 했다. 그 대신 존 행콕은 대다수의 서민들이 공통적으로 느끼고 있는 미래에 대한 두려움과 희망을 이해하고 또한 공유하고 있음을 시사하는 것에 초점을 맞추었다. 따라서 우리는 '우리 회사는 당신이 원하는 모든 금융서비스 상품을 제공합니다'라는 식의 진부한 메시지에서 탈피하여 다른 보험 회사들과 차별화되는 길을 택했다.

소비자들과의 공감대를 제대로 표현해내기 위한 고도의 전술을 펼치지 못한다면 광고를 통해 의도한 바를 충분히 달성하기는 힘들다. 스포츠 스폰서십도 마찬가지다. 잠재 고객들에게 우리 회사가 대중의 관심사를 공유하고 있다는 사실을 제대로 전달하기 위한 후원 활동이 아니라면 투자한 만큼의 효과를 얻기는 어렵다고 보아야 한다.

시장의 변화에 발맞추어라

브랜드를 통해 기업 이미지를 구축하는 브랜딩 과정이 정치 캠
페인과 다른 점이 하나 있다면 투표 결과가 나오는 동시에 막을
내리게 되는 선거와는 달리 브랜드 캠페인은 그 끝이 보이지 않
는 영원한 작업이라는 것이다.

처음 출시하는 단계에서 자사 브랜드에 꼭 어울리는 메시지를
찾아내는 것도 물론 힘든 작업이지만 찾아낸 메시지를 다듬고 보
완하여 항상 시의 적절하게 유지하는 일은 더욱 어렵다. 브랜드
란 한시도 가만 있지 못하고 끊임없이 변화하는 것이기 때문이다.

기업은 오랜 시간을 들여 힘들게 획득한 소비자들의 호감과 인
정을 잃지 않기 위해서 교묘하게 짜여진 트릭까지도 구사할 줄 알
아야 하고, 이러한 트릭을 부단히 검토하고 정비하면서 반복적으
로 시도하는 노력 또한 멈추지 말아야 한다. 그래야 세대가 달라
지고 시류가 바뀐다 해도 변함없이 계속되는 소비자들의 '충성'
을 받을 수 있다.

브랜드 메시지를 표적 고객층에 맞추어 적절하게 조정하는 데
실패한 전형적인 예가 리바이 스트라우스(Levi Strauss & Co.)사의
리바이스(Levi' s)다. 미국 비즈니스 역사상 가장 위대한 브랜드의
하나로 손꼽히는 그 오랜 전통의 리바이스가 1996년과 1999년 사
이에만 시장점유율이 무려 28퍼센트나 하락하는 등, 지난 10년에
걸쳐 그 동안 보유하고 있던 시장점유율의 절반 이상을 경쟁사들
에게 빼앗기고 말았다. 엑스 세대와 베이비부머들의 자녀 세대인
에코붐(Echo Boom) 세대의 관심을 끄는 데에 실패했기 때문이다.

10여 년이라는 긴 세월이 흐르는 동안 리바이스는 미국 청소년들이 이제 더 이상은 몸에 꼭 끼는 청바지를 입지 않는다는 사실을 눈치채지 못했을 뿐만 아니라 힙합 문화에 심취한 이들 청소년들이 리바이스의 주요 배급망인 백화점에는 가지 않는다는 것도 전혀 몰랐다.

'우리 옷을 입으세요. 우리 옷을 입으면 당신은 멋지게 보일 테니까요' 라고 소비자들에게 호소하는 대신 '우리 옷을 입으세요. 우리가 바로 청바지의 창시자니까요' 라는 거만한 투의 메시지만을 고집했던 것이다.

리바이스가 항상 자사 브랜드의 장구한 역사와 탄탄한 신뢰감의 강조를 브랜드 운영의 기본 방향으로 삼아왔음은 주지하는 바이다. 오랜 역사를 전면에 내세우는 방법은 어느 정도 효과적일수도 있지만 자칫 브랜드의 이미지가 그대로 굳어져버릴 위험이 있다. 자사의 전통에만 집요하게 매달린 리바이스의 고집은 안타깝게도 치명적인 결과를 초래하여, 결국 부모 세대와 다르기를 원하는 젊은 층의 욕구를 충족시키지 못하는 낡은 브랜드로 치부되기에 이르렀다. 리바이스는 아이들은 부모의 패션을 물려받지 않으려고 몸부림친다는 아주 단순한 사실 한 가지를 잊고 있었던 것이다.

대학을 졸업하던 해에 나는 질레트사의 제품 개발을 위한 사전조사 차원에서 젊은이들의 미용 습관에 대한 설문을 실시한 적이 있었다. 당시는 히피 문화가 절정에 달했던 무렵이라 10대들은 일주일에 딱 한 번 머리를 감는다고 자랑스레 대답하곤 했다. 그때 만난 한 히피 소년의 말을 나는 지금도 생생히 기억하고 있다.

"이해가 안 되세요? 나는 우리 아버지가 쓰던 건 절대 안 써요. 올드 스파이스(Old Spice)도 싫고 질레트도 싫고 아쿠아 벨바(Aqua Velva)도 싫어요. 우리 아버지랑 똑같은 냄새를 풍기지 않는 것만 이 내 유일한 목표라구요."

결국 나는 이런 시장 분위기와 타협할 수 있는 길은 당분간 찾기 힘들 것 같다는 보고를 올릴 수밖에 없었다.

이미 손댈 수 없을 지경까지 브랜드가 소비자들의 마음에서 멀어졌다면 소비자들의 마음을 돌려 그 브랜드를 다시 살릴 수 있는 방법은 찾기 힘들다고 해도 과언이 아니다. 예를 들어 주로 '몽키 워드(monkey ward: '원숭이 우리' 라는 뜻 — 역주)' 라는 별칭으로 불리는 몽고메리 워드(Montgomery Ward)는 아무리 매장을 현대적으로 바꾸고 브랜드 메시지에 변화를 주어도 소비자들의 의식 깊은 곳에 박혀버린 원래의 '구닥다리' 이미지를 벗어날 수는 없었다. 무엇을 어떻게 해봐도 촌스럽기 짝이 없는 물건들이 칙칙하게 진열된 구식 매장의 이미지는 고스란히 남아 있었던 것이다. 급기야 2000년 말 모기업인 GE 캐피털(GE Capital)은 눈물을 머금고 128년의 전통을 자랑하는 몽고메리 워드에서 손을 떼고야 말았다.

시장의 동향이나 업계의 분위기에 발맞추지 못해 무너져가는 낡은 브랜드를 다시 일으켜 세우는 일은 분명 힘든 일이다. 그렇지만 늦게나마 소비자의 소리에 똑바로 귀 기울인다면 상황이 아주 절망적인 것만도 아니다.

1990년 중반에 가죽신발 브랜드 허시파피(Hush Puppies)를 생산하던 울버린(Wolverine)사는 어떻게 하면 사람들의 관심에서 점점 멀어져만 가는 브랜드를 부활시킬 수 있을까 하는 문제로 골머리를 앓고 있었다. 돈을 잔뜩 들인 값비싼 광고를 해도 별다른 효과가 없었다. 그러던 중에 울버린은 할인매장에서 파는 한물간 허시파피 신발이 특히 뉴욕의 청소년들 사이에서 인기를 끌고 있다는 판매 보고를 받았다. 이 소식을 들은 울버린의 현명한 브랜드 운영자들은 곧바로 특정 지역에서 발생한 작은 현상을 전국적인 유행으로 만드는 작업에 착수했다. 무엇보다도 신발의 디자인적인 요소를 대폭 보강하여 '멋스러운 복고풍' 이라는 새로운 패션 문화를 탄생시키기에 이르렀고, 이로 인해 울버린은 몰락의 위기에서 극적으로 기사회생할 수 있었다.

구태의연한 소비자 조사를 통해서는 그저 평균적인 소비자들의 생각만을 알 수 있을 뿐, 울버린과 같은 혁신적 판매 증진을 위한 유행의 중심축은 결코 찾아낼 수 없다.

이러지도 못하고 저러지도 못하는 낡은 브랜드 때문에 골치가 아픈가? 그렇다면 엉성한 소비자 조사를 한답시고 괜한 돈이나 낭비하지 말고, 차라리 낡은 브랜드를 잊지 않고 찾아주는 고마운 소비자 한명 한명의 특성에 관심을 기울여라. 그들이 계속해서 매장을 찾는 이유를 알아보는 편이 훨씬 더 큰 도움이 될 것이다.

핵심 메시지는 일관성 있게

메시지를 늘 새롭게 변화시키지 못해서 실패하는 경우가 있는가 하면, 메시지를 일관성 있게 유지하지 못해서 실패하는 경우

도 있다. 사실 브랜드 운영자 중 대다수는 잘 굴러가고 있는 브랜
드 메시지를 괜히 건드려서 쓸데없는 곤란에 빠져본 경험이 있을
것이다.

브랜드 운영자들로 하여금 별 문제도 없는 브랜드 메시지를 섣
불리 바꾸도록 유혹하는 것은 바로 '지겨움' 과 '성장하고픈 욕
망' 이다.

먼저 '지겨움' 에 대한 이야기부터 해보자.

기업의 직원들은 내부에서 자사 브랜드를 놓고 오랜 시간 동안
고심하고 망설이며 고군분투해온 사람들이다. 그래서인지 브랜
드 메시지에 대한 '지겨움' 은 소비자들보다는 기업의 내부에 더
빨리, 더 강력하게 찾아오는 경우가 많다. 특히 정기적인 인사 개
편이 단행될 때 이런 현상은 쉽게 찾아볼 수 있다. 마케팅팀에 어
느 날 갑자기 새로운 팀장이 부임하거나 아니면 아예 회사의 CEO
가 바뀌었다고 가정해보자. 이들 의욕에 넘치는 새로운 인물들은
새로운 업무와 새로운 사무실을 배속받을 것이고 어쩌면 이미 사
무실 벽을 장식하는 그림도 새로이 바꾸어놓았을지도 모를 일이
다. 바야흐로 회사 브랜드에 자신들의 족적을 남기기 위한 행동
을 개시할 순간이 온 것이다.

"저는 기존의 것은 최상의 상태를 유지하고 새로운 것은 최고
가 될 수 있도록 노력할 것입니다."

으레 시작은 이런 식이다. 이렇게 의례적인 과시욕을 앞세우는
새로운 인물들 덕에 신이 나는 건 광고대행사와 그래픽 디자이너,
그리고 회사 메모지며 서류 용지 등을 다시 찍게 생긴 인쇄업자
들뿐이다.

실제로 존 행콕의 어떤 중견간부는 새로 부임하자마자 우리 회사의 그 유명한 로고인 존 행콕의 필기체 사인을 평범한 인쇄체 문자로 바꾸어야 한다고 주장하기도 했다. 존 행콕의 사인이 어떤 사인인가? 1862년부터 무려 150여 년 동안 이어져온 회사의 상징인 동시에 미국에서 가장 역사 깊은 기업 로고 중 하나이며 그 자체로서 이미 신용과 안정을 의미하는, 그야말로 우리 회사의 믿음직한 대변자가 아닌가? 이는 초등학교 5학년 역사 시간에도 언급될 정도로 살아 숨쉬는 전통을 자랑하는 존 행콕의 트레이드 마크를 자신이 새로 부임했다는 이유만으로 폐기시키자고 주장한 것이나 다름없다. 150년의 오랜 전통을 가지고 있다는 사실에서 그는 '자긍심'이 아니라 '지겨움'을 느꼈나보다. 다행히도 그는 자신이 그렇게도 부르짖던 인쇄체 활자와 함께 곧 회사를 떠나야만 했다.

그러나 조금이라도 오래된 것은 무조건 낡고 지겨운 것으로 치부하는 이런 한심한 간부들에 의한 유혹도 '성장을 향한 욕망'에서 기인하는 과도한 스트레스에 비하면 아무것도 아니다.

성장을 위한 욕구는 이 세상의 모든 기업들이 공유하고 있는 가장 기본적인 욕구라 해도 과언이 아니다. 많은 회사들이 이미 보유하고 있는 브랜드를 확장하여 새로운 제품의 생산을 시도하거나 아예 전혀 다른 분야에 과감하게 뛰어들기도 하는 것은 바로 이런 욕구를 충족시키기 위함이다.

막강한 자본력을 지닌 기업들의 문어발식 확장이 지금처럼 계속된다면 얼마 안 있어 곧 온갖 업종을 망라하는 ITT사 같은 복합 기업만 존재하는 시대가 도래할지도 모른다. 예를 들어 디즈니(Disney)사가 어느 날 기업의 이미지와는 전혀 어울리지 않는 돼지 농장을 사들이더니 그 다음날은 생명보험 회사를 인수하는 식의 기업 경영이 성행할 것이라는 말이다.

그나마 밀러(Miller)가 밀러 라이트(Miller Lite)를 새로 출시하고, 이트레이드가 온라인 뱅킹으로 발을 넓힌 것처럼 기존 브랜드와 관련된 상품 혹은 분야로 확장하는 경우는 어느 정도 이해가 된다. 하지만 동종 업계로의 확장이라 해도 역시 위험 요소는 존재하기 때문에 구체적인 계획 없이 무턱대고 시도해서는 안 된다.

오래 전 내가 기업 홍보 전문가로 일할 때 경험했던 최악의 브랜드 확장 사례를 예로 들어보겠다.

우리에게 브랜드 출시를 의뢰한 고객은 주류 회사인 내셔널 디스틸러스(National Distillers)로, 이 회사는 1970년대에 접어들어 위스키 소비율이 급격히 감소하면서 한창 난항을 겪는 중이었다. 당시의 사회 분위기는 한마디로 '과도한 음주'를 피하는 음주 문화가 자리를 잡기 시작할 무렵의 상황이었다. 정부가 음주운전 단속법을 대대적으로 강화하면서 음주에 대한 인식까지도 변화하여 아침에 술 냄새를 풍기며 회사에 출근하거나 근무 시간에 사무실 책상에 코를 박고 자는 사람은 손가락질을 받고 따돌림을 당하기 일쑤였다. 그래서 대부분의 소비자들은 버번 위스키 대신 보드카를, 칵테일 대신 포도주를 즐겨 마시기 시작했다.

하지만 이런 시장 변화를 전혀 예측하지 못했던 주류 제조업자들은 무척 당황할 수밖에 없었다. 그래서 대부분의 주류업체는 사회적 시류를 반영하여 너도나도 순한 맛을 내는 '라이트(light) 제품' 개발에 눈을 돌리기 시작했고, 내셔널 디스틸러스도 적극적으로 이에 가세하여 자사의 간판 브랜드인 '올드 크로우(Old Crow)' 위스키의 라이트 제품을 선보이려는 참이었다. 그들은 과거 버번 위스키의 상징인 검붉은 색과 독한 맛을 위해 숯으로 그슬린 참나무 통에서 숙성시키던 제조 방식을 바꾸어 가벼운 색상과 산뜻한 맛을 위해 숯처리를 하지 않은 통에서 숙성시킨 라이트 제품을 개발해서 그 기본 콘셉트로 '색깔은 샤도네(Chardonnay: 핑크빛이 도는 와인의 한 종류─ 역주)처럼 연하게, 맛은 위스키처럼 진하게'를 내세웠다.

내셔널 디스틸러스는 색이든 맛이든 무조건 순하게 만드는 데만 집중하던 경쟁사들과는 달리 독자적인 '라이트' 제품 개발을 시도한 것이다. 이런 독자적인 노선은 성공하기만 하면 다른 경쟁사를 일시에 제압할 수 있다는 이점은 있지만 반대로 실패하는 경우에는 완전히 망해버릴 소지가 있는, 그야말로 위험 부담이 큰 발상이다. 하지만 내셔널 디스틸러스는 그들만의 독특한 '크로우 라이트(Crow Light)'로 뭔가 부족한 듯하면서 맛도 영 심심한 다른 '라이트' 제품들을 쉽게 따돌릴 수 있으리라고 자신했다. 그러나 당시 '크로우 라이트'의 홍보를 맡은 우리는 자신감은커녕 왠지 실패할 것만 같은 불길한 예감에 싸여 있었다. 몇 번의 시음 행사와 소비자 조사에서 많은 사람들이 크로우 라이트의 맛에 부정적인 반응을 보였기 때문이다. 심지어는 알코올 냄새가 너무 강해서 차라리 자동차 기름으로 쓰는 게 낫겠다고 충고하는 사람도 있었다.

그래서 우리는 소비자들의 관심을 끌기 위한 궁여지책으로 독특한 이벤트를 구상했다. 나는 우선 제품 설명회를 겸한 대대적인 파티 장소로 뉴욕의 파크 레인(Park Lane) 호텔을 예약한 다음 할리우드 영화에 단골 출연하는 동물 연기자들의 조련사를 만나기 위해 롱아일랜드로 날아갔다. 제품명인 '크로우', 즉 까마귀를 협찬 받아서 파티장에 선보일 생각이었던 것이다. 다행히 아주 잘 훈련된 까마귀 한 마리를 쉽게 찾을 수 있었는데, 이 놈은 조련사가 호루라기를 불기만 하면 그 자리에서 바로 용변을 보는 희한한 재주도 갖고 있었다. 조련사에게는 까마귀 외에 전서(傳書)비둘기도 몇 마리 있어서 우리는 그 비둘기를 이용해 파티의 초대장을 보내기로 했다. 그 비둘기들에 초대장을 매달아 유명 잡지의 편집장들과 일간 신문 보도진들에게 보냈더니 그쪽에서도 초대에 응하겠다는 답신을 조그맣게 돌돌 말아 비둘기 다리에 묶어 보내왔다. 지금 생각해도 정말 기발하고 재미있는 초대 방법이었다. 하지만 아직도 잊혀지지 않는 끔찍한 답장이 하나 있었다. 뉴욕의 어느 편집장이 비둘기 가슴에 노란 연필 한 자루를 꽂아서 죽은 비둘기와 함께 초대장를 되돌려 보냈던 것이다. 정말 기억하기도 싫은 불길한 징조가 아닐 수 없었다.

어찌 되었든 제품 설명회를 위한 파티는 전문 잡지의 편집장들과 수많은 보도진이 운집한 가운데 순조롭게 시작되었고 도중에 크로우 라이트를 이용한 칵테일 콘테스트도 열렸다. 야외에 마련된 대형 리셉션장에서 그레나딘(grenadine: 석류 또는 붉은 까치밥나무로 만든 시럽으로 달콤한 맛을 내기 위한 칵테일의 주재료 — 역주)부터 아이스크림에 이르기까지의 온갖 칵테일 재료와 수십 명의 바텐더들이 동원된 신나는 칵테일쇼가 1시간이 넘게 이어졌다. 참가한 사람들은 모두 흥에 겨워 소리를 질러댔고 자신이 만든 칵테일을 서로 바꿔 먹으며 즐거워했다. 그러는 동안 사람들의 취기는 점점 더해만 갔다.

여기서 잠깐 그때 일어난 재미있는 사건 하나를 소개하고 싶다. 파티장에 모인 사람들 중에는 성인 잡지로 유명한 「펜트하우스(Penthouse)」의 전속 작가도 한 명 있었는데, 그 사람은 양쪽에 늘씬한 미녀 둘을 대동한 채 하얀 정장으로 빼입고 나타나서 유독 사람들 눈에 띄었다. 꽤나 자기 도취적 성향이 강했던 그 사람은 롱아일랜드에서 데려온 까마귀를 보더니 그것을 자기에게 달라고 조르기 시작했다. 조련사가 일언지하에 거절하자 그 작가는 행사 기획자인 나에게 매달렸고 할 수 없이 나는 조련사에게 부탁해서 까마귀를 빌려주었다. 소원을 이룬 그는 어깨 위에 까마귀를 올려놓고는 의기양양하게 걸어가기 시작했는데 그런 그의 뒤통수를 바라보던 조련사가 내게 무언가 의미심장한 눈짓을 하더니 주머니에서 작은 호루라기를 꺼내 '휙' 하고 불었다. 그러자 까마귀는 훈련받은 대로 작가의 새하얀 양복 위에다 오줌을 싸버렸다. 지켜보던 사람들은 박장대소를 했고 작가에게 딱 달라붙어서 온갖 아양을 떨던 미녀들은 기겁을 하며 도망가버렸다.

한바탕 폭소가 지나간 뒤에 크로우 라이트로 만든 각양각색의 칵테일로 얼큰히 취한 손님들이 이번에는 저녁식사를 하려고 식당으로 모여들었다. 그곳에는 크로우 라이트를 응용한 또 하나의 역작이 사람들을 기다리고 있었다. 버찌 대신 크로우 라이트로 맛을 낸 과일주에 비네그레트(vinaigrette) 드레싱 대신 크로우 라이트로 만든 '라이테그레트(lightaigrette)'를 뿌린 샐러드, 그리고 마르살라(marsala) 소스 대신 크로우 라이트 소스를 얹은 송아지 고기 등 우리는 모조리 크로우 라이트가 들어간 음식으로 저녁상을 차렸던 것이다. 심지어는 디저트까지도 크로우 라이트로 만들어서 내놓았다.

저녁 내내 이렇게 크로우 라이트만 먹어댄 사람들은 내셔널 디스틸러스의 마케팅 담당자가 프레젠테이션을 하기 위해 자리에서 일어섰을 무렵에는 이미 대부분 테이블에 머리를 박고 정신을 잃어버렸다. 단상에 올라선 발표자가 슬라이드를 켜고 프레젠테이션을 시작했지만 150여 명에 달하는 기자와 편집장들은 완전히 취해서 누구 한 사람 메모하는 자도 없었으니 당시의 상황이 어느 정도였는지는 쉽게 상상할 수 있을 것이다.

파티의 성과로는 좋은 것도 있었고 나쁜 것도 있었다. 우선 좋은 결과는 기자며 편집장들이 신제품 크로우 라이트와 그날의 파티에 대해 더할 수 없이 긍정적인 평가를 내려주었다는 사실이다. 하긴 제품의 설명은커녕 그날 무슨 일이 있었는지 제대로 기억할 수도 없을 만큼 엉망이 되어버렸다는 사실을 감추기 위해서는 무조건 좋은 소리를 쓸 수밖에 없었을 것이다. 반면 나쁜 결과란 그렇게 좋은 평가를 받았건만 막상 소비자들로부터는 철저히 외면 당했다는 점이다.

결국 내셔널 디스틸러스는 사전 조사에서 소비자들이 부정적인 반응을 보였던 제품을 무리하게 추진하면 모(母)제품의 가치마저 깎일 수 있다는 교훈을 얻었을 뿐이다. 신제품 '크로우 라이트'의 부진으로 그나마 내셔널 디스틸러스의 명맥을 유지하던 '올드 크로우'까지도 타격을 입었으니 말이다.

감소세에 있던 내셔널 디스틸러스의 위스키 판매량을 회복하기 위해서는 어떤 전략을 구사해야 했을까? 무엇보다도 먼저 위스키 소비의 감소는 일시적인 슬럼프가 아니라 주류 시장에 일기 시작한 근본적인 대변화를 반영하는 현상임을 간파했어야 했다. 이런 상황에서 절충은 불가능하다. 그럼에도 불구하고 내셔널 디스틸러스는 '절충'을 통한 전략으로 브랜드 확장을 시도했던 것이다. 한때는 소비자들의 기호를 고려하여 달라진 시장 상황에 발맞추고자 알마덴(Almaden)이라는 와인 브랜드를 인수하기도 하는 등 발빠르고 현명한 브랜드 전략을 구사하기도 했던 내셔널 디스틸러스가 이 같은 과오를 저질렀다는 것은 참으로 불행한 일이다.

거듭 말하지만 내셔널 디스틸러스는 신상품을 출시하기에 앞서 소비자들의 부정적인 반응에 주목했어야만 했다. 최소한 새로운 상품에 '크로우'라는 기존 브랜드 네임을 그대로 갖다 붙이지는 말았어야 했다. 시장성도 불투명한 실험적인 상품을 출시하면서 오랫동안 소비자들의 신뢰를 받아오던 브랜드 네임을 내건 것은 너무도 어리석었다. 결국 두 가지 제품 모두 설 땅을 잃고 마는 참혹한 결과를 얻지 않았는가?

하지만 이보다 더 위험한 경우도 있다. 잘 알지도 못하는 새로운 분야로 무모하게 브랜드 영역을 넓히려는 시도가 바로 그것이다. 안타깝게도 많은 기업들이 자사의 브랜드 파워를 과신하여 자신들은 어느 방면으로 진출해도 성공할 수 있다는 착각에 빠져 있다. 실은 존 행콕도 그런 오만한 기업의 하나였음을 고백한다.

존 행콕은 한때 군용 장갑차 제조업체인 브링크스(Brink's)의 인수를 시도한 적이 있었다. 보험과는 전혀 무관한 분야의 사업이긴 하지만 그 동안 존 행콕이 생명보험업계에서 쌓아둔 신용과 명

성을 통해 충분히 성공할 수 있으리라는 생각에 자신만만했던 것
이다. 하지만 장갑차 회사를 인수하려면 적어도 회사 내부에 자
체적인 소방부대 하나쯤은 있어야 한다는 사실만 뼈저리게 느끼
고 허둥지둥 물러나고 말았다.

무리한 사업 확장으로 인해 실패한 또 다른 예가 바로 시어스
이다. 1981년도에 금융서비스업계로 진출할 때 이미 시어스는 미
국에서 가장 큰 유통업체를 거느린 거대 기업이었다. 하지만 거
기에 만족할 수 없었던 시어스는 부동산중개 회사 콜드웰 뱅커
(Coldwell Banker)와 증권 회사 딘 위터(Dean Witter)까지 인수해
서 이미 보유하고 있던 자동차 및 주택보험 회사인 올스테이트
(Allstate)의 위상을 더욱 공고하게 다지고자 했다.

금융서비스업으로의 진출을 도모할 당시 시어스의 계획은 이러
했다.

'소비자들은 이제 미국 최고의 유통매장인 시어스에서 냉장고
도 사고 주택도 구입하고 융자도 받고 보험에도 가입할 수 있게
된다. 그런 후에도 여유 자금이 좀 남는다면 시어스의 또 다른 금
융 상품에 투자할 것이다.'

엄청나게 많은 단골 고객과 신뢰도 높은 브랜드, 거기다 전국적
인 유통 체인망에 이르기까지 모든 요소를 두루 갖추고 있던 거
대 기업 시어스는 계속되는 자신들의 성공을 확신하고 자사의 주
요 매장에 딘 위터와 콜드웰 뱅커의 소비자 코너를 신설했다. 경
쟁사들에 비해 훨씬 많은 소비자 접근의 기회를 확보하고 있는 시
어스의 도전으로 기존 업체들은 충격과 위협을 느꼈다. 당시 경
쟁사 중의 하나인 시티그룹(Citicorp)의 회장은 다음과 같이 불안

한 심정을 털어놓기도 했다.

"지금과 같은 기세라면 시어스 은행이 생길 날도 멀지 않은 것 같군요."

하지만 시어스가 미처 생각하지 못한 것은 유통업 브랜드의 명성이 과연 금융서비스업에까지 이어질 수 있을 것인가 하는 문제였다. 소비자들이 신뢰한 것은 드릴과 잔디 깎는 기계를 파는 시어스이지 주식을 파는 시어스는 아니었다. 시어스는 망치나 스패너, 혹은 식기세척기 같은 생활용품이 즐비한 곳에서 돈 얘기를 한다는 것이 소비자들에게는 왠지 어색하게 느껴질지도 모른다는 생각을 했어야 했다.

시어스가 거대한 금융 제국의 건설에 모든 노력을 기울여 몰두하는 동안 소비자들의 관심은 오히려 분산되어 시어스의 주력 사업이던 유통업마저 경쟁 업체인 월마트(Wal-Mart)에게 최고의 자리를 내주어야만 했다. 그 후로 지금까지 시어스는 단 한 번도 월마트를 따라잡지 못했다. 늦게나마 상황을 직시하기 시작한 시어스는 1990년에 결국 올스테이트와 콜드웰 뱅커, 그리고 딘 위터를 모두 포기하고 말았다.

이렇게 큰맘 먹고 단행한 브랜드 확장이 실패로 돌아갈 경우 그 회복은 거의 불가능하다고 보아야 한다. 브랜드 확장이나 신상품 출시의 실패는 때로는 기업의 주력 사업을 뿌리째 흔들 정도로 엄청난 타격을 주기도 한다. 새로운 상품에 불만을 가지게 된 소비자들이 같은 회사에서 만들었다는 이유만으로 과거에는 믿고 쓰던 기존 제품마저 덩달아 외면하게 되는 경우가 있기 때문이다.

기존 브랜드를 통해 확보한 소비자들의 신용과 호감만을 믿고

'양말과 주식' 처럼 서로 전혀 상관없는 비즈니스 간의 연계를 꿈꾸는 어리석은 기업은 시어스만이 아니다. 특정 분야의 사업 자체보다는 아이디어나 독특함, 혹은 판매 방식 등에만 의존하여 브랜드 명성을 얻으려고 하는 기업이 종종 있다.

하지만 놀랍게도 전혀 관련 없는 분야로의 브랜드 확장에 성공한 기업이 있다. 영국의 재벌 기업인 버진 그룹(Virgin Group)의 사례는 매우 흥미롭다. 1970년대 초반 작은 음반 회사로 시작한 버진 그룹은 본격적으로 버진(Virgin) 브랜드를 출시하면서 항공, 신부용품, 이동전화, 금융서비스에 이르기까지 200여 개의 신규 사업에 진출했다. 하지만 용케도 그 모체인 버진 그룹의 이미지를 전혀 손상시키지 않은 채 그 모든 사업을 성공적으로 이끌어 가고 있다. 소규모의 레코드 브랜드 하나가 이처럼 수많은 가지치기에 성공할 수 있었던 이유는 아이러니하게도 그 중심에 '버진' 이라는 브랜드가 아닌, 영국의 유명한 억만장자이자 버진의 창업자인 리처드 브랜슨(Richard Branson)이라는 사람이 있었기 때문이다. 그는 단순한 사업 확장이라고 하기가 무색할 정도로 욕심나는 분야는 무엇이든지 다 손을 댔고 그때마다 여지없이 자신의 이름과 개인적인 모험성, 독특한 취향을 부각시켜 대중의 관심을 불러일으켰다. 이런 '사람 내세우기' 전략이 의외의 성공을 거두자 그룹의 직원들 역시 '리처드 브랜슨 부각시키기' 에 적극적으로 동참하고 있다. 버진 그룹의 버진 콜라가 미국 시장에서 참패했을 때, 그룹의 경영진 중 한 사람은 「포춘」지와의 인터뷰에서 이렇게 고백했다.

"우리는 미국인들도 모두 버진이라는 브랜드는 물론 버진의 창

업주인 브랜슨의 이름과 그의 명성에 대해 잘 알고 있을 거라고
생각했습니다."

그렇다면 버진 그룹의 사무실에는 혹시 이런 문구가 걸려 있을
지도 모르겠다.

"뭐니뭐니해도 사장님!"

과연 버진 그룹이 앞으로도 계속 리처드 브랜슨의 이름 하나만
으로 이 모든 사업을 성공적으로 유지할 수 있을까? 그들의 지주
인 브랜슨이 사망하거나 너무 늙어서 당당하고 자유로운 젊은 시
절의 그의 이미지가 잊혀지면 그때는 어떻게 될 것인가? 물론 아
무도 그 결과를 예측할 수 없다.

브랜드 운영에는 어느 정도의 겸손함이 필요하다. 가치 있는 브
랜드의 명성은 언제까지나 무한정 늘어나는 특수 고무줄이 아니
다. 계속해서 무리하게 잡아당기면 당연히 끊어지게 마련이다. 새
로운 영역으로 브랜드를 확장해놓고 제대로 운영하지 못한다면
냉정한 소비자들은 과거의 명성이나 신용까지도 한꺼번에 외면
한다는 점을 명심해야 한다. 따라서 새로운 영역의 사업이나 신
상품을 통해 이미 누리고 있는 브랜드의 인지도나 호감도를 확대
하려면 반드시 그에 앞서 위험 요인은 없는지 철저하게 분석하고
충분히 심사숙고해야 한다.

강력한 브랜드의 명성은 한시도 가만있지 않고 늘 변화한다는
점에서 야생마와 비슷하다. 그렇기 때문에 브랜드 메시지 역시 시
간의 흐름에 따라서, 그리고 시장의 변화에 발맞추어 부단히 변
화를 모색해야 한다. 야생마가 어떤 동물인가? 일단 한 번 굴복시
키기만 하면 그 어떤 종마보다도 지극한 충성심으로 주인을 모시

는 것이 야생마의 속성이다. 하지만 고삐를 놓치거나 제대로 다
스리지 못하면 맨땅에 거꾸로 내동댕이쳐진다는 사실을 명심하
라. 야생마의 등에 올라타는 데 성공했다면 구경꾼들의 우렁찬 함
성과 박수가 가능한 한 오래 지속되도록 최선을 다해서 멋진 포
즈를 유지해야 할 것이다.

수준 높은 광고를 위해 끝까지 싸워라

소비자들의 기억에 남을 광고를 원하는가? 그렇다면 먼저 훌륭한 클라이언트가 되어라.
광고 제작과 관련된 일체의 권한을 전적으로 광고 회사에 일임하고 그들의
'창의성'을 보장해주어라. 최고의 광고란 그렇게 해야만 탄생하는 것이다.

　브랜드 운영은 자사의 브랜드 메시지를 결정했다고 해서 끝나는 일이 아니다. 광고를 통해 브랜드의 목소리를 내야 한다. 말이 쉽지 실행하기는 그리 만만치 않은 일이다.

　소비자들은 이제 광고라면 지긋지긋하다. 이미 오래 전부터 넘치기 시작한 광고의 홍수 속에서 살고 있지 않은가. 따라서 눈이 번쩍 뜨일 정도로 차별화된 것이 아니면 이미 상업 광고에 면역이 된 소비자들의 관심과 인정을 받기 힘들다. 하지만 불행히도 우리가 접하는 대부분의 광고들이 차별화는커녕 오히려 획일화되어 있는 듯한 느낌마저 든다. 소비자들은 상투적인 메시지의 단순한 나열에 불과한 개성 없는 천편일률적인 광고에는 눈길을 주지도 않고 바로 채널을 돌린다.

특히 금융서비스 회사들의 광고는 정형화되어 있기로 유명하다. 신부가 계단을 천천히 내려온다. 기다리고 있던 하객들이 신부를 향해 쌀을 뿌린다. 같은 화면 위로 '가장 행복한 순간을 준비하세요' 라는 등의 목소리가 들리면 광고는 끝난다. 자동차 광고도 뒤지지 않는다. 멀리 험준한 산등성을 힘 좋게 오르는 자동차 한 대가 보인다. 곧이어 정상에 있음직한 널찍한 평지가 나오면 차는 당당한 위풍을 뽐내며 카메라를 향하여 멈춰 선다. 세제 광고는 또 어떤가? 만화영화에 나오는 듯한 토끼가 매번 시끄러운 방울소리를 쩔렁거리면서 뭐가 그리 좋은지 폴짝폴짝 뛰어다니느라 정신이 없다.

식상하기 그지없는 이런 광고들을 볼 때마다 나는 곰곰이 생각해본다. 광고를 만든답시고 분명 하루종일 머리 싸매고 앉아 회의라는 걸 할 텐데도 기껏해야 저 정도 수준의 광고밖에 만들지 못하는 이유가 뭘까 하고 말이다. 가장 큰 원인은 심하게 비틀어져 있는 광고주와 광고 회사의 관계에 있다.

아첨을 경계하라

광고 제작을 담당한 광고 회사가 브랜드 이미지의 개선이나 제품의 판매에 큰 도움을 주리라고는 기대하지 말아라. 안타깝지만 그런 기대는 근거 없는 희망 사항에 불과하다. 물론 대부분의 광고 회사들이 클라이언트에게 마치 간이라도 빼줄 것처럼 충직한 인상을 주는 것은 사실이다. 하지만 그들의 진정한 속셈은 광고 제작 및 집행비, 그리고 광고 수수료까지 일체의 경비를 부담하는 '수입원'으로서의 클라이언트를 어떻게 해서든 오래 붙잡아 두려는 것뿐이다.

광고계에서 일해본 경험이 있는 사람으로서 감히 단언하건대 광고계의 총체적인 특성은 바로 '아첨'이다. 광고 회사는 자신들의 전문가적 지식으로 보아 성공할 가능성이 전혀 없다는 판단이 나와도 무조건 클라이언트가 하자는 대로 해준다. 목표는 오로지 돈뿐이니까.

광고 회사들이 어떤 방식으로 일을 하는지 실례를 들어 설명해 보겠다.

1980년대 초반 무렵 내가 근무하던 광고 회사가 오웬스 코닝 (Owens Corning)의 지붕마감재 부서에서 주관하는 판촉 캠페인을 따내기 위한 경쟁 프레젠테이션에 참가한 적이 있었다. 조사를 해보니 마침 같은 회사의 유리섬유 단열재 부서에서 '핑크팬더 캠페인'을 시작한 지 얼마 되지 않았을 때였다. '핑크팬더 캠페인'은 지금까지도 계속되고 있는 대단히 성공적인 오웬스 코닝의 간판급 판촉 행사이다.

나는 업무 파트너인 보브(Bob)라는 친구와 함께 오웬스 코닝의 본사가 있는 오하이오 주의 톨레도(Toledo)라는 도시로 서둘러 떠났다. 미래의 클라이언트인 지붕마감재 부서원들과의 첫 만남에서 우리는 그들이 심한 열등감에 사로잡혀 있다는 사실을 한눈에 알아챌 수 있었다. 아마도 핑크팬더라는 대규모의 브랜딩 캠페인을 주관하고 있던 단열재 부서원들의 위세에 눌려 있었기 때문인

듯싶었다. 아닌게아니라 한껏 흥이 나서 눈썹이 휘날리도록 사내를 휘젓고 다니는 단열재 부서원들이 첫번째 승진 후보로 거론되는 마당이었으니 우리의 클라이언트들은 더욱더 경쟁 의식에 사로잡혀 핑크팬더 못지않게 자신들의 위상을 대번에 높일 수 있는 성공적인 판촉 캠페인을 절실하게 필요로 하던 참이었다.

내가 몸담고 있던 광고 회사로서도 이번 건은 막대한 수익을 보장받을 수 있는 기회였기 때문에 보브와 나에게 무슨 수를 써서라도 반드시 계약을 성사시키라는 특별 지시를 내린 상태였다. 덕분에 우리는 수도 없이 톨레도로 출장을 가야 했다. 톨레도의 형편없는 레스토랑에서 나오는 냉동 스테이크는 그런 대로 참을 만했다. 그러나 도대체가 무슨 말인지 알아들을 수 없는 그놈의 'R 밸류(R values: 단열, 절연에 쓰이는 원료의 내구력과 가치를 가늠하는 척도)' 라는 것에 대한 클라이언트의 지루한 설명을 듣는 일이나 커피숍에 죽치고 앉아 톨레도 주민들과 끝도 없이 대화를 나누는 일은 정말 죽을 노릇이었다. 그렇지만 거래를 따내기 위해서는 제품에 대한 지식과 클라이언트의 환경에 대한 정보를 세밀히 수집해야 했으므로 기꺼이 감수하지 않을 수 없었다.

어쨌든 보브와 나는 인내심 테스트의 마지막 관문이라 할 수 있는 뉴올리언스에서 열리는 '전미 지붕건조 컨벤션' 에도 가보기로 했다. 아! 뉴올리언스의 그 한여름 폭염을 겪지 않고는 인생을 논하지 말라는 말을 꼭 하고 싶다. 그곳에서 우리는 미래의 클라이언트가 주최한 파티에도 참석했다. 퀸메리 호처럼 그저 넓기만한 연회장에 수백 명의 사람들을 불러놓고는 고작 새우 여섯 마리를 음식이라고 내놓은 너무나 초라한 파티였다. 우리는 줄줄이 손을 잡고 우스꽝스러운 스텝을 밟으며 춤까지 추었다. 겉으로는 미소를 머금고 즐거운 척했지만 목젖까지 차오르는 불만으로 남몰래 끙끙거리지 않을 수 없었다. '도대체 언제까지 이 짓을 해야 계약을 따낼 수 있는 걸까?' 라고 생각하면서 말이다.

그 성대했던(?) 파티의 다음날 드디어 우리는 각 지사의 부사장들과 간부들 앞에서 대망의 프레젠테이션을 하게 되었다. 사방을 온통 붉은 벨벳으로 도배한 비좁은 회의실은 1980년대 뉴올리언스의 유락촌을 연상시켰다.

준비한 프레젠테이션은 기껏해야 1시간 30분 정도밖에 걸리지 않는 적은 분량이었건만 실제로 우리는 13시간 만에야 겨우 프레젠테이션을 끝낼 수 있었다. 거룩하신 고객님들께서 자동으로 반복 재생되는 비디오 테이프를 돌리듯 끊임없이 우리의 프레젠테이션을 반복시켰기 때문이었다. 프레젠테이션이 진행중임에도 불구하고 사람들은 수시로 들락날락했다. 회의실에 앉아 있는 사람은 항상 예닐곱 명 정도였는데, 머릿수만 같을 뿐 얼굴은 계속 바뀌는 것이었다.

'왜 태양열을 받으면 지붕에 균열이 생기는가' 라는 제목의 세미나에 참석해야 한다면서 자리를 비우고는 3시간이 지난 뒤에야 돌아온 사람도 있었다. 도중에 자리를 떴던 누군가가 "어이, 찰리! 앞의 것 봤나?" 하고 물으면 찰리라는 사람은 으레 이렇게 답한다. "아니, 못 봤는데. 처음부터 다시 보자고!"

나는 마치 하우디 두디(Howdy Doody: 미국의 유명한 만화 주인공. 다른 사람의 말에 곧잘 속아 넘어가는 어눌한 성격의 캐릭터 — 역주)가 되어 심하게 놀림을 받고 있는 듯한 기분이 들었다. 그러나 그들 중 도대체 누가 확실한 결정권을 쥐고 있는지 알 수 없었기 때문에 사람이 바뀔 때마다 우리는 더욱 정성껏 프레젠테이션을 했다. 평소에 인내심 하나만큼은 나보다 낫다고 자부하던 보브도 지쳤는지 나에게 이런 제안을 했다.

"이봐, 데이비드. 우리 이제부터 통계나 수치 따위는 잊어버리기로 하세. 이치에 맞게 설명하려고 애쓰지도 말자고. 이 사람들이 원하는 건 그렇게 이론적인 게 아닌 것 같아. 그저 어떻게든 성공할 수 있다는 확신만 주면 되지 않을까 싶어. 그러니까 지금부터는 우리가 준비한 '박스(Box)'로 넘어가세."

우리가 준비한 '박스'가 뭔지 자세히 설명하기 전에 여기서 잠깐 톨레도에서 실시한 사전 조사 결과를 언급하고 넘어가야겠다. 톨레도 시민의 정서까지 고려해서 철저하게 조사하고 분석한 끝에 우리는 이번 판촉 캠페인을 통해 소비자들에게 '서민적이고 애국적이며, 노먼 록웰(Norman Rockwell, 1894~1978: 미국의 전설적인 일러스트레이터로 미국인의 일상을 꼼꼼하게 표현한 극사실주의 경향의 화풍으로 유명하다 — 역주)의 그림을 보는 듯한 느낌'을 주어야 한다는 결론을 얻었다.

그래서 광고 문구도 너무나도 애국적으로 '미국이여, 너의 지붕이 새고 있다!'로 정했고 모든 판촉물에는 반드시 성조기를 상징하는 빨간색 · 하얀색 · 파란색이 들어가도록 했다. 그 밖에 홍보책자에 들어갈 그림으로는 손을 내밀어서 비가 오는지 확인해 보는 야구 심판을 그린 노먼 록웰의 유명한 일러스트레이션 작품을 채택했다. 참으로 탁월한 선택이지 않은가? 그러고는 이 모든 것을 우리의 핵심 소품인 '박스' 안에 담았던 것이다.

우리는 준비해 간 프레젠테이션의 나머지 부분을 대폭 생략하고 대신 전세계 수천 명의 지붕건조업자, 주택건설업자, 건축가, 엔지니어들에게 홍보 '박스'를 보내자는 취지의 판촉 아이디어를 집중적으로 설명했다. 보브와 나는 사방에 펼쳐둔 판촉물들을 하나하나 들어 보이고 그에 대한 설명을 한 다음 차곡차곡 박스에 담았다. 그리하여 박스는 노먼 록웰의 그림을 넣은 홍보책자를 위시해서 우산, 자, 양동이, 스펀지, 그리고 '미국이여, 너의 지붕이 새고 있다!'라는 글자가 새겨진 성조기 스카프 등 이것저것 잡다한 판촉물들로 가득 찼다.

간단히 말해서 우리는 오웬스 코닝 지붕마감재 부서에서 주관하는 판촉 캠페인을 '다양하고 조잡한 기념품을 되도록 많이 유포하자'는 방향으로 유도했다. 이는 보브와 내가 계약을 추진하면서 절대로 잊어서는 안 되는 두 가지 철칙에서 비롯된 것이다.

1. 무조건 클라이언트의 비위를 맞추어서 반드시 계약을 성사시킨다. 클라이언트의 경쟁 부서는 '핑크팬더' 프로젝트를 수행 중이다. 그래서 이들에겐 그에 필적하는 대규모의 판촉 행사가 필요하다. 판촉 행사는 무엇보다도 클라이언트에게 자신들의 급부상에 대한 확신을 줄 수 있는 것이어야 한다. 우리가 얻어낸 정보를 총망라해서 고안한 종합 판촉물 세트인 이 '박스'는 클라이언트의 요구를 충분히 만족시킬 것이다.

2. 우리 회사에 최대한 많은 수익금이 돌아가도록 해야 한다. 이는 특히 회사측에서 강조하는 부분이기도 하다. 우리의 아이디어가 채택된다 해도 클라이언트는 일단 박스를 기본 크기로 하자

고 할 것이다. 하지만 우리는 빅 사이즈로 밀고 나가야 한다. 그래야 클라이언트로부터 뽑아낼 수 있는 수익금이 더 커지기 때문이다. 기본적으로 우리는 전체 패키지에 들어가는 비용의 15퍼센트를 지급받기로 했다. 거기에 덧붙여 인쇄물을 비롯한 모든 홍보물에 대해 별도의 금액을 추가로 받을 수도 있을 것이다.

다시 우리가 박스를 소개하던 상황으로 돌아가보자. 보브와 나는 아예 그 자리에 주저앉아서 판촉물을 설명하기 시작했다.

아, 나의 동료 보브! 그 친구는 정말 대단했다! 그는 38도에 육박하는 뉴올리언스의 찜통 더위 속에서 오웬스 코닝의 로고를 새긴 스키모자와 스카프, 그리고 두꺼운 방한 재킷을 주섬주섬 껴입고는 역시 같은 로고가 새겨져 있는 스펀지를 물이 든 그릇 속으로 던져 넣었다. 완전히 물을 먹은 스펀지가 부풀어 오르면서 오웬스 코닝의 로고가 커다랗게 확대되는 모습을 보여주기 위해서였다. 여기저기서 '이야!', '와!' 하는 탄성이 터져 나왔다. 보브는 판촉물의 하나인 조그만 양동이를 머리에 쓰고 춤까지 추면서 분위기를 더욱 고조시켰다. 그날 보브는 이 우스꽝스러운 공연을 열 번, 아니 스무 번은 족히 반복했을 것이다(그들이 우리를 자동 반복 비디오 테이프로 여겼다는 것은 앞에서도 밝힌 바 있다). 이런 눈물겨운 노력 덕분이었는지 우리는 결국 계약을 따내는 데 성공했다.

그 '박스'는 우리 회사에 대단히 많은 수익을 가져다주었다. 클라이언트가 우리의 주장대로 수천 개나 되는 '빅 사이즈'의 박스를 제작했으니까. 그런데 그와 동시에 전혀 기대하지도 않았던 일까지 벌어졌다. 오웬스 코닝의 매출이 급상승한 것이다. 판촉을 시작한 지 얼마 되지도 않아서 오웬스 코닝은 지붕마감재 생산업계의 막강 브랜드로 부상하기에 이르렀다.

판촉 캠페인은 그야말로 대성공이었다! 하지만 솔직히 고백하건대 정작 아이디어를 낸 우리 자신은 전혀 예측도 못한 일이었으니 그저 운이 좋았던 덕분이라고 해야 할 것 같다.

우리는 우리 회사가 계약을 따낸다 해도 계약 기간이 그리 오래 가지는 못하리라고 예상했던 것이다. 당시의 상황으로 보아서는 핑크팬더 캠페인을 요란스레 벌이고 있던 단열재팀이 그 여세를 몰아서 곧 브랜드 운영권과 마케팅 통제권을 장악할 것이 불을 보듯 뻔한 일이었고, 그렇게 되면 지붕마감재팀의 광고 캠페인 건도 핑크팬더와 관련이 있는 다른 광고 회사에 넘어가버릴 것이라고 전망했기 때문이다. 그래서 우리는 단기간에 뽑아낼 수 있는 최대한의 이익만을 염두에 두고 무조건 클라이언트의 비위를 맞춰주었던 것이다. 그런 간사한 속셈에도 불구하고, 황송하게도 우리의 판촉 캠페인은 대대적인 성공을 거두며 오웬스 코닝의 매출 상승과 브랜드 성장에 활력소가 되었다. 소식을 들은 우리는 놀라움으로 벌어진 입을 한동안 다물지 못했다.

나는 오웬스 코닝의 캠페인 건을 통해 광고의 실체에 대해 많은 것을 경험하고 배웠다. 가장 값진 교훈은 광고는 내가 원하는 비즈니스가 아니라는 사실이었다. 그래서 나는 그 일이 끝난 후 곧바로 광고계를 떠났다.

지금 생각해보면 꼴이 우습게 된 쪽은 완벽한 프로 광고인의 행세를 하고 다니던 우리들이었다. 오웬스 코닝의 직원들은 이미 잠재 시장에 대한 완벽한 조사와 파악을 마쳤던 것이다. 우리는 그저 클라이언트의 입맛에 맞는 아이디어를 하나 제안했을 뿐이다. 그런데 바로 그 아이디어가 소비자들에게는 정확히 먹혀들지 않았는가?

하긴 오웬스 코닝의 광고는 아주 운이 좋은 경우에 속한다. 적어도 클라이언트가 소비자들의 경향을 제대로 파악하고 있었으니 말이다. 돈밖에 모르는 광고 회사들은 아무런 도움이 안 되는 줄 뻔히 알면서도 자신들의 아이디어를 대단한 양 떠벌리고 클라이언트를 부추기기 일쑤다. 그러면 아무것도 모르는 클라이언트들은 광고 회사의 장단에 맞추어 놀아나다가 결국에는 막대한 손해를 보는 일이 다반사다. 참으로 가엾고 한심한 작태가 아닐 수 없다.

내가 일했던 곳이 이처럼 사기성 농후한 광고계의 살아 있는 표본이라고 비난을 받아도 할말은 없다. 하지만 이것만은 분명하게 지적하고 싶다. 광고가 잔인한 비즈니스라는 말은 광고 회사의 입장에서 보아도 마찬가지다. 광고 회사의 존립은 전적으로 클라이언트에게 달려 있다. 한 번 계약을 맺었다고 해서 동일한 클라이언트와의 지속적인 거래를 보장받을 수 있는 것은 아니기에 광고 회사들은 더욱 교활해질 수밖에 없다.

전미 광고대행사협회에 의하면 광고 회사가 특정 클라이언트와 맺은 계약이 지속되는 기간은 1997년 현재 1건당 평균 5.3년 정도라고 한다. 이는 1985년의 7.2년에서 무려 25퍼센트나 감소한 수치이다. 따라서 광고 회사들은 광고 전쟁에서 살아남기 위한 전략으로 클라이언트에게 아부하거나 아니면 그들을 적당히 기만

하는 법을 배운 것인지도 모른다. 그렇다고 광고 전문가들을 모
두 기회주의자로 단정지으면 곤란하다. 왜냐하면 광고 전문가들
의 고차원적 기만 전술의 배후에는 까다롭고 변덕스러운 클라이
언트가 있음을 간과해서는 안 되기 때문이다.

클라이언트의 입맛에 맞는 좋은 광고는 없다

광고 회사들은 클라이언트를 아무것도 모르는 멍청이로 여기는
경우가 많다. 사실 그런 취급을 당해도 싸다고 할 만큼 한심한 클
라이언트들도 있기는 하다.

내가 몸담았던 광고 회사의 클라이언트 중에 전국적으로 유명
한 빅 브랜드를 소유한 회사가 있었는데, 한번은 그들이 의뢰한
광고의 제작을 위해 신인 모델을 물색한 적이 있었다. 당시 우리
는 20대 초반의 나이에 〈써니브룩 농장의 레베카(Rebecca of Sunny
brook Farm: 1938년에 제작된 귀엽고 깜찍한 소녀 레베카를 주인공
으로 한 미국 영화. 이후 '써니브룩의 레베카'는 사랑스럽고 순진한 소
녀의 대명사가 되었다— 역주)〉 같은 이미지를 가진 여성, 즉 붉은
빛이 도는 발랄한 금발 머리에 귀여운 주근깨가 있는 여성을 찾
고 있었다.

광고 연출자와 크리에이티브 디렉터, 그리고 나는 광고에 꼭 맞
는 이미지의 여성을 찾느라 한참 애를 먹었다. 일단 수백 장 분량
의 이력서와 사진을 검토하고 카메라 테스트를 거쳐서 겨우 몇 명
의 신인급 여배우들로 최종 선발자의 범위를 좁혔다. 그런데 어

느 날 팀장이 우리에게 이렇게 말하는 것이었다.

"괜히 헛고생만 했네. 모델은 벌써 내정되어 있었다는군."

그러면서 우리에게 사진 한 장을 내밀었는데, 거기에는 까무잡잡한 피부를 제외하면 써니브룩의 레베카와 닮은 점이라곤 하나도 없는 여성의 얼굴이 들어 있었다. 그녀는 아무리 보아도 40세는 족히 되어 보이는데다가 써니브룩은커녕 최소한 지난 15년 동안 농장 근처에는 단 한 번도 가본 적이 없는 듯한 이미지의 여성이었다. 우리는 도저히 이해할 수 없었다. 이 여자를 모델로 쓴다는 건 고양이 사료 광고에 낙타를 주연 모델로 쓰는 것과 다를 바 없었다. 알고 보니 그 여성은 클라이언트의 애인으로 이미 여러번 그 회사의 광고 모델로 활약한 전력(?)이 있었다.

광고에 꼭 맞는 얼굴을 찾아 헤매는 광고 회사 직원이던 내가 지금은 광고 회사를 상대로 무조건 내 맘에 드는 모델만 기용하라고 강요할 수도 있는 클라이언트의 입장에 있다. 참으로 알다가도 모를 일이 세상사이다.

어쨌든 그 일로 맥이 빠져버린 우리는 창의성 같은 건 아예 포기하고 기계적으로 광고를 제작해서 그저 돈이나 벌기로 했다. 결과야 어떻게 되든 우리가 알 바가 아니었으므로 시종일관 무성의하게 일했다. 광고 회사의 시큰둥한 분위기와는 정반대로 클라이언트와 그의 애인은 신이 나서 어쩔 줄 몰라 했다. 하지만 나는 수백만 달러의 거액을 들여 만든 그 광고의 진정한 가치는 동전한 닢만도 못하다는 사실을 잘 알고 있다.

누가 광고를 망가뜨리는가?

클라이언트가 자신의 주장만을 고집하는 바람에 스스로 광고를 망치는 경우는 그 밖에도 얼마든지 많다. 내가 입사하기 직전에 이미 계약을 맺었던 존 행콕의 광고는 애인을 모델로 기용한 그 클라이언트와는 약간 다른 예가 될 수 있겠다.

내가 존 행콕에 입사한 지 몇 주가 지난 후 광고 회사 직원들이 막 완성한 광고 시안을 들고 나를 찾아왔다. 그런데 그들이 나에게 보여준 것은 너무나도 낯익은 내용의 전형적인 금융서비스 회사용 광고였다. 치아교정기를 빼게 된 것을 기뻐하는 평범한 소녀와 대학에 합격한 아들을 칭찬하는 중산층 가정의 아버지를 등장시켜 단란한 가족의 평화로운 일상을 보여주려는 의도인 것 같았다. 전체적으로 너무 평범한 광고라서 기억에 남을 것도 없었지만 단 하나 나의 눈길을 끄는 것이 있었다. 바로 광고의 소품으로 사용된 저울이었다.

저울의 한쪽 접시에는 가족들이 있고 다른 쪽 접시에는 각각 존 행콕의 금융 상품을 의미하는 저울추들이 놓여 있다. 추를 하나씩 내려서 저울이 기울어질 때마다 다음과 같은 메시지가 들린다.

"존 행콕이 있기에 당신의 미래는 균형을 유지할 수 있습니다."

시안을 검토한 나는 존 행콕처럼 명망 있는 기업의 광고를 왜 이리도 진부하게 만들었는지 도대체 이해할 수 없었는데, 어느 날 사장실에서 진기한 저울이 잔뜩 진열되어 있는 유리 진열장을 발견하고는 드디어 그 모든 상황을 깨달았다.

당시 존 행콕의 경영을 책임지고 있던 나의 전임자에게는 오래

된 저울을 수집하는 취미가 있었던 것이다.

순간 나는 이런 생각을 했다. 광고 회사 사람들이 새로 부임한 존 행콕의 광고 담당자인 나의 간섭과 까다로운 지시 사항에 맞서서 광고 예산과 광고 제작상의 권한을 확보하고 더불어 우리 회사와의 계약도 확실히 하기 위해 '사장님의 고매한 취미'를 들고 나온 건 아닐까 하고 말이다. 광고 회사 직원들은 매우 영악한 사람들이다. 아무리 밋밋하고 촌스러운 광고일지라도 사장님의 아이디어에서 나온 것이라면 그 누구도 함부로 불평 불만을 입 밖에 내지는 못하리라는 것을 그들은 잘 알고 있었다. 불만은커녕 아마 모두들 훌륭하다고 박수를 쳐주리라는 것과 '임금님, 벌거 벗으셨군요'라고 솔직하게 말해주는 신하는 한 명도 없으리라는 것을 그들은 알고 있었다.

하지만 그나마도 얼마나 다행인가? 만일 사장에게 해골이라도 모으는 취미가 있었다면 우리는 해골이나 뼈다귀가 등장하는 광고를 내보내야 했을 테니 말이다. 게다가 사장은 광고 회사 사람들이 자신에게 비위나 맞출 심산으로 그런 광고를 만들었다고는 전혀 생각하지 못하는 것 같았다. 그런 분위기를 한눈에 간파한 나는 그 광고가 조만간 막을 내리게 될 것이라는 확신을 더욱 굳힐 수 있었다.

좋은 아이디어는 끝까지 사수하라

좋은 광고를 만들기 위해서는 먼저 독창적인 아이디어가 있어야 한다. 그러나 수많은 토론과 고민 끝에 독특하고 기발한 아이디어가 나왔다 해도 클라이언트의 쓸데없는 참견과 개입이 끊이지 않는다면 결코 좋은 광고를 만들 수 없다.

비록 지금까지 내가 광고 회사들을 간사하고 무책임하다고 비난하기는 했지만 사실 그들도 처음에는 나름대로 독창적인 광고를 만들고자 하는 마음가짐으로 광고 제작에 착수한다. 그래서 맨 처음 광고의 대략적인 줄거리와 기본 윤곽을 잡았을 당시만 해도 분명 기발한 아이디어가 100퍼센트 그대로 반영되어 있었을 것이다. 톡톡 튀는 카피, 잘 어울리는 음악, 적당한 침묵과 여백, 그리고 호소력 넘치는 영상미까지 모든 요소가 완벽하게 조화를 이루고 있었을 것이다. 아트 디렉터와 카피라이터라는 재능 있는 두 명의 전문가들이 만들어낸 하나의 순수 예술작품이라 해도 과언이 아닐 만큼 말이다.

그러나 클라이언트와의 미팅에 들어가는 순간, 아이디어는 아이디어로 그칠 수밖에 없는 운명임을 깨닫게 된다. 클라이언트는 처음에는 일단 아이디어가 참 좋다며 한껏 칭찬해준다. 그래서 광고 전문가들은 클라이언트가 자신의 작품에 진심으로 만족하는 줄 알고 안심한다. 하지만 사실은 자신도 감각 있는 사람이라는 걸 과시하고 싶어서 별로 마음에도 없는 소리를 한 것뿐이다.

다음날이 되면 상황은 완전히 달라진다. 광고 시안이 여기저기 수정할 곳을 표시하고 지시 사항을 메모한 빨간 펜 자국으로 완전히 너덜너덜해져서 되돌아오고, 잠시 후에는 클라이언트측의 광고 담당자가 전화를 걸어온다.

"음…… 어제 보여주신 광고 안에 대해 생각해봤습니다. 물론 전 그렇게 창의적인 사람은 못 됩니다만……."

드디어 올 것이 왔다.

'그렇게 창의적인 사람은 못 됩니다만' 이라니. 창의적이지 못하다면 남이 만든 광고에 감 놔라 배 놔라 하지도 말아야 할 것 아닌가? 그러나 정작 그들이 말하고 싶은 요지는 그게 아니다.

"갓난아기 대신 미니어처 슈나우저(miniature schnauzer: 독일산 테리어종 애완견 — 역주)로 광고 모델을 바꿨으면 하는데요."

이 정도는 시작에 불과하다. 광고에 제품의 모습을 제대로 보여주는 장면이 하나도 없다고 투덜거리는 마케팅 디렉터라는 사람도 있다. 광고에 대해 아무것도 모르는 이런 사람들은 방송사에 지불하는 고액의 광고료가 너무도 아까운 나머지 이왕이면 제품이 화면에 오래 보여지고 이름도 가능한 한 많이 언급되어야 돈을 뿌린 보람이 있다고 생각한다.

결국 클라이언트측의 요구대로 모델을 슈나우저로 바꾸고 제품명을 언급하는 횟수도 늘리기로 한다. 그래도 아직 밟아야 할 절차가 남아 있다. 회사 사장의 부인이 직접 광고 시안을 검열하는 절차를 생략해서는 안 된다. 광고를 본 사모님께서는 이렇게 말씀하신다. "여보, 끝날 때 노래가 나오면 좋겠네요."

다음은 고문 변호사들이 끼어들 차례다. 변호사마다 한마디씩 덧붙이면서 사공 행세를 하면 급기야 배는 산으로 가기 시작한다.

"슈나우저를 쓰면 문제가 생기지 않을까요? 슈나우저 애호가들은 호전적 성향을 가진 사람이 많잖아요. 혹 반감이라도 사면 소송을 걸겠다고 난리를 칠 텐데……. 제 생각엔 불독이 더 나을 것 같습니다."

특히 신생 기업의 경우는 경험이 부족한 신출내기 경영자들이 변호사들의 의견에 멋모르고 동조하는 경우도 많다.

이 모든 주변의 간섭에 견디다 못한 광고 회사 직원이 이를 과감하게 뿌리치고 자신의 아이디어를 그대로 밀고 나가려고 하면 이번에는 회사 내부 — 주로 AE(account executive: 광고대행사와 광고주 사이의 연락 및 기획 담당자 — 역주)나 간부들 — 의 제지를 받는다. 뭐니뭐니해도 '돈'이 제일 중요하다는 사실을 잊지 말라고 하면서. 처음엔 송아지 고기 요리와 같은 독특함과 우아함으로 눈길을 끌었던 광고가 한순간에 그저 그런 스튜로 전락하고 만다.

광고 제작은 광고 전문가들의 고유 권한이므로 그 과정에 일일이 간섭해서는 안 된다. 전문 요리사들에게 엉뚱한 요리법을 강요하는 클라이언트는 다음번에도 역시 사사건건 개입하고 자신의 의견만 고집하리라는 것을 완전히 터득한 광고 회사는 더 이상 클라이언트의 브랜드와 상품을 위해 최선을 다하려고 하지 않을 것이다. 광고 회사측은 이제 클라이언트의 브랜드 이미지에 맞는 수준 높은 광고를 만들기 위해 머리 싸매고 고심할 필요가 전혀 없다는 결론에 도달할 것이다. 아니 오히려 고심해서는 절대로 안 된다고 생각할 것이다.

많은 기업들이 광고를 무슨 스포츠 경기쯤으로 여기고 있는 오늘날의 현실에 광고 전문가들은 비애를 느낄 수밖에 없다. 전날 벌어졌던 경기에 대해 왈가왈부하는 사람들이 비단 스포츠 전문가들만은 아니다.

"세상에! 어제 경기 봤어? 그것도 경기라고 하는 거야? 안 그래?" 아무렇지도 않게 누구나 한마디씩 내뱉는 것이 스포츠 경기의 결과이다.

마찬가지로 창작이나 예술에는 문외한인 사람들이 글쓰기나 디자인, 방송, 그리고 광고 같은 전문직에 종사하는 사람들의 아이디어를 두고도 그것이 무슨 스포츠 경기인 것처럼 너나할것없이 간섭하고 비평하는 것을 당연하게 생각하고 있다. 광고 회사에서 일하는 전문 광고인들은 순수한 미적 감각은 소설가나 시인에 비해 다소 부족할지 몰라도 대중과의 창조적인 교감을 이끌어내는 능력에 있어서는 적어도 기업의 마케팅 담당자들보다는 훨씬 뛰어난 사람들이다. 그런데도 자신들의 전문적인 '감각'을 묵살당한 채 무조건 마케팅 담당자들의 의견을 좇아야만 하니 분통 터지는 노릇이 아닐 수가 없다. 그래서 광고 전문가들 중에는 이런 불쾌감와 스트레스를 해소하고자 마약이나 술에 의존하는 사람들도 많다고 한다.

뉴욕의 광고 회사에서 나와 함께 일했던 사람 중에도 알코올 중독자가 한 명 있었는데, 광고에 관한 한 매우 뛰어난 능력과 감각을 지녔음에도 불구하고 그의 아이디어는 거의 매번 무시되곤 했다. 나와 처음 만났을 때 그는 아직 40대 중반이었음에도 불구하고 더 이상 독창적이고 기발한 광고를 만들겠다는 야망도 꿈도 없이 그저 광고계에서 그럭저럭 버틸 수만 있으면 다행이라는 생각으로 하루하루를 살고 있었다.

매일 아침 10시만 되면 그와 나는 더블 보드카에 얼음을 넣어 마시는, 일명 '얼음과자'를 먹으러 나갔다. 이 '얼음과자'를 하루에 10잔 내지 12잔씩 마시는 날도 있을 정도로 그의 상태는 심각했고, 자연히 업무 능력도 떨어질 수밖에 없었다.

하지만 그와의 교류가 내게는 많은 도움이 되었다. 자신에게서는 더 이상 찾아볼 수 없는 활기를 보강해줄 만한 에너지 넘치는 젊은 동료를 필요로 하고 있던 그는 자신이 담당하는 계약 건을 모두 내게 넘겨주었다. 덕분에 그가 넘겨준 일을 도맡아 처리하던 나는 광고계의 생리를 비교적 빨리 깨칠 수 있었다. 당시의 나에게 있어서 그는 이제 막 걸음마를 시작한 풋내기를 보호하고 이끌어주는 든든한 선배였던 것이다. 그래서 이제 막 사회에 첫발을 내딛은 젊은이들이 "성공의 열쇠는 무엇입니까?"라고 내게 묻는다면 나는 이렇게 답하고 싶다.

"일단 큰 도시로 나가십시오. 그리고 능력 있는 알코올 중독자를 찾으세요."

다행히도(?) 광고를 비롯한 창조적 전문직 분야에는 이런 '능력 있는 알코올 중독자들'이 넘치도록 많이 있다. 하지만 그렇다고 해서 입사 면접중에 상대방의 얼굴에 대고 알코올 중독 여부를 물어보는 실수는 저지르지 말기 바란다.

여러 사람의 입김이 작용해서는 안 된다

훌륭한 광고를 만들기 위한 열쇠는 무엇인가? 아주 간단하다. 광고와는 무관한 사람들로 하여금 광고 제작에 간섭하지 못하도록 할 것. 그것만이 파멸에 이르지 않는 유일한 방법이다.

스물두 명이나 되는 사람들의 다양한 의견을 모아서 단 하나의 가장 적절한 브랜드 메시지를 결정한다는 것은 불가능하다. 내가 경험을 통해 깨달은 광고계의 불문율은 다음과 같은 것이다.

"세 명 이상의 광고 담당자가 관여한 기업의 광고는 반드시 실패한다."

자사의 브랜드를 확실하게 차별화시킬 수 있는 뛰어난 광고를 원하는 경영자라면 광고 제작에 관련된 일체의 권한을 전적으로 광고 전문가들에게 일임해야 한다는 것을 잊지 말아라. 성실한 광고 회사라는 판단이 섰을 때에만 광고 계약을 맺고, 그 이후로는 기꺼이 그들의 성역을 인정하고 지켜주어야 한다는 것이다.

저울 광고를 만든 광고 회사와의 거래를 끊은 후 존 행콕은 1986년 초에 '진정한 인생, 진정한 해답(Real Life, Real Answers)'이라는 광고 캠페인을 새로 시작했다. 이 광고 시리즈는 국제적인 광고 페스티벌인 클리오 어워드(Clio Awards)와 칸느 영화제의 광고 대상을 포함하여 권위 있는 다수의 광고제를 석권했을 뿐 아니라, 뛰어난 현실감과 감동적인 내용으로 오늘날까지도 시청자들의 기억 속에 선명하게 살아 있다.

시리즈 중의 하나인 일명 '마이클 마크' 광고는 특히 여피족들의 공감을 얻은 동시에 경각심을 불러일으킨 화제작이었다. 주인공 마이클 마크가 철부지 동생에게 사춘기 어린아이와 같은 짓은 이제 그만두고 서른 살 나이에 맞게 행동하라고 충고하는 내용의 광고로 15년이 지난 지금까지도 사람들의 입에 오르내리고 있다.

'마이클 마크'와 같은 기간에 방영되었던 존 행콕의 시리즈 광고 중에는 유명한 축구 선수의 은퇴 선언 장면을 그린 감동적인 광고도 있다. 이 세상에 가족만큼 소중한 것은 없음을 깨달았기 때문에 앞으로는 좋은 남편과 좋은 아버지로서의 삶을 살고 싶다고 말하는 그의 눈에는 눈물이 어려 있다.

 방영 시간은 고작 30초에 불과했지만 남다른 삶을 살아가던 사람들의 인생 전환점을 그린 이 광고들은 실로 한 편의 드라마를 보는 듯한 느낌을 주었다. 도중에 광고에 등장하는 사람들의 이름과 수입, 그리고 그들이 필요로 하는 상품명이 적힌 흑백의 아트 카드가 조용히 삽입되고 그 마지막에 존 행콕의 로고가 클로즈업된다. 요란스러운 음악 따윈 전혀 들리지 않는다. 그저 보통 사람의 자리로 돌아간 주인공들의 미래에 대한 두려움과 희망의 목소리가 전부였다. 쓸데없이 헬리콥터까지 동원해서 촬영한 웅장한 장면도 없다. 그저 평범한 주인공의 얼굴을 클로즈업해서 시청자들에게 친숙한 느낌을 주려고 했을 뿐이다.

 당시 존 행콕의 이런 광고들은 다른 금융서비스 회사의 광고들과는 완전히 차별화된 새로운 형식의 광고로 화제를 모았다. 우리 회사에 대해 과장해서 떠벌리지도 않았고 회사를 거대한 산이나 망망대해에 비유하는 구태의연한 방법을 쓰지도 않았다. 오히려 매우 겸허한 어조를 택했다. 광고 속에서 존 행콕은 소비자들의 욕구와 관심사가 무엇인지 알기 위해 그들의 소리에 조용히 귀 기울이는 '보이지 않는 존재'로 표현되었을 뿐이다.

 이 광고들은 생명보험과 뮤추얼 펀드를 판매하는 보험 회사로서의 존 행콕만이 아니라 그 이상의 가치를 소비자들에게 전달했다. 이 광고들은 존 행콕의 브랜드가 지니고 있는 여러 가지 특성 중에서 특별히 소비자들의 감정에 어필할 수 있는 측면을 정확하게 포착하여 그것을 극대화했고, 따라서 소비자들에게는 수많은 금융 회사들 중에서 존 행콕을 선택해야만 하는 확고한 이유를 제시해준 셈이었다.

존 행콕의 시리즈 광고는 우리가 소비자의 실생활을 얼마나 잘 이해하고 있는지를 강력하게 시사하고 있었기 때문에 광고가 나간 이후로 더욱 많은 소비자들이 존 행콕을 찾았다.

생각해보라. 진정한 삶의 모습을 담은 광고를 통해 소비자를 이해하고자 하는 회사와 귀여운 만화 캐릭터를 등장시켜 난리법석을 떨어가며 자기 물건을 사라고 부추기는 회사 중 당신은 어느 쪽에 더 마음이 끌리겠는가?

존 행콕의 광고 캠페인이 시작된 1986년에 생명보험업계의 평균성장률이 1퍼센트에 그친 것에 비해 존 행콕 생명보험의 매출은 17퍼센트나 증가했다. 이처럼 탁월한 광고 시리즈가 탄생하게 된 배경에는 우리와 손잡고 일한 광고 회사 힐 홀리데이 코너스 코스모퓰로스(Hill Holiday Connors Cosmopulos)의 재능 있는 크리에이티브팀의 공로와 함께 광고 업무와 무관한 사람은 지위고하를 막론하고 제작 과정에 개입하지 못하도록 철저히 통제했던 존 행콕의 정책이 있었다.

존 행콕은 광고의 제작이 완전히 마무리되기 전까지는 심지어 고문 변호사나 주요 경영진들에게까지도 그 내용을 전혀 알리지 않았다. 물론 회사 실세들의 입김을 거치지 않고 기업의 광고를 만들기가 쉽지 않다는 것은 잘 알고 있다. 그래도 그들의 간섭은 무조건 막아야 한다. 비록 한동안은 그들의 미움을 받긴 하겠지만 장기적인 시각에서 보면 오히려 얻는 게 더 많다고 볼 수 있다. 광고란 여러 사람의 손을 거치면 거칠수록 그 신선함과 가치가 모두 떨어지게 마련이다.

기억에 남아야 한다

'진정한 인생, 진정한 해답' 시리즈를 기획하면서 우리는 광고 회사의 크리에이티브팀에게 소비자들의 실생활과 직접 관련이 있는 '그 무엇'을 표현해달라고 요구했다. 그들이 그 이유를 물었을 때 우리는 이렇게 대답했다.

"우리는 소비자들이 마음으로 느낄 수 있는 광고를 원합니다."

우리는 존 행콕의 광고를 통해서 표현되는 정서가 실제의 소비자 정서와 일치해야 한다고 생각했던 것이다. 다행히 광고 회사 측에서 우리가 원하는 바를 정확히 감지하여 너무도 흡족한 광고를 제작해주었다.

시리즈의 첫번째 광고에는 제니 캐서린(Jenny Katherine)이라는 아기를 안고 있는 아주 평범한 가장 빌 히터(Bill Heater)가 등장한다. 빌은 회사에서 승진을 하게 되었다며 두둑해진 월급을 어디에 쓰면 좋을지 어린 딸에게 조언이라도 구하듯 묻고 또 묻는다. 더할 수 없이 사랑스럽고 친숙하며 감동적인 모습이다. 기존 금융서비스 회사들의 광고 스타일과는 근본적으로 다른 것이기도 했지만 이 광고가 특별히 큰 관심을 이끌어낼 수 있었던 이유가 하나 더 있다. 자신의 친딸과 함께 '빌 히터'라는 실명 그대로 광고에 출연했던 그 남자는 다름 아닌 그 광고의 카피를 쓴 카피라이터였던 것이다. 그래서 나는 이 광고가 칸느 영화제에서 광고 부문 대상을 거머쥔 것이 그저 운이 좋았기 때문이라고는 생각하지 않는다.

물론 쌀알이 흩뿌려지는 결혼식 장면이 나오는 광고를 두고도

쌀 세례를 받고 기뻐하는 신부의 모습 역시 '삶의 한 부분이자 가장 특별한 순간' 이라고 주장할 수도 있다. 그러나 결혼은 인생의 한 부분을 차지하는 빼놓을 수 없는 행사인 동시에 너무 흔하고 오래된 소재라서 소비자들의 주목을 끌기에는 역부족이다.

사람들의 기억에 남아야 하고 잊혀지지 않는 강렬한 인상을 주어야 하는 등 인상적인 광고를 만들기 위한 방법은 아주 많다.

존 행콕의 광고 중에서 '진정한 인생, 진정한 해답' 시리즈는 있는 그대로의 현실을 단순하게 묘사하는 방법을 택해서 사람들의 기억에 남았다. 반면 다음 시리즈에서는 매우 시적인 기법의 광고로 많은 이들의 시선을 끌었다고 할 수 있다. 흑백으로 처리된 화면에 가슴을 적시는 아일랜드풍의 음악이 깔리고, 마치 예이츠(William B.Yeats)의 시에서 따온 듯한 시적인 광고 카피는 소비자들의 경제적 어려움을 달래주는 내용을 담고 있었다.

광고 제작자나 클라이언트가 반드시 명심해야 할 것은 세상 사람들 모두가 화려한 결혼식에서 비싼 쌀알을 뿌려대는 삶을 영위하고 있는 것은 아니라는 사실이다.

대부분의 기업들은 자사 광고에 가급적 부정적인 정서나 감정을 담지 않으려고 한다. 때로는 환하고 때로는 어둡기도 한 인생의 진솔한 순간을 보여주기보다는 그럴 듯한 거짓말로 삶을 미화해서 그들의 눈에는 지식이나 인격적 성숙을 갖추고 있지 못한 우매한 대중으로 보이는 소비자들을 현혹하는 광고만이 보다 경쟁력 있다고 여기는 것이다. 그러나 이런 식의 광고는 정작 소비자들에게는 특별한 감동이나 인상도 주지 못하고 쉽게 잊혀진다.

존 행콕은 그와는 달리 우리의 실제 삶 속에서 벌어지는 일상

사를 있는 그대로 표현하는 광고를 통해 경쟁사들과 확실히 구별
되기를 원했다. 따라서 우리의 인생에서 결코 배제할 수 없는 감
정인 '슬픔과 아픔'을 묘사하는 데에도 전혀 주저하지 않았다. 그
렇게 해서 탄생한 것이 불치병에 걸린 중년의 남자가 기숙사에 있
는 아들을 찾아가 돈 문제는 걱정하지 말라며 아들을 다독이고 아
들은 조용히 흐느끼고 있는 장면을 담은 '슬픈' 광고이다.

존 행콕은 여론의 화살을 맞는 것도 조금도 두려워하지 않았다.
한번은 한 여인이 공중전화 부스 안에서 눈물을 흘리며 아들의 생
일을 잊은 전남편을 책망하는 내용의 광고를 만든 적이 있었다.
광고가 나간 후 존 행콕에는 이혼한 남성들의 항의 전화가 빗발
쳤다. 자신들을 무책임한 아버지로 묘사한 것에 화가 난 것이다.
우리가 어떻게 대처했을 것 같은가? 기겁을 하고 부랴부랴 광고
를 중단시켰을 것이라고 생각하면 오산이다. 오히려 우리는 광고
의 방영 횟수를 늘렸다. 많은 사람들이 더 큰 관심을 가지고 지켜
보리라는 예상으로 말이다.

최근에는 이혼한 부인을 찾아가 자신에게 애인이 생겼으니 이
제부터는 혼자서 아들의 양육을 책임지라고 요구하는 남자가 등
장하는 광고를 내보냈다. 그 광고는 보통의 다른 광고에서는 거
의 다루지 않았던 특이한 주제를 담은 광고였으니, 그것은 바로
'분노'이다.

슬픔과 분노. 이 두 가지는 광고 메시지로는 다소 부적절한 감
정이라고도 할 수 있다. 그럼에도 불구하고 이처럼 부정적인 메
시지를 담은 존 행콕의 광고들이 크게 성공한 이유는 과연 무엇
일까?

미국의 이혼율은 50퍼센트를 넘어선 지 이미 오래이다. 존 행콕은 미국 시청자들 가운데 절반 이상이 이혼의 부정적인 측면을 묘사한 존 행콕의 광고에 불만을 느끼기보다는 오히려 광고 속의 상황을 더욱 절실하게 피부로 실감하며 자신의 삶과 동일시할 것이라고 판단했던 것이다. 존 행콕 광고의 성공 요인은 오늘날의 소비자들이 광고 메시지의 이해를 넘어 어느 정도의 감정이입까지도 가능한 수준에 도달했음을 정확히 간파한 데 있었다.

홀륭한 광고를 만들기 위해서는 뭔가 특별한 요소가 필요하다. 그것은 바로 '용기'이다. 점점 화려하고 혼란스러워지는 오늘날의 수많은 광고들 틈에서 불거져 나와 소비자들에게 자사의 브랜드 메시지를 전달해줄 수 있는 독특하고 기발한 광고를 만들기 위해서는 논쟁도 불사하는 용기가 필요하다.

소수의 특정 계층과 관련된 소재를 다루었다고 해서 나머지 대다수의 소비자들이 그 광고를 외면하는 것은 아니다. 존 행콕의 2000년도 광고가 그 좋은 예이다. 아시아에서 아이를 입양한 두 미국 여인의 이야기를 다룬 그 광고는 사회적으로 지대한 관심과 논쟁을 불러일으켰다. 확실한 언급은 없었지만 아마도 그 두 여인이 레즈비언으로 비쳤기 때문이 아닌가 싶다. 하지만 두 여인이 등장한다고 해서 그것이 무조건 레즈비언을 의미하는 것은 아니지 않은가? 자매일 수도 있지 않은가? 그 광고를 통해 우리는 그저 우리의 삶이 모두 한결같을 수만은 없다는 사실을 암시하고자 했을 뿐이다.

물론 존 행콕도 마음만 먹으면 아주 상투적인 내용의 광고를 집행할 수 있다. 이제 막 아빠가 된 젊은 남자가 잠들어 있는 아기를 들여다보며 문득 막중한 책임감을 느낀다는 식의 평범한 내용을 담은 낯익은 광고 말이다. 그러나 그런 광고를 보고 얼마나 많은 사람들이 동일한 정서적 체험을 할 수 있을지는 의심스럽다. 혼자 사는 남자들까지도 가정에 대한 책임감을 실감하도록 만들 수는 없지 않겠는가.

흔히 존 행콕의 광고를 레즈비언, 이혼녀, 독신주의자 같은 특정 소비자층을 겨냥한 비전형적 진보주의 광고로 생각하는 사람들이 많다. 그러나 우리 광고는 결코 특정 그룹의 소비자만을 대상으로 한 것이 아니다. 최근에 내가 본 어떤 광고 문구가 하나 생각나는데 이것이야말로 특정 계층에게만 어필하고자 하는 광고의 전형적인 예라고 할 수 있다.

"베이비붐 세대와 함께 늙어가는 회사!"

그 회사가 누구와 나이를 먹어가든 그게 도대체 나와 무슨 상관이란 말인가? 실제로 피부에 와닿는 '내 이야기'가 아니라면 쉽게 자극 받거나 감동하지 않는 현대의 소비자들은 그런 광고에는 눈길도 주지 않는다.

존 행콕의 광고가 언뜻 보기에는 소수 계층의 이야기를 하고 있는 듯해도 그 안에 담겨진 보편적인 감동과 의미는 대다수 소비자들의 눈에 띄어 쉽게 그들의 마음을 움직인다. 우리 광고를 보고 그 안에서 무언가를 발견해낸 보통의 소비자들은 이런 말을 할 것이다.

"어! 저건 내가 아는 누구 이야기하고 똑같잖아. 이 광고는 우리들의 삶을 잘 이해하는 것 같군."

우리가 존 행콕의 모든 광고에 나름대로 독특한 색을 부여하기 위해 노력한다는 것은 사실이지만 그렇다고 해서 특별한 모습, 특별한 인생만을 이야기하려는 것은 아니다. 외국 아이를 입양한 레즈비언들에게만 우리 상품을 팔려는 것도 아니다. 보다 많은 소비자들을 대상으로 보다 높은 가치를 표현하는 광고가 바로 우리가 추구하는 광고라고 말하고 싶다.

"당신이 어떤 사람이든지 우리는 당신을 이해하기 위해 최선을 다하겠습니다."

섣불리 바꾸지 마라

성공 여부와는 무관하게 8, 9개월마다 새로운 광고를 제작하여 수시로 광고를 바꾸는 기업들이 있다. 아마도 주위에서 변화가 필요하다며 채근하기 때문일 것이다.

자신들의 수익을 올리는 것이 주목적인 광고 회사들은 문지방이 닳도록 클라이언트를 찾아와서 신선한 광고를 내보내야 할 때가 왔다고 유혹한다. 또 새로 부임한 기업 내의 광고 담당자는 어떻게든 자신의 흔적을 남기겠다는 욕심으로 대대적인 광고 개혁을 단행한다. 결국 상황은 모든 직원들이 자사의 광고를 슬슬 지겨워하는 지경으로까지 발전하게 된다.

하지만 직원들이 모두 지겨워한다고 해서 소비자들 역시 식상했으리라고 생각하는 것은 잘못이다. 특정 광고가 성공을 거두면 소비자들은 그 광고의 다음 시리즈를 기대한다. 마치 연속극의 다음 회가 방영되기를 손꼽아 기다리듯이. 브랜드 운영자는 소비자들이 자사의 광고에 기울이는 애정과 관심에 무심하게 등을 돌리지 말고 이를 브랜드 홍보의 기회로 적극 활용해야 한다.

존 행콕 역시 '진정한 인생, 진정한 해답' 시리즈에서 벗어나 새로운 형태의 광고로 바꾸어야 한다는 압력을 수없이 받았지만 쉽게 굽히지 않고 오랜 기간을 버텨왔다. 최근 들어 그 스타일과 줄거리를 베낀 모방 광고가 줄을 이어 부득이 다른 광고 시리즈를 제작하긴 했지만 광고에 담긴 존 행콕 특유의 '색깔'은 조금도 변하지 않았다. 따라서 바로 어제 방송된 광고나 15년 전에 방송된 광고 모두 한결같은 느낌, 한결같은 목소리로 소비자들의 공감을 불러일으키는 것이다.

우리 광고에는 상품에 대한 언급은 거의 없다. 상품은 시간의 흐름에 따라 변하는 것이기 때문이다. 대신 우리는 광고를 통해 존 행콕이라는 '브랜드'를 말한다. 다행히도 실력 있는 광고 회사들의 도움으로 존 행콕 브랜드는 해를 거듭할수록 더욱 풍성한 메시지를 전달하고 있다. 그러나 말이 쉽지 존 행콕의 광고가 이만큼 자리를 잡기까지의 과정은 결코 만만한 것이 아니었다.

광고는 기업이 행하는 업무 가운데 가장 예술적인 작업이다. 하지만 예술성이 뛰어난 광고라고 해서 반드시 성공하는 것은 아니다. 따라서 성공적인 광고를 위해 최상의 환경을 조성하는 것이 바로 브랜드 운영자가 해야 하는 일이다. 먼저 자사 브랜드가 상징하는 바를 분명하게 이해하고 이를 광고 회사에 정확하게 전달해야 한다. 그 다음에는 광고 회사의 크리에이티브팀이 자유롭게 광고를 제작할 수 있도록 내버려두어야 한다.

소비자들의 기억에 남을 광고를 원하는가? 그렇다면 먼저 훌륭한 클라이언트가 되어라. 스스로 불필요한 개입은 자제하고, 당신 이외의 다른 사람도 간섭하지 못하게 하라. '창의적인 분위기'를 보장해주어라. 그러면 최고의 광고를 만들기 위해 최선을 다하는 세계 제일의 카피라이터와 광고 연출자를 만나게 될 것이다.

최고의 광고는 그렇게 해서 탄생하는 것이다.

5

강력한 무기 스폰서십을 활용하라

30초마다 한 번씩 사기 행각이 벌어지는 곳이 스폰서십의 세계이다. 스폰서십에 발을 내딛는 순간 당신은 이제껏 한번도 본 적이 없는 거칠고 염치없으며 위험한 부류의 인간들을 만나게 된다. 성공적인 스폰서십을 원한다면 그들과 똑같이 거칠어져라.

광고는 브랜딩의 필수 요소이다. 그러나 광고는 광고 메시지에 귀를 기울이는 소비자에게 별다른 보상도 없이 그저 상품의 구입만을 일방적으로 요구하고 부탁한다. 광고의 이러한 특성은 브랜드 홍보에는 치명적인 약점으로 작용한다.

반면 스폰서십은 기업이 여러 가지 방법을 통해 소비자들에게 보상할 수 있는 좋은 기회이다. 물론 스폰서십 역시 브랜드를 홍보하는 것이 주목적이므로 소비자들은 스폰서십이라는 명목하에 행해지는 기업의 광고를 묵인해야만 한다. 하지만 그 보답으로 기업이 제공하는 스포츠 행사, 콘서트, 유명인들의 자선쇼 등을 선물 받을 수 있다.

이러한 대규모 이벤트들은 기업의 재정적 지원 없이는 그 개최조차 불가능하기 때문에 소비자들은 자신들에게 멋진 이벤트를 선물한 스폰서 기업에 대해 관심은 물론, 존경과 감사의 마음까지도 갖게 된다. 더군다나 소비자들은 대규모 이벤트에 참여하거나 유명 인사를 만나보고 나서 그들로부터 받은 매력, 흥분, 카리스마 등의 인상을 그대로 스폰서 기업에 대한 인상으로 연결시키기도 한다.

이렇게 스폰서하는 이벤트나 인물에 대한 느낌이 기업의 브랜드로까지 연결되는 감정의 전이 현상을 '후광효과(halo effect)' 라고 한다. 후광효과를 이용해서 업계의 빅 브랜드로 성장한 기업도 다수 있는데, 비즈니스 역사상 후광효과의 덕을 가장 많이 본 대표적인 브랜드가 바로 나이키이다. 타이거 우즈(Tiger Woods)나 마이클 조던(Michael Jordan) 같은 유명 선수들과 긴밀한 후원 관계를 맺은 나이키는 이후 그들의 명성과 인기를 등에 업고 스포츠용품 시장에서 독보적인 입지를 굳힐 수 있었던 것이다.

후광효과를 통해 성공한 브랜드는 비단 나이키만이 아니다. 아이스크림 회사인 벤 앤드 제리스(Ben & Jerry's)는 환경문제와 사회적 이슈를 주제로 한 캠페인을 꾸준히 후원함으로써 환경친화적이고 진보적인 브랜드 이미지를 구축하는 데 성공하였다. 비자카드(Visa) 역시 오랜 기간 동안 지구촌의 스포츠 축제인 올림픽의 공식후원사로 활동함으로써 소비자가 가는 곳이라면 어디든 함께 하는 기업의 이미지를 확실히 굳힐 수 있었다. 실제로 올림픽 공식후원사가 된 이후로 비자카드의 시장점유율은 종전의 40퍼센트에서 53퍼센트로 급상승했다고 한다.

그러나 1998년 교황의 멕시코 방문을 스폰서했던 기업들 — 메르세데스 벤츠(Mercedes-Benz)라는 업계 최고의 브랜드에서부터 감자칩 브랜드인 러플스(Ruffles)에 이르기까지 실로 다양한 업종의 기업들이 이 방문 행사를 후원했다 — 처럼 무턱대고 후광효과에만 집착하는 것은 문제가 있다. 감자칩 봉지마다 찍힌 교황 요한 바오로 2세의 사진이 과연 러플스의 판매 신장에 얼마나 기여했는지는 모르겠지만 감자칩과 교황의 만남이 근엄한 가톨릭 교회의 이미지에 분명 좋은 영향을 끼치지는 못했으리라는 것만은 분명하다.

몇 가지 문제점이 있기는 해도 스폰서하는 대상(어떤 인물 혹은 어떤 이벤트를 후원할 것인가?)을 적절하게 선정하고 전반적인 운영을 순조롭게 진행하기만 한다면 스폰서십은 짧은 시간 내에 빅 브랜드를 탄생시킬 수 있는 가장 효과적인 마케팅 활동이라고 할 수 있다. 최근 들어 부쩍 빠른 속도로 스폰서십이 확산되고 있는 이유도 그 때문이다. 시카고에 본부를 두고 있는 스폰서십 활동 감시기관인 IEG(Investment Experts Group)에 따르면 북아메리카 지역의 기업들이 스폰서십 활동을 위해 지출한 경비가 1985년의 10억 달러에서 2000년에는 87억 달러로 대폭 증가했다고 한다.

스폰서 활동의 장점으로는 후광효과 외에도 비용의 효율화를 들 수 있다. 퍼블리시티(publicity: 기업이나 단체가 신문·잡지·TV·라디오 등 각종 매체에 상품의 특징이나 자사의 방침 등에 관한 정보를 제공함으로써 대상 매체의 적극적인 관심과 이해를 기반으로 일반 대중에게 널리 보도하도록 유도하는 선전의 한 방법 — 역주)를 잘만 활용하면 광고비와는 비교도 안 되게 적은 비용으로 기대 이상의 효

과를 거둘 수 있기 때문이다. 그 밖에도 기업이 후원하는 이벤트
는 고객뿐 아니라 자사의 직원들까지도 모처럼 장외(場外)에서 즐
거운 시간을 만끽할 수 있는 기회가 된다. 따라서 이상적으로 시
행된 스폰서십은 기업의 전반적인 마케팅 활동에 엄청난 시너지
효과를 가져오기도 한다.

하지만 그렇다고 해서 스폰서십이 무조건 박수와 환영만 받는
것은 아니다. 스폰서십의 세계란 워낙 많은 위험 요소가 산재해
있는 분야이다. 잘만 하면 후광효과를 통해 크게 성공할 수도 있
지만 행여나 조금이라도 잘못될 경우에는 그 여파로 기업 전체가
거꾸러지기도 하는 '혼 효과(horn effect: 사물을 평가할 때 범하기
쉬운 오류로 대상의 나쁜 점이 눈에 띄면 그것을 그 대상의 전부로 인
식하는 현상 — 역주)' 의 위험이 도사리고 있는 곳이 바로 스폰서십
의 세계이다. 기업이 후원하고 있는 인물이나 단체, 혹은 이벤트
가 소비자들로부터 비난의 손가락질을 받게 되면 기업의 브랜드
도 덩달아 소비자들로부터 외면당한다는 것이 바로 '혼 효과' 이
다. 그 유명한 미식축구선수 오 제이 심슨(O. J. Simpson)이 아내
를 살해한 혐의로 미국 전체를 들쑤셔놓았을 때 그의 스폰서 기
업인 헤르츠(Hertz)의 심정은 어떠했을까? 또 마이클 잭슨(Michael
Jackson)의 대규모 순회 공연 도중 난데없이 그가 연루된 아동 성
희롱 사건이 터졌을 때 그의 공연을 후원하던 펩시(Pepsi)의 낭패
감은 짐작이 가고도 남는다.

존 행콕 역시 그런 끔찍한 경험을 가지고 있다. 정말 추호도 의
심의 여지가 없는 순수한 목적을 표방하고 있는 이벤트에도 함정
이 도사리고 있었던 것이다. 5여 년간 세계에서 몇 손가락 안에

드는 주요 올림픽 공식후원사로 명성을 다져가던 존 행콕은 1998년의 어느 날, 자사가 주창하고 있던 '정직함'의 이미지와는 전혀 들어맞지 않는 추잡한 사건에 연루되고 말았다. IOC(International Olympic Committee, 국제올림픽위원회)의 위원들이 2002년 동계 올림픽 개최 도시로 내정되어 있던 솔트레이크 시티(Saltlake City)측으로부터 현금과 보석 등의 뇌물을 받은 사실이 밝혀진 것이다. 그 사태를 통해 올림픽 공식후원사인 존 행콕이 그저 '유감' 정도의 감정만을 느꼈을 거라고 생각한다면 큰 오산이다. 존 행콕은 실로 대단한 충격을 받았고 따라서 만사를 제쳐놓고 적극적으로 사태의 수습에 나섰다. 확실한 보완이나 후속 조치를 취하지 않은 채로 또다시 같은 내용의 스캔들에 연루될 경우 스폰서 기업은 막대한 타격을 받고 헤어날 수 없는 곤란에 빠지게 된다는 점을 잘 알고 있었기 때문이다.

스폰서 기업을 궁지에 빠뜨리는 위험 요소는 비단 스캔들만이 아니다. 기습 마케팅(ambush marketing)이라는 것도 있다. 한푼의 후원금도 지원하지 않았으면서 흡사 자기가 스폰서인 양 행세하는 일종의 마케팅 사기극을 일컫는 말이다. 이런 뻔뻔스러운 사기극은 스폰서십의 세계에서 쉽게 발견할 수 있다.

자타가 공인하는 초우량 기업 나이키도 1996년 올림픽에서 '기습 마케팅'이라는 다분히 치사한 방법을 써서 당시 올림픽 공식후원사이던 리복(Reebok)의 후광효과를 가로챘다. 나이키는 1996년 애틀랜타 올림픽 기간 내내 올림픽 공원 옆 주차장을 빌려 대대적인 제품 전시회를 개최했는가 하면, 당시 금메달 후보자로 꼽히던 각국의 유명 선수들에게 나이키 운동화를 지원했다. 또 올림픽을 테마로 한 TV 광고도 내보냈는데 경쟁사인 리복을 의식한 듯한 매우 공격적이고 충격적인 광고 문구로 사람들의 이목을 끌었다.

"은메달을 누르지 못하면 금메달을 얻을 수 없다."

결국 나이키는 리복을 누르고 2000년 올림픽 공식후원사의 자리를 거머쥐었다.

스폰서십의 세계에 횡행하는 기습 마케팅은 점점 더 많은 문제점을 유발하는 골칫거리가 되고 있다. 그래서 NFL(National Football League, 전미 프로미식축구 리그전)은 몇 년 전까지만 해도 8개 사로 제한했던 후원사 공개입찰을 최근에는 무려 30개 사 이상으로 확대했다. 그러나 이처럼 단 하나의 이벤트 후원에 수많은 기업들이 대거 참여할 경우 그 각각의 존재가 소비자들에게 개별적으로 인식되기 힘들다는 것은 당연하다. 그 많은 스폰서 기업들 틈에서 소비자의 눈에 띄기란 그리 쉬운 일이 아니다. 따라서 기업이 스폰서십 활동에 들인 수백만 달러라는 막대한 경비는 헛되이 날아가버릴 수도 있다.

그러나 위험 부담이 매우 크기는 해도 존 행콕은 스폰서십 활동이 가져다주는 잠재적 효과에 대해 큰 기대를 걸고 있는 입장이다. 그래서 우리는 현재 올림픽뿐 아니라 메이저리그, 보스턴 마라톤 대회, 피겨 스케이팅 챔피언 대회 등 다양한 스포츠 행사를 매년 꾸준히 후원하고 있다. 여러 행사를 고루 후원하다 보니 그로 인해 좋은 결과를 얻기도 하는 반면 때로는 뼈아픈 경험을 하기도 했다. 하지만 이 모든 경험을 통해 스폰서십의 세계가 어떤 곳인지 잘 알게 되었다는 것 또한 일종의 소득이라면 소득이라 할 수 있겠다.

이쯤에서 스폰서십 활동을 막 시작하려는 기업들에게 꼭 해주고 싶은 이야기가 하나 있다. 스폰서가 되어달라고 요청하는 이벤트 주최자를 경계해야 한다는 것이다. 처음 스폰서십 활동을 시작하는 많은 기업들은 동화 주인공 '빨간 모자'처럼 어리숙하게 행동하기 쉽다. 할머니를 찾아가는 길이 너무 흥분되고 신이 나서 늑대를 할머니로 착각했던 빨간 모자 말이다. 그러나 스폰서십에 발을 내딛는 순간, 이제껏 한번도 본 적이 없는 거칠고 염치없으며 위험한 부류의 인간들이 득실대는 곳이 바로 스포츠와 엔터테인먼트의 세계라는 사실을 알게 될 것이다. 그들을 상대로 비즈니스를 해야 하는 한 그들과 똑같이 거칠어지는 수밖에 없다. 그러지 않고서는 절대로 그들을 이길 수 없기 때문이다.

왜 스폰서 기업이 되려고 하는가?

성공적인 스폰서십을 위한 첫번째 단계는 특정 이벤트나 인물을 후원하고자 하는 확실한 명분이 있어야 한다는 것이다. 하지만 거의 모두라고 해도 좋을 만큼 많은 기업들이 자신들이 왜 스폰서하는지도 모르는 상태에서 일을 벌이곤 한다.

내가 광고 회사에서 일할 때 한번은 금융업을 하던 고객에게 당시 인기 상승중이던 대학 미식축구를 스폰서하도록 권유한 적이 있었다. 그러자 그는 이해가 안 간다는 듯 나를 똑바로 쳐다보면서 이렇게 물었다.

"토요일 오후에는 죄다 폴로 경기를 하는데 누가 축구를 본다는 말이오?"

그의 태도가 너무도 강경했으므로 우리는 축구 대신 폴로 경기로 스폰서십의 방향을 급선회했고, 그런 우리의 결정에 그는 매우 만족했다. 하지만 예상대로 폴로 경기의 시청률은 턱없이 낮았고 그 결과 우리의 클라이언트는 엄청난 손해를 보고 말았다. 사실 그는 자사의 고객층이 어떤 스포츠를 더 선호하는지에도 관심이 없었을 뿐만 아니라 왜 하필 폴로 경기를 스폰서하고 싶은지에 대한 뚜렷한 명분도 없었으니 당연한 결과라 할 수 있다. 아마도 그는 스폰서십을 무슨 개인적인 취미 활동 정도로 생각했던 것 같다.

하긴 학창시절에 선수생활을 했거나 꼭 선수로 활약한 건 아니었지만 한번쯤은 멋진 스타플레이어를 꿈꾼 경험이 있는 경영자라면 스포츠 스폰서십에 대단한 관심을 가지고 그에 깊이 관여할 수도 있다. 그러나 이런 사람들의 경우 십중팔구는 잠재 고객을 확보하기 위해서가 아니라 자신이 그 스포츠를 좋아한다는 이유로, 즉 순전히 개인적인 취향 하나만으로 스포츠 스폰서십에 뛰어든다는 것이 문제다.

경영자의 개인적 취향에서 비롯된 스폰서십이 가장 빈번하게 자행되는 분야가 바로 골프이다. 1989년부터 1999년까지 약 10여 년 동안 타이거 우즈라는 걸출한 골프 스타가 탄생했음에도 불구하고 PGA(Professional Golfers' Association, 미국 프로골프협회) 경기의 평균 시청률은 19퍼센트나 감소했다. 하지만 떨어진 시청률과는 무관하게 골프 경기를 스폰서하는 데 지출된 비용은 71퍼센트라는 엄청난 상승세를 보였다. 소수의 고소득층 소비자를 표적 고객으로 삼고 있는 브랜드나 기업의 경영진을 상대로 한 홍보활동이 필수적인 B2B(business to business, 기업간 전자상거래) 브랜드의 경우에는 다른 스포츠보다 골프를 우선적으로 스폰서하는 것이 효과적일 수도 있다. 그러나 특별히 고급스러운 이미지를 추구해야 할 필요가 없는 생활용품 브랜드들까지 너도나도 골프 경기 스폰서십에 뛰어들고 있는 현재의 상황은 상식적으로 받아들이기 힘들 정도이다. 심지어 어떤 회사는 자기 회사 CEO가 프로암(Pro-Am: 프로 선수와 아마추어 선수 간의 골프 시합으로 스폰서 기업에게는 참가의 특권이 주어진다 — 역주) 대회에서 타이거 우즈와 함께 골프를 쳐보는 것이 소원이라는 이유만으로 골프 경기를 스폰서하겠다고 나서고 있는 지경이다. 이런 정신나간 사람들에게는 스폰서십 활동에 의한 홍보 효과 따윈 이미 관심 밖이다. 이들에게 스폰서십이란 천문학적 비용을 들여서 '심심풀이 골프 한 게임' 하는 것과 다를 바 없다.

더군다나 개인의 취향에 의한 이기적인 스폰서십은 자사 브랜드에 잠재적으로 악영향을 미칠 수도 있음을 명심해야 한다. 그 대표적인 예가 버진 그룹의 회장 리처드 브랜슨이 벌인 해프닝으로, 생각날 때마다 씁쓸한 웃음을 짓게 한다. 브랜슨이 '지구 최후의 비행과 모험'이라는 거창한 타이틀을 내세우고 버진 그룹의 로고가 커다랗게 그려져 있는 기구를 타고 '지구 탐험의 대장정'에 나섰던 것이다. 몇 번인지는 확실히 모르겠지만 그는 기구를 이용한 이런 식의 세계일주를 이미 여러 차례 시도했었다. 그깟 기구 하나에 의지해 세계일주를 감행하다니 이 얼마나 위험천

만한 발상인가? 브랜슨의 모험은 결국 스코틀랜드 상공에서 낙하
산 탈출을 감행하여 꽁꽁 얼어붙은 호수 위에 불시착하는 것으로
끝나고 말았다.

브랜슨의 이런 모험적 성향이 개인의 취미 활동으로 그치지 않
고 기업의 이름을 내건 대대적인 이벤트로 탈바꿈한 데에는 '버
진' 브랜드를 홍보하고자 하는 그의 의도가 숨어 있었을 것이다.
물론 이러한 의도가 성공으로 이어진 적도 많다. 하지만 문제는
바로 버진 그룹이 버진 애틀랜틱(Virgin Atlantic Airways)과 버진 항
공(Virgin Express)이라는 두 개의 항공사를 소유하고 있다는 데 있
었다.

브랜슨 개인에게는 기구 여행이 대단히 스릴 넘치는 모험이 될
수 있을지 몰라도, '추락'의 이미지와는 절대 연결되지 말아야 할
항공사 브랜드에는 실로 치명적인 발상이라 아니할 수 없다. 생
각해보라. 기구 하나도 제대로 띄우지 못하는 기업에게 어떻게 안
전한 비행기 운항을 기대할 수 있겠는가?

거듭 충고하건대 기업의 홍보 담당자나 브랜드 담당자는 스폰
서십 활동을 고작 CEO에게 아부나 하기 위한 기회로 여겨서는 안
된다.

아무리 주도면밀한 계획하에 시행한다고 해도 스폰서십의 효과
가 눈앞에 당장 나타나는 것은 아니다. 그런데도 CEO들은 걸핏
하면 담당자를 불러서 그 많은 예산을 들여 스폰서네 어쩌네 하
더니 매출은 얼마나 올랐느냐며 추궁을 한다. 그때 억울한 마음
으로 이렇게 항변해보았자 맞은편에 있는 CEO는 눈썹 하나 까딱
하지 않을 것이다.

"아직 별다른 매출 신장의 기미는 보이지 않고 있습니다. 하지만 사장님은 이번 이벤트의 주인공이 되어 멋진 시간을 보내지 않으셨습니까?"

상대의 의도를 파악하라

자, 이제 나름대로 적절한 명분을 가지고 상어떼의 소굴로 들어가기로 결심했다면 상어떼로부터 무엇을 얻어낼 것인가 하는 질문의 답도 다시 한 번 분명하게 해둘 필요가 있다.

스폰서십의 세계에 도사리고 있는 '상어떼' 란 누구를 말하는가? 기업의 스폰서십 활동을 둘러싼 관련자들로는 이벤트 기획자와 이벤트를 전파하는 TV 방송사, 그리고 스포츠 선수나 연예인 및 그들의 에이전트를 들 수 있다. 그리고 마지막으로 무자비한 상어떼의 옆에서 현금이 가득 든 돈가방을 들고 수줍은 듯 서 있는 브랜드 운영자 역시 스폰서의 세계에서 빼놓을 수 없는 주요 인물이다.

햇병아리 브랜드 운영자들이 저지르기 쉬운 가장 흔한 실수는 스폰서십 활동을 둘러싼 다른 관계자들 역시 자신들과 똑같은 목적과 관심사를 가지고 있으리라고 착각하는 것이다. 하지만 명심하라. 그들의 목적은 당신의 목적과 완전히 상반되는 것일 수도 있다.

이벤트 기획자란 어떤 사람들인가

이벤트 기획자들은 엄청나게 많은 경비를 필요로 하지 않는 한 가급적이면 기업의 후원금 없이 자체적으로 이벤트를 운영하고 싶어한다. 그래도 부득이하게 기업측에 스폰서십 요청을 해야 할 경우 대부분의 이벤트 기획자들의 심정은 대학에 갓 입학한 신입생들의 심정과 아주 비슷하다.

'돈줄을 쥐고 있는 부모님과의 접촉은 최대한으로 줄이되 돈은 최대한 많이 받아낼 것'

대부분의 이벤트 기획자들은 후원금을 대주는 스폰서 기업들이 그저 익명의 독지가처럼 자신의 존재를 숨겨주기를 바란다. 이런 이벤트 기획자들의 속성을 염두에 두고 스폰서십에 발을 들여놓으면 기대 밖의 큰 성과를 올릴 수도 있다.

1986년 존 행콕은 맥도날드(McDonald's), 쿠어스(Coors), 메르세데스 벤츠 같은 초일류 브랜드들을 제치고 보스턴 마라톤 대회의 공식후원사로 선정되어 성공적인 스폰서십을 시행한 경험이 있다. 당시 우리는 보스턴 마라톤 대회를 주관하는 BAA(Boston Athletic Association)가 빅 브랜드들과의 스폰서 계약을 망설이는 이유를 잘 알고 있었기 때문이다. BAA는 화려하고 시끄럽기 이를 데 없는 상업 광고들로 대회의 명성을 실추시키고 싶지 않았던 것이다. 하지만 스폰서 기업 없이 마라톤 대회를 개최할 수도 없는 노릇이었다. 당시 세계적 명성을 자랑하던 유명 선수들은 서서히 보스턴 마라톤에 참가하기를 거부하려는 움직임을 보이고 있었다. 입상해봤자 이렇다 할 상금을 탈 수 없었기 때문이다. 그

렇다고 해서 몸값이 싼 '유망주'들만 데리고 대회를 강행할 수는
더더욱 없었다. 따라서 그들은 유서깊은 마라톤 대회의 품위를 유
지해줄 수 있는 후덕한 독지가 기업이 나타나기만을 손꼽아 기다
리고 있었다.

그들의 의도를 파악한 존 행콕은 스폰서 기업으로서는 매우 이
례적으로 상업적인 의도는 되도록 자제하는 선에서 보스턴 마라
톤을 스폰서하기로 결정했다. 대회 타이틀을 '존 행콕 보스턴 마
라톤'으로 바꾸도록 요구하지도 않았고, 마라톤 코스마다 요란스
럽게 회사 로고를 내걸지 않아도 된다고 주최측을 안심시키는 것
도 잊지 않았다. 오히려 향후 10년에 걸친 지속적인 지원을 보장
함으로써 BAA가 보다 장기적인 시각으로 대회 시스템을 구축할
수 있도록 배려했다. 이렇게 '눈에 띄지 않는' 스폰서 기업의 역
할을 한 것이 결과적으로는 존 행콕의 브랜드에 큰 보탬이 되었
다. 자제의 미덕을 보여준 존 행콕을 각 언론이 나서서 침이 마르
도록 칭찬해주었던 것이다.

그러나 존 행콕 역시 영리를 추구하는 기업인 이상 무한정 베
풀 수만은 없는 일이다. 그래서 존 행콕이 시행했던 모범적 스폰
서십에도 당연히 조건이 따랐다.

스폰서십을 위한 협상의 마지막 단계에서 우리는 보스턴 마라
톤의 결승점이 보스턴의 백베이(Back Bay)에 있는 프루덴셜 센터
(Prudential Center) 앞에 설치되어 있다는 사실을 알게 되었다. 프
루덴셜(Prudential) 보험 회사는 당시 존 행콕의 최대 경쟁사였다.

우리의 입장은 확고했다. 대회 주최측에 결승점을 옮겨달라고
요구했던 것이다. 그러자 BAA는 이제 와서 어떻게 결승점을 옮

기냐며 매우 난감해했다. 전통적으로 홉킨톤(Hopkinton) 언덕에서 출발하는 보스턴 대회의 코스는 마라톤의 발상지인 아테네의 마라톤 코스를 지형적으로 가장 비슷하게 본뜬 것으로, 프루덴셜 센터는 바로 홉킨톤 언덕에서 정확히 42.195킬로미터 떨어져 있는 지점에 위치한 건물이었던 것이다. 우리는 말했다.

"알겠습니다. 그럼 우리는 1,000만 달러에 달하는 스폰서 비용의 철회는 물론 앞으로 이 대회에서 완전히 손을 떼겠습니다."

존 행콕이 결승점의 위치를 그처럼 중요하게 생각한다는 사실에 BAA는 매우 당황하는 눈치였다. 하지만 우리가 막대한 스폰서 비용을 다른 회사도 아닌 바로 우리의 경쟁사를 위해 갖다 바칠 만큼 바보는 아니라는 사실을 깨달은 주최측은 서둘러 코스를 조정하여 결국 존 행콕의 본사 근처에 위치한 코플리 플라자(Copley Plaza)를 새로운 결승점으로 정했다.

요구 사항이 제대로 반영되었음을 확인한 존 행콕은 약속대로 막대한 스폰서 비용을 지급했을 뿐 아니라 보스턴 마라톤 대회의 전반적인 활성화를 위한 마케팅 아이디어까지 제공해주었다. 이에 힘입은 보스턴 마라톤 대회는 세계 최고의 마라톤 대회로서의 권위를 회복하게 되었다.

그러나 모든 이벤트 기획자들이 BAA처럼 예의를 갖추어 스폰서 기업을 대하지는 않는다.

1980년대에 존 행콕은 기업의 이름을 딴 미식축구 대회를 보유하고 있는 몇 안 되는 기업 중 하나였다. '존 행콕 선 볼(John Hancock Sun Bowl)'이라는 미식축구 대회였는데 존 행콕은 그 타이틀을 따내기 위해 실로 어마어마한 돈을 지출했다. 하지만 이런 우리의 값비싼 노고에도 아랑곳없이 신문이며 방송에서는 대회를 그저 '선 볼'이라고만 언급하는 것이 아닌가. '대회 타이틀이 상업적인 냄새를 풍기지 않도록' 기업의 이름을 생략했다는 것이 그들이 내세운 이유였는데, 우리의 강력한 항의에도 불구하고 그들은 신문이나 방송에 '존 행콕'의 이름은 절대 거론할 수 없다는 점을 재차 강조하기만 했다.

그 후로도 3년 동안 우리는 대회 타이틀에 존 행콕의 이름을 되찾아주기 위해 무던히 애를 썼다. 하지만 여전히 별다른 실효를 거두지 못했고 결국 대회의 조직위원회를 찾아가 '선 볼' 대신 '존 행콕 볼'이라고 부르자는 제안을 하기에 이르렀다.

"우리가 왜 그래야 하는 겁니까?" 조직위원회는 이렇게 물었다.

"막대한 비용을 들이고도 그에 상응하는 대우를 받지 못했으니까요."

하지만 우리의 대답을 들은 위원회의 반응은 여전히 시큰둥했고 난감해진 나는 그 사람들이 이해하기 쉽게 풀어서 다시 설명했다.

"왜 그래야 하는지 다시 말씀드리죠. 대회 타이틀에서 그 'Sun'이라는 단어를 지워주신다면 한 글자당 5만 달러의 비용을 추가로 제공하겠습니다."

이번에는 제대로 통했다. 그제서야 각 언론들은 위원회의 요구를 받아들여 '존 행콕 볼'이라는 대회 타이틀을 방송과 신문 지상에서 사용하기 시작했다.

설득 과정에서 약간의 마찰이 있긴 했지만 그래도 보스턴 마라톤이나 '존 행콕 볼'의 스폰서 건은 그나마 기업의 요구가 제대로 반영된 성공적인 계약에 속한다고 볼 수 있다.

최근에는 유명 선수나 유명 연예인의 개런티를 포함한 이벤트 개최 비용이 해가 다르게 상승하고 있다. 그런 까닭에 이벤트를 성공적으로 개최하기 위해서 우선 엄청난 경비를 조달해야만 하는 이벤트 기획자들은 가능한 한 많은 돈을 뽑아내려고 온갖 구실을 동원하여 스폰서 기업을 들들 볶는다. 그래도 일단 '독점적'인 후원사의 자리를 차지하기만 하면 경쟁사와 차별화된 이미지를 구축하기가 훨씬 용이해지기 때문에 브랜드 운영자들은 막대한 경비를 지불하고서라도 독점권을 따내려고 한다. 이벤트 기획자들도 대개의 경우는 한 업종당 하나의 스폰서 기업만 선정해서 그 독점권의 가치를 인정해주고 있다. 따라서 아무리 대형 이벤트라 해도 '자동차 브랜드 하나, 맥주 브랜드 하나, 과자 브랜드 하나' 하는 식으로 업종별 스폰서 기업을 각 1개 회사로 제한해서 선정하는 경우가 많다.

그러나 이벤트 기획자들은 예상보다 많은 비용이 필요하다 싶을 땐 이들 업종을 좀더 세분화해서 되도록 많은 스폰서 기업을 끌어들이기도 한다. 그래서 때에 따라서는 두 개의 경쟁사가 동시에 동일한 이벤트의 스폰서 기업으로 선정되는 경우도 생긴다. 많은 돈을 들여 '독점권'을 따냈다고 의기양양해하던 기업측이 뒤늦게 놀라서 따지기라도 하면 이벤트 기획자들은 '두 회사는 분야가 서로 다르다'며 억지를 부리기도 한다.

"더 많은 경비를 확보하라는 상부의 압력이 거세지면 사과를 더 얇게 자를 수밖에 없는 거지요."

어느 이벤트 기획자의 솔직한 고백이다. 하나의 진실을 두고 여러 가지 그럴듯한 해석을 달아서 억지 상황을 만들어내는 말장난 같기도 한 것이 바로 스폰서십의 본질이라고 할 수 있다. 클린턴 전 대통령이 모니카 르윈스키(Monic Lewinsky)와의 스캔들이 터 졌을 때 복잡한 어법을 구사하는 현란한 말솜씨로 위기를 살살 빠 져나갔던 것처럼 말이다.

존 행콕도 미국 올림픽조직위원회 사람들과의 말싸움에 휩쓸린 적이 있다. 그들은 보험 회사의 기준을 제멋대로 설정해놓고는 누 가 봐도 명백히 경쟁 관계에 있는 존 행콕과 타보험사를 '어떤 의 미에서는 경쟁사가 아닐 수도 있다'고 말도 안 되는 주장을 하면 서 동시에 스폰서 기업으로 선정했던 것이다.

그뿐이 아니다. 한 번은 메이저리그 사무국과 난데없이 인터넷 의 본질에 대해 한참을 옥신각신하기도 했다. 사무국측은 그들이 우리에게 내준 독점권은 제한된 지정학적 영역 내에서의 권한만 을 의미하기 때문에 미국이라는 지역 내에서만 효력을 가질 뿐이 고, 따라서 인터넷상의 거래는 당연히 우리의 권한 밖이라고 주 장했다. 이에 대해 우리는 우리가 따낸 독점권은 지정학적 권한 이 아닌 '상업적 활동'에 관한 총체적인 권한이라고 맞대응하며 메이저리그의 인터넷 상권을 다른 금융서비스 회사에 내준 것에 항의했지만 결국 아무런 소용도 없었다.

여기서 내가 기업측에 강조하고 싶은 것은 자사의 독점권이 침 해당하는 것을 수수방관해서는 안 된다는 점과 이벤트 기획자의 말만 믿고 절대적인 독점권을 따낸 것으로 착각해서는 안 된다는 점이다. 정치판이나 할리우드에서 자행되는 것보다 더 심한 거짓 말을 밥 먹듯 하는 곳이 바로 프로스포츠의 세계이다. 그래서 나는 반드시 서면 계약서를 작성하도록 권하고 싶다.

우리에게 돈을 받고 이미 독점권을 팔았던 이벤트 주최자들이 때로는 스폰서십 협상을 위한 최대의 난적으로 돌변하기도 한다는 점 역시 명심해야 한다.

애틀랜타 올림픽 때의 일이다. 존 행콕은 올림픽 공식생명보험 사로서의 독점권을 따내기 위해 IOC에 이미 수천만 달러를 지불 했건만 느닷없이 애틀랜타 올림픽조직위원회(ACOG)가 나서더니 듣도 보도 못한 규정을 들먹이며 우리에게 돈을 더 지불하라고 요구했다. 그 규정은 스폰서 계약 체결시 계약서에 명시되어 있지도 않은 것이었다. 하지만 ACOG는 올림픽 기간 동안 애틀랜타 거리에 존 행콕의 광고 배너를 설치하고 싶다면 반드시 추가 비용을 지불해야 한다며 막무가내였다. 사실 전문가라면 배너를 이용한 광고가 마케팅 장치로서는 그다지 효과적이지 않다는 것을 누구나 잘 알고 있다. 그러나 ACOG는 자신만만했다. 올림픽이 열리면 모든 스폰서 기업들은 자사의 최고 경영진을 비롯하여 우수 고객과 영업 사원들을 대거 애틀랜타로 초빙할 것이고 그때 애틀랜타 거리에 자사의 배너가 제대로 설치되어 있지 않으면 입장이 매우 난처하리라는 것은 불을 보듯 뻔한 일이기에 결국 자신들의 요구를 받아들이리라는 점을 간파하고 있었던 것이다.

하지만 존 행콕은 방어를 목적으로 한 그런 식의 광고는 어떠한 효과도 거두지 못하리라는 나름대로의 신념을 가지고 있었으며, 후원을 받는 사람들이 오히려 후원자를 좌지우지하려고 한다는 점도 도저히 용납할 수 없었다. 그래서 우리는 결국 ACOG의 제안을 단호하게 거절했다. 하지만 안타깝게도 당시 ACOG의 교활한 책략에 넘어간 어리석은 스폰서 기업들도 꽤 많았던 것으로 기억한다.

나는 이처럼 능수능란한 이벤트 기획자들 중에서도 첫손가락에 꼽히는 사람들이 바로 지역 올림픽조직위원회라고 생각한다. 그 수법이 어찌나 교묘한지 기업측에서 계약 내용에 위배되는 사항을 발견하고 시정을 요구할 때쯤이면 이미 대회는 끝나버린 후고 따라서 위원회는 해체되어 오간 데 없이 종적을 감추어버린다.

나는 애틀랜타 올림픽에서 얻은 경험과 교훈을 2000년 시드니 올림픽의 공식후원사로 지정된 여러 호주 기업들과 공유하기로 마음먹었다. 그래서 1997년 시드니를 방문한 나는 시드니 올림픽 조직위원회(SOCOG)가 스폰서 계약을 조금이라도 위반하는 경우에는 반드시 신속하게 대처해야 함은 물론 소송을 걸어서라도 시정을 요구해야 한다고 충고했다. 그러자 호주 기업인들은 내가 마치 자신들의 조국을 비방이라도 한 것처럼 분개해서 나를 비난했다. 그 중에서도 특히 강하게 반발한 기업이 시드니 올림픽의 공식방송사로 선정된 채널 7(Channel 7)이었다. 하지만 2년 뒤 SOCOG가 스폰서 기업에게만 주어지는 올림픽 경기 입장권 수십만 장을 빼돌려 비스폰서 기업에게 제공했을 뿐만 아니라 올림픽 주경기장의 귀빈석을 채널 7의 경쟁사인 나인 네트워크(Nine Network)의 사주 케리 패커(Kerry Packer)에게 배당한 사실이 밝혀졌을 때 채널 7의 반응은 과연 어땠을지 짐작해보라. 그들은 소송을 하겠다며 날뛰었다. 내 경고를 우습게 듣더니 결국 보기 좋게 한방 얻어맞은 셈이다.

이렇게 잔인하고 살벌하기 그지없는 곳이 스폰서십의 세계지만 그래도 스폰서십을 포기해서는 안 된다. 그나마 양심적인 이벤트 기획자들을 만나 함께 일하기를 바라는 수밖에 달리 뾰족한 수는 없다. 하지만 그런 사람들을 만났다 해도 그들 역시 언제라도 적이 될 가능성이 있다는 사실을 잊어서는 안 된다. 차라리 거칠어져라! 아니면 사기당할 각오를 해야만 한다.

TV 방송사와 어떻게 일할 것인가

스포츠 경기를 스폰서하기 전에 정확하게 파악하고 있어야 할 두번째 대상은 바로 TV 방송사이다. 그리고 그들을 이해하는 데 있어 가장 중요한 사실은 오늘날 TV 방송사가 처한 상황이 매우 불안하다는 점이다. 가뜩이나 많은 케이블 채널에 위성 채널까지 가세하자 주요 방송 3사인 ABC, NBC, CBS의 프라임타임 시청률은 1955년에 94퍼센트이던 것이 1999년에는 45퍼센트까지 하락했다. 따라서 TV 방송사는 시청자 확보와 프라임타임 시청률 상승을 위해 수익성이 큰 스포츠 경기 중계권을 간절히 원하고 있는 실정이다.

폭스 방송사(Fox)가 1993년 NFL의 스폰서 선정을 위한 입찰에서 CBS를 눌렀을 때, CBS가 빼앗긴 것은 축구 경기의 중계권만이 아니었다. CBS는 축구 경기를 중계하는 동안 자사의 프라임타임 프로그램을 광고할 수 있는 기회까지도 함께 놓친 것이었다. 결국 NFL의 중계권을 놓친 3년 동안 CBS의 프라임타임 시청률은 11.8퍼센트에서 9.6퍼센트로 떨어진 반면 폭스사의 프라임타임 시청률은 7.2퍼센트에서 7.7퍼센트로 상승했다.

방송 중계권을 둘러싼 방송사 간의 숨막히는 혈전은 실로 터무니없는 경쟁 양상을 초래하고 있다. 방송사가 중계권을 따내기 위해 투입하는 돈은 일반인들의 상상을 초월한다. 1998년 미국 프로축구 리그인 NFL의 중계를 위한 요일별 방송권 협상이 타결되고 나서 디즈니, CBS, 폭스사가 지불한 금액은 모두 176억 달러라는 천문학적 액수에 달했는데, 스포츠 전문지인 「스포츠 센스(Sports Sense)」의 추정에 의하면 프로축구 리그를 아예 통째로 사들이는 데 드는 비용이 61억 달러쯤이라고 하니 중계방송권의 가격이 얼마나 부풀려 있는지 쉽게 파악이 될 것이다.

어쨌든 그런 식의 피 말리는 입찰이 끝나고 나면 중계권을 따는 데 들어간 그 막대한 경비를 벌충하기 위해 방송사들은 인정사정 보지 않고 덤비는 무자비한 식인종으로 돌변한다. 따라서 진정 소비자에게 어필하고자 하는 마음이 조금이라도 있는 현명한 기업이라면 이때 재빨리 스폰서를 그만두는 것이 낫다.

실제로 1998년의 방송권 협상 후에 NFL은 후원 방송사들로 하여금 게임당 광고 방영 횟수를 늘여도 좋다고 허락해 그 상태로도 이미 포화 상태에 이른 게임당 56개의 광고 수가 59개로 늘어났다. 한술 더 떠 2000년 시드니 올림픽이 열리는 동안 공식 방송사인 NBC는 자사의 올림픽 관련 프로그램에 무려 639개의 광고를 내보내기도 했다.

중계방송권에 들인 돈을 벌충하는 데에만 혈안이 되어 있는 방송사들 입장에서는 광고를 내달라고 협상을 청해오는 기업은 먹음직스러운 고깃덩어리로밖에 안 보인다. 물론 그렇다고 해서 스폰서 기업이 방송사로부터 얻을 것은 아무것도 없다는 말은 아니다. 경기가 진행되는 동안 방송되는 광고의 첫머리를 장식할 수도 있고 경기 시간이 초과되기라도 하면 추가 경비 한푼 들이지 않고도 광고를 낼 수 있다. 공식 후원사의 경우에는 아나운서들이 기업의 이름도 수시로 언급해줄 것이고, 경기장에 광고판을 설치해놓았다면 카메라맨은 경쟁사의 것은 가급적 피하고 대신 스폰서 기업의 광고판을 주로 화면에 비춰줄 것이다.

그러나 그 대가로 방송사는 기업의 돈을 거의 '강탈'한다고 표현해도 될 만큼 무자비하게 뜯어간다. 이벤트 기획자들 못지않은 뻔뻔스러운 태도로 '사업상 어쩔 수 없는 일'이라며 제멋대로 업종을 세분화한 뒤 같은 분야의 기업들을 스폰서로 지정하고 그래도 각각의 기업에게 모두 독점권을 주었다며 큰소리치기 일쑤다.

올림픽 같은 대형 이벤트의 경우 공식후원사로서의 독점권을 원하는 기업에게 방송사들은 6,000만 달러라는 거액의 대가를 요구할지도 모른다. 그런데 만일 스폰서 기업에게 6,000만 달러를 감당할 능력이 없다면 어떻게 될까? 참고로 6,000만 달러는 존 행콕의 연평균 광고 예산보다 세 배나 많은 엄청난 액수이다. 그 엄청난 비용을 감당할 수 없어 스폰서 기업이 2,000만 달러에 해당하는 광고 시간밖에 살 수 없다고 하면 방송사는 나머지 4,000만 달러를 충당하기 위해 그 시간을 다른 기업도 아닌 최대 경쟁사에게 팔아넘길 것이다. 어떻게 그럴 수가 있냐며 따져봐야 소용없다. 칼자루를 쥐고 있는 건 그들이니까. 기업이 결정을 내릴 때까지 방송사측은 약 30일 정도의 말미를 주기도 하는데 이를 무슨 대단한 아량이나 되는 듯 감사하게 여길 필요는 전혀 없다. 그 동안에도 그들은 줄지어 대기하고 있는 경쟁사들의 존재를 끊임없이 주지시키면서 은근히 압력을 가해올 것이기 때문이다. 스폰서십 경험이 일천한 햇병아리 기업의 경우 방송사로부터 이런 압력을 받으면 괜히 불안해지기도 하고 또 아무 생각 없이 소파에 누워 광고를 보는 시청자들이 공식후원사를 몰라볼까봐 걱정이 되기도 한다. 그래서 결국 방송사가 원하는 거금을 쥐어주며 덜컥 계약을 체결하고 만다. 지금 이 순간에도 많은 스폰서 기업들이 이런 식의 술수에 휘말려 필요도 없는 광고 시간대까지 사들이느라 엄청난 돈을 낭비하고 있다.

스포츠 마케팅의 세계는 승부 근성이 강한 CEO들의 각축장이기도 하다. 그래서 기업의 마케팅 담당자들은 경쟁사에 기습 마케팅을 당해 심기가 불편해져 있는 자신들의 CEO를 위로해주기 위해서 쓸데없는 돈을 뿌리기도 한다. 그들에게 소비자들의 심기는 관심에서 멀어진 지 이미 오래다.

이제 어느 정도 정리가 되었을 것이다. 경쟁사로부터 기습당할 것이 두려워 방송사들의 턱없는 요구를 다 들어주어서는 안 된다. 그래봤자 방송사만 돈방석에 앉게 될 뿐이다. 당당하게 '노(No)'라고 할 수 있는 노련함과 배짱이 필요하다. 대신 많은 소비자들의 시선을 집중시킬 수 있는 광고 시간대만 매입하라. 그 외의 것은 모두 낭비이다.

소비자에게 강한 인상을 주고 싶다면 차라리 창의적이고 기발한 내용의 광고를 만드는 데 주의를 기울이는 편이 더 낫다.

애틀랜타 올림픽의 개막식이 진행되는 동안 존 행콕은 매우 특별한 광고를 한 편 내보냈는데, 이 광고는 올림픽이 끝난 후 수많은 광고상을 받기도 했다. 주디 콜린스(Judy Collins)가 부르는 '어메이징 그레이스(Amazing Grace)'를 배경으로 제시 오언스(Jesse Owens), 빌리 밀스(Billy Mills), 월마 루돌프(Wilma Rudolph) 등 예상을 뒤엎고 금메달을 쟁취한 육상선수들의 이력을 소개하는 내용의 광고가 바로 그것이었는데, 이 광고는 기업을 크게 부각시키지 않았다는 점에서 매우 이례적이라는 평을 들었다. 아마도 우리 회사의 상품보다는 올림픽을 빛낸 선수들의 용기와 의지에 초점을 맞춘 메시지가 특히 많은 사람들에게 어필한 것 같다. 올림픽이 끝나고 소비자 조사를 실시해보니 실제로 많은 소비자들이 광고의 배경 음악인 '어메이징 그레이스'를 생생하게 기억하고 있을 뿐 아니라 그 광고를 굉장히 자주 본 것으로 기억하고 있었다. 그러나 우리는 그 광고를 딱 한 번 내보냈을 뿐이다. 단 한 번의 훌륭한 광고는 열 번, 스무 번 방송된 평범한 광고보다 훨씬 강렬한 인상을 남긴다는 진리를 깨닫는 순간이었다. 존 행콕의 경우처럼 훌륭한 광고 메시지 하나만으로도 충분히 소비자에게 다가갈 수 있음에도 불구하고 비싼 돈을 들여가며 쓸데없는 광고 시간까지 사들이는 것은 너무나 한심하고 어리석은 일이다.

마지막으로 이벤트 그 자체에만 너무 집착하지 말 것을 충고하고 싶다. 기업의 막대한 시간과 노력을 들인 스폰서십이 그 진가를 발휘하려면 이벤트를 실제로 후원하기 전부터 미리 해당 이벤트와 자사 브랜드 사이의 관계를 대중들에게 인식시키기 시작해서 그 효과가 이벤트가 끝난 후로도 오랫동안 이어지도록 해야 한다. 이와 관련된 내용은 다음 장에서 자세히 다루기로 하자.

스타플레이어와 그 주변인들의 태도

스포츠 스폰서십의 세번째 협상 상대는 이벤트의 주인공인 스포츠 선수들과 그 측근이다. 대중들로부터 '영웅' 대접을 받는 유명한 선수들과 계약을 맺지 못한 기업은 어떤 종목의 프로스포츠를 스폰서하더라도 크게 성공할 수 없다. 1996년 애틀랜타 올림픽의 공식후원사였던 리복은 시청자들의 이목을 집중시킬 만한 선수와 연계되지 못한 여파가 얼마나 참담한 결과로 이어졌는지를 보여준 좋은 예이다.

애틀랜타 올림픽 당시 현지에 있었던 나는 올림픽에 참가한 사람들에게서 이상한 점을 발견했다. 대회의 진행요원들은 모두 리복 운동화를 신고 있는데 선수들은 하나같이 나이키 운동화를 신고 있는 게 아닌가? 분명한 것은 진행요원들의 신발을 주의깊게 보는 사람은 거의 없었던 반면, 올림픽 사상 최초로 200미터와 400미터에서 동시에 금메달을 석권한 미국의 육상선수 마이클 존슨(Michael Johnson)이 신고 있는 운동화에는 전세계의 이목이 집중되었다는 사실이다. 존슨이 신고 있던 신발은 그 유명한 '골드 나이키(Gold Nike)' 였다. 나이키의 승리는 여기서 끝나지 않았다. 마이클 존슨이 400미터에서 세계 신기록을 경신한 후 관중석에 있는 부모에게 달려가 자신이 신고 있던 골드 나이키를 선사하는 그 감동의 순간에 현장에 있던 수많은 카메라와 전세계 시청자들의 눈은 바로 그날의 주인공인 '골드 나이키' 를 좇고 있었던 것이다. 올림픽이 끝난 후 실시된 소비자 조사에서 많은 사람들이 리복이 아닌 나이키를 올림픽 공식후원사로 알고 있음이 밝혀졌어도 그리 놀랍지만은 않은 것은 왜일까.

존 행콕 역시 다양한 종목의 유명 스포츠 선수들과 관계를 맺고 있다. 우리는 각종 비즈니스 행사나 자선 이벤트에 세계적으로 유명한 스포츠 선수들을 자주 초빙해서 존 행콕의 소비자와 영업사원들에게 유명인들을 직접 만날 수 있는 기회를 가능한 한 많이 제공하려고 노력하고 있다. 스포츠 선수의 후원을 통해서 존 행콕이 얻고자 하는 바는 무엇일까?

유명 선수들의 업적을 존 행콕의 브랜드와 연결시켜 소비자들이 존 행콕이라는 기업에 대해 좋은 이미지와 느낌을 간직할 수 있도록 한다. 그와 동시에 유명 선수들을 적극 후원해서 그들이 관중에게 더 좋은 경기를 선보일 수 있도록 돕는다.

단 유명 선수를 후원함에 있어서 우리 회사가 나이키와 다른 점이 있다면 존 행콕은 자사의 브랜드 이미지를 특정 인물과 지나치게 밀착시키지는 않는다는 것이다. 우리는 아무리 엄청난 이익이 보장된다 하더라도 브랜드 이미지의 손상이라는 위험을 감수하면서까지 도박을 할 생각은 추호도 없다.

1998년「포춘」지는 '조던 효과(Jordan Effect)' 라는 제목을 단 기사에서 26억 달러의 어마어마한 매출을 올리는 데 혁혁한 공을 세운 '나이키의 광고 모델' 마이클 조던의 이야기를 다루었다. 그 기사에서「포춘」은 마이클 조던이 나이키라는 브랜드에 미친 영향을 수치로 환산하면 나이키 총매출액의 두 배는 거뜬히 되고도 남으리라고 추정했다. 이는 스타플레이어와 스폰서 기업이 함께 이룩한 더할 나위 없이 고무적인 결과이다.

하지만 그 반대의 경우도 있다. 운 나쁘게 추잡한 스캔들로 연일 삼류 주간지에나 오르내리는 스포츠 선수와 연결되기라도 하면 스폰서 기업의 브랜드는 이루 말할 수 없을 정도의 타격과 손실을 입게 된다. 소비자들은 기업이 가지고 있는 이미지 그대로 브랜드를 판단한다. 하지만 안타깝게도 그 동안 잘 유지해오던 긍정적인 브랜드 이미지를 순간적인 판단 착오로 훼손하는 기업도 있다.

컨버스 슈즈(Converse Shoes)는 1997년에 농구 스타 데니스 로드맨(Dennis Rodman)과 다년간의 스폰서 계약을 맺었다. 그러나 계약을 체결한 지 고작 2주일 후에 데니스 로드맨이 경기 도중 사진기자의 허벅지를 걷어차 코트 밖으로 쫓겨나는 사건이 발생하고 말았다. 프로농구의 세계가 워낙 반칙과 폭력이 난무하는 곳이기 때문에 그것이 뭐 그리 대단한 사건이라고는 할 수 없다. 하지만 그 사건으로 인해 컨버스 슈즈가 입은 손실은 이만저만 큰 게 아니었다. 생각해보라. 세상에 어떤 엄마가 신기만 하면 데니스 로드맨처럼 난폭해질 것만 같은 신발을 아들에게 사주려고 하겠는가? 말할 필요도 없이 컨버스 슈즈가 야심차게 내놓았던 신상품 '올스타 로드맨' 운동화는 완전한 실패작으로 끝나고 말았다. 반면 스포츠용품의 최고 브랜드로 일컬어지는 나이키는 다른 브랜드들처럼 프로선수들의 반항적인 이미지에만 집착하지 않고 오히려 멋지고 영웅적인 모습을 부각시켜서 인기를 끌었다고 할 수 있다.

하지만 이런 근사한 이미지의 나이키조차 1990년 말 소속 선수들의 스캔들이 연이어 터지자 주요 소비자층인 10대들 사이에서마저 판매율이 급격히 하락하는 고비를 맞았다. 이 위기를 나이키는 어떻게 극복했을까? 서둘러 유명한 여자 아나운서가 등장하는 독특한 광고를 통해 추락한 이미지를 개선하는 데 성공했다. 광고 속에서 아나운서는 스캔들에 연루된 선수들을 의식한 듯한 다음과 같은 충고를 한 마디 던진다.

"마약 복용, 배우자 학대, 폭력……. 이제 더 이상은 안 됩니다."

이처럼 한 인물에 대한 스폰서 전략은 각종 대회나 이벤트 같은 행사를 스폰서하는 경우보다 더욱 세심한 주의를 기울여야 한다는 것이 나의 지론이다. 아무리 품성 좋기로 정평이 나 있는 선수라 할지라도 기업의 브랜드 이미지를 그 인물과 너무 가깝게 밀착시키면 생각지도 못한 문제가 야기될 수 있다. 선수들 개개인은 스폰서 협상자로 그리 까다로운 상대는 아니다. 내 경험에 비추어보아도 실제로 많은 선수들이 훌륭한 인격과 매너를 갖추고 있었다. 하지만 그들의 주위를 에워싸고 있는 에이전트나 변호사들의 극성은 결코 만만치 않다. 에이전트나 변호사는 선수들에게 곤란한 문제가 발생할 경우에 그 문제를 해결해주기 위해 존재하는 사람들이지만 내가 보기에는 오히려 그들이 문제를 더 복잡하게 만드는 당사자일 때가 많다.

과거에 나는 기품 있기로 유명한 위대한 야구선수 조 디마지오(Joe DiMaggio)를 만나려고 수차례 시도했다가 그를 둘러싼 측근들 때문에 몹시 애를 먹었던 경험이 있다. 그는 우리 광고 회사의 클라이언트인 바우어리은행(Bowery Savings Bank)의 전속 모델이었는데 당시 바우어리은행은 뉴욕의 이탈리아인 거주지에 위치한 몇 개의 소규모 은행을 인수한 후 이전의 예금주들을 놓치게 될까봐 매우 전전긍긍하고 있었다. 그래서 우리는 바우어리은행측에 광고 모델인 조 디마지오가 개점 기념 행사에 나와 고객들에게 계좌를 옮기지 말도록 권유하면 어떻겠냐는 의견을 내놓았고 모두들 좋은 생각이라며 찬성했다. 그래서 디마지오와의 접촉과 계약을 담당하게 된 나는 당장 그에게 전화를 걸었다. 기대 이상으로 근사한 성격의 소유자였던 그는 고작 몇천 달러밖에 안 되는 개런티에도 불구하고 기꺼이 우리의 제의를 수락했다. 그래서 우리는 즉시 고객들에게 "조 디마지오를 만날 수 있는 절호의 기회!"라는 문구를 커다랗게 새긴 초대장을 보냈다.

고객들의 반응은 예상대로 폭발적이었다. 한껏 신이 난 나는 디마지오에게 전화를 걸어 그와의 만남을 학수고대하고 있는 고객들이 얼마나 많은지를 전하고 다시 한 번 약속을 다짐 받았다. 그러나 잠시 후 그의 대변인이라는 사람이 나에게 전화를 걸어와 이렇게 말하는 것이었다 .

"디마지오 씨는 기꺼이 행사에 참석하실 것입니다. 하지만 말씀하신 금액으로는 좀 어렵겠습니다."

그러면서 우리가 제안한 것보다 세 배나 더 많은 금액을 요구하는 것이 아닌가?

"그럴 수는 없습니다. 이미 계약은 끝나지 않았습니까?"

당황한 나는 이렇게 되물었다. 하지만 그들은 내 말은 안중에도 없다는 듯 무시하고 집요하게 그 금액을 고집했다. 이 사실을 보고 받고 분개한 은행장은 디마지오 대신 차라리 자신이 행사에 참가하겠다는 뜻을 밝혔다. 그 후 수백 명의 예금주들을 대상으로 비밀리에 실시한 설문조사에서 설문에 응한 대부분의 사람들이 디마지오 대신 은행장이 기념식에 나온다면 현재의 계좌를 미련

없이 폐지하겠다고 답변했다. 결국 바우어리은행은 디마지오측
에서 요구한 금액을 받아들일 수밖에 없었다. 하지만 정작 디마
지오 본인은 그 과정에서 일어난 일을 전혀 모르고 있었다는 걸
나는 믿어 의심치 않는다. 그는 그저 약속대로 개점 행사에 나타
나 구름처럼 몰려든 예금주들을 완전히 매료시켜서 위기에 빠진
바우어리은행을 구해냈을 뿐(?)이다. 하지만 나로서는 정말 아차
하는 순간에 예금주들을 몽땅 잃을 뻔했던 아찔한 경험이 아닐 수
없다. 그 이후에 우리는 특정 인물과 기업의 브랜드를 지나치게
가까이 밀착시키는 것을 경계해오고 있다.

조 디마지오를 대변한다던 예의 그 에이전트나 그 밖의 변호사
들은 선수를 대변한답시고 그저 자신들의 주머니를 채울 궁리만
하는 사람들이다. 이런 사람들의 속셈은 불을 보듯 뻔해서 그들
과의 협상도 비교적 간단하게 해결된다. 그러나 디마지오의 경우
처럼 선수 개인이 고용한 독립 에이전트와는 달리 체계를 갖춘 대
규모의 스포츠 마케팅 회사가 나서는 경우는 문제가 훨씬 더 복
잡하다. 이들은 단지 선수 개인을 대변하는 것에서 그치지 않고
아예 이벤트 자체를 좌지우지하려고 하기 때문이다. 따라서 그들
이 품고 있는 흑심과 원하는 바를 얻기 위해 구사하는 수법도 매
우 복잡하고 교활해서 그 갈등과 격차를 해소하려면 스폰서 기업
으로서는 골치깨나 썩게 마련이다.

존 행콕은 보스턴 마라톤 대회를 후원하면서 일찍이 이 방면의
경험을 충분히 했다고 할 수 있다. 주최측인 BAA가 입상하지 못
한 선수들에게는 참가비를 지급하지 않기로 결정했기 때문에 우
리는 거기서 나오는 여유 자금을 가지고 지역사회에 도움을 주기

로 결정했다. 그래서 보스턴을 방문하는 세계 정상급 육상선수들과 계약을 맺어 그들이 매사추세츠 주에서 열리는 육상 클리닉에 참가해서 학생들을 잠시 지도해주었으면 했다.

그러나 세계 정상급 선수들 뒤에는 예외없이 거대 스포츠 마케팅 회사가 버티고 있었고, 그들은 한결같이 보스턴 마라톤 대회의 TV 중계 협상권을 자신들에게 내주거나 다른 기업과도 동시에 스폰서 계약을 맺을 수 있도록 해주지 않으면 선수들과의 계약은 성사될 수 없으리라는 것을 우리에게 통지했다. 스포츠 마케팅 회사에게 있어서 선수들은 걸어 다니는 돈가방이나 마찬가지였으며, 이벤트의 의미와 목적이 무엇이든 자신들은 그저 돈이나 많이 긁어내면 그만이라는 태도로 협상에 나선다. 이에 분개한 우리는 선수들에게 직접 전화를 걸어서 이렇게 말했다.

"당신의 에이전트가 그러더군요. 당신이 육상 청소년들의 미래 따위엔 전혀 관심 없기 때문에 이번 보스턴 대회의 출전을 거부할 거라고 말이에요."

이 말을 들은 많은 선수들이 매우 놀라는 듯했다. 그러고는 에이전트의 만류를 뿌리치고 기꺼이 보스턴 대회에 참가해주었다.

만일 협상하고 있는 스포츠 마케팅 회사가 선수들뿐 아니라 그들이 참가하는 이벤트의 스폰서십과 TV 중계권까지 마음대로 주무를 정도의 파워를 갖고 있다면 아무 미련 없이 스폰서십에서 손을 떼는 것이 좋다. 그들은 모든 수의 카드를 쥐고서는 당신이 생각했던 것보다 훨씬 더 다양하고 교활한 수법으로 스폰서 기업을 이용하려 들 것이기 때문이다.

힘의 균형을 유지하라

이벤트의 성공은 유명 선수와 이벤트 기획자, 스폰서 기업, 그리고 TV 방송사 간의 안정적인 힘의 균형이 전제되어야만 가능하다. 이들 사이의 균형이 제대로 잡혀 있지 않으면 지나친 상업화와 복잡한 스캔들로 인해 황금알을 낳는 거위가 질식해버리는 안타까운 결과가 초래되기도 한다.

올림픽은 IOC라는 이벤트 주최측에 너무 많은 힘이 집중되는 바람에 불균형의 극치를 보이고 있는 대표적인 이벤트이다. 1998년 말에 개최지 선정 의혹과 관련된 IOC의 비리가 폭로되었을 때, 전세계의 대중은 IOC 위원이라는 자리가 올림픽위원회나 개별적인 스포츠 연맹, 또는 선수들의 투표를 통해서 선정되는 것이 아니라는 사실에 매우 놀랐다. 쉽게 말해 자기 손으로 자기 이름을 써서 차지하는 자리가 바로 IOC 위원이다. 뿐만 아니라 한 번 IOC 위원이 되면 재선거를 할 필요도 없이 80세까지 계속해서 버틸 수 있는 자리이기도 하다.

IOC는 어느 정부의 통제도 받지 않는 독립적인 기구인 동시에 연보조차도 발행하지 않는 비밀스러운 단체이다. 따라서 올림픽이라는 성역을 완전히 독점하고 있는 IOC의 대회 운영에 그 동안 그 어느 누구도 감히 이의를 제기할 수 없었던 것이다.

그러던 중 1998년과 1999년에 일부 IOC 위원이 올림픽 개최 예정국으로부터 뇌물을 받았다는 사실이 공개되자 그 동안 쉬쉬하고 있던 IOC의 부패상은 드디어 만천하에 모습을 드러냈다. 그 당시 다시는 그런 비리가 재발하지 않도록 위원회의 근본적인 개혁이 이어지지 않았다는 것은 실로 유감이지만, 독선적인 위원회의 횡포로 인해 전세계인의 스포츠 제전인 올림픽이 더럽혀지지 않도록 IOC를 견제하기 시작한 세력이 곳곳에서 생겨난 것은 그나마 다행스런 일이다. 비리가 공개된 이후로 존 맥케인(John McCain) 의원을 비롯한 미국 정부와 각 언론은 경계의 끈을 늦추지 않고 IOC를 주시하기 시작했으며 존 행콕 역시 앞장서서 IOC의 각성을 촉구했다. 덕분에 IOC 위원들로부터는 많은 비난과 따가운 시선을 받기도 했지만 그 많은 유명 스폰서 기업 중에서 유일하게 존 행콕만이 위원회의 구조적 개혁을 요구했다는 사실에 우리는 뿌듯한 자부심마저 느끼고 있다.

1999년 말 특별회의를 소집한 IOC는 드디어 개혁을 단행했다. 근 100년의 세월 동안 독선과 비밀의 베일에 가려져 있던 그들이 완전히 새로운 모습으로 탈바꿈하게 된 것이다. 변화된 모습의 IOC는 IOC 위원의 올림픽 개최지 방문을 전면 금지시켰고 정기적이고 합법적인 선거를 통해 위원을 선출하기로 했으며 재정적 투명성을 견지함과 동시에 현역 선수와 지역 올림픽위원회, 그리고 국제 스포츠 연맹의 이익을 모두 대변할 것임을 대외적으로 천명했다.

나는 역사적인 IOC의 개혁에 존 행콕이 미약하게나마 한몫을 담당했다는 사실에 자긍심을 느끼고 있다. 그러나 그 과정에서 존 행콕이 얻은 가장 값진 성과는 뭐니뭐니해도 '행콕 조항(Hancock Clause)'의 제정이라고 할 수 있다. 이는 2000년도 IOC의 '올림픽 스폰서십에 관한 협약(Olympic Sponsorship Agreement)'에 추가된 것으로 불미스러운 일이 발생할 경우 기업과 IOC와의 스폰서 계약은 자동적으로 파기되며 그로 인한 책임은 모두 IOC에게 있다는 내용의 윤리적 조항이다. 따라서 그 동안 4년에 한 번씩 5억 달러가 넘는 천문학적인 액수의 돈을 IOC에 헌납해야 했던 올림픽 공식후원사들은 이제야말로 그 진정한 대가를 보상받을 수 있게 되었다.

스폰서 계약을 체결할 때 기업은 자신이 지급하는 후원금에 대한 대가로 해당 이벤트에 영향력을 행사할 수 있는 권한을 반드시 요구해야 한다. 혹시라도 후원하고 있는 이벤트가 스캔들이나 부당 경쟁으로 얼룩지게 되는 경우 기업은 자사의 브랜드만이 아니라 이벤트 자체를 보호해야 할 필요성을 절감할 것이다. 바로 그때 스폰서 기업으로서 당당하게 이벤트에 영향력을 행사할 수 있는 권한이 필요한 것이다.

이제 막 스폰서십의 세계에 뛰어든 기업은 예의를 갖추어 정중하게 스폰서 기업을 대하는 이벤트 기획자와 방송사, 에이전트, 그리고 변호사들의 태도에 우쭐해질지도 모르겠다. 다른 무엇보다도 스폰서 기업의 후원이 있어야만 이벤트 자체는 물론, 이벤트와 선수를 둘러싼 자신들의 존재가 보장되는 것이기 때문에 그들의 부드러운 태도는 어쩌면 당연한 것일지도 모른다. 하지만 겉으로 보이는 그들의 온화한 미소에 절대로 넘어가서는 안 된다. 더구나 그들은 온갖 미사여구와 협상 기술을 다 동원해서 상대방을 현혹시키는 재주를 가지고 있는 사람들이다. 겉으로는 인상 좋게 웃고 있지만 그 와중에도 솜씨 좋은 소매치기처럼 눈 깜짝할 사이에 뒷주머니의 지갑을 빼가는 사람들이 바로 그들이라는 말이다.

스폰서십의 세계는 서커스장과 매우 비슷하다. 서커스가 무엇인가? 진짜 묘기는 몇 가지 안 되고 대부분 현란한 눈속임에 불과한 것이 바로 서커스다. 미국 서커스계를 주도했던 유명한 서커스단 단장인 피 티 바넘(P. T. Barnum)은 서커스의 본질에 대해 다음과 같이 말했다.

"서커스장에서는 1분에 한 번씩 사기 행각이 벌어진다."

이를 그대로 스폰서십에 적용한다 해도 조금도 틀린 말이 아니다. 단, 오늘날 우리가 살고 있는 시대는 바야흐로 '속도의 시대'인 만큼 시간은 약간 조정해야 할 필요가 있다.

"스폰서십에서는 30초에 한 번씩 사기 행각이 벌어진다."

현란한 눈속임과 기회주의적 술수에 넘어가지 않으려면 우선 확실한 명분을 세우고 적과 싸울 준비를 충분히 한 상태에서 스폰서 게임에 임해야 한다. 그 다음에는 기업의 브랜드 이미지와 가장 어울리는 스포츠 종목을 선택하고, 마지막으로 공격적이고 적극적인 자세로 스폰서 게임을 주도해나가라. 이에 대한 자세한 내용이 다음 장에 있다.

6

신중하게 접근해서 확실하게 스폰서하라

거칠면서도 화려한 스폰서십의 세계는 흡사 서커스장을 방불케 한다.
하지만 그렇다고 해서 서커스를 구경하듯 팔짱 끼고 앉아서 스폰서의 묘기를
보고 즐기기만 해서는 안 된다. 스폰서십 역시 비즈니스임을 잊지 말아라.

스폰서십에 참여하는 모든 기업이 동일한 성과를 얻을 수는 없다. 추진 과정에서 차이가 나기도 하지만 무엇보다도 기업마다 제각각 다른 목적을 가지고 후원 활동을 시작하기 때문이다. 후광 효과를 통해 자사의 브랜드에 대한 인지도와 호감도를 높이는 것을 목적으로 스폰서가 되려고 한다면 무조건 스폰서 계약부터 맺고볼 일이 아니라 먼저 소비자들의 마음 깊은 곳에 파고들기 위한 계획부터 신중하게 세워야 한다.

올림픽이나 NFL 같은 초대형 스포츠 이벤트는 거의 모든 기업들이 너도나도 스폰서가 되고자 하기 때문에 우선 엄청나게 치열한 입찰 경쟁을 뚫어야 하고 따라서 막대한 스폰서 비용을 각오해야 한다는 어려움이 있기는 하지만, 전세계의 시청자와 스포츠 팬들에게 단번에 어필할 수 있는 기회를 제공하는, 그야말로 가장 확실하게 소비자와 연결되어 있는 창구라는 점에서 기업들이 군침을 흘릴 만한 최상의 기회이다.

그 중 특히 인지도와 규모에 있어서 다른 어떤 이벤트도 감히 그 자리를 넘보지 못하는 독보적인 존재는 단연 '올림픽' 이다. 올림픽 경기를 스폰서하는 올림픽 공식후원사는 지구촌 곳곳에 흩어져 있는 엄청난 수의 대중에게 자사의 강력한 브랜드 메시지를 전달할 수 있다.

애틀랜타 올림픽은 역사상 가장 높은 TV 시청률을 기록한 스포츠 이벤트로, 주최국인 미국에서만 전체의 87퍼센트에 해당하는 가구가 올림픽 기간 동안 적어도 한 번은 TV를 통해 올림픽 경기를 시청했다고 한다. 올림픽 경기를 보기 위해 TV 채널을 맞추는 시청자들은 올림픽 공식후원사들에게 '후광'을 제공할 준비가 되어 있는 사람들을 의미한다고 볼 수 있다. NBC 방송에서 실시한 설문 조사에 의하면, TV를 통해 올림픽 경기를 시청한 사람들의 85퍼센트는 올림픽 후원사들을 해당 분야의 사업을 주도하는 선진 기업으로 평가하고 있으며, 또 그 중 80퍼센트의 시청자가 그들을 품질과 명성에 있어서 타의 추종을 불허하는 일류 기업으로 인정하고 있는 것으로 나타났다.

하지만 굳이 올림픽이 아니더라도 대형 광고판을 설치한 경기장에서의 경기 장면을 TV로 방영해서 수천만 명에 달하는 소비자들에게 접근할 수 있는 기회를 제공하는 대규모 스포츠 이벤트는 많다. 아무래도 올림픽만한 효과를 기대하기는 어렵겠지만 말

이다. 하지만 아쉽게도 그런 대회들을 스폰서하겠다는 기업의 수
도, 그런 대회들을 스폰서해서 얻을 수 있는 광고 효과도 내리막
길에 들어선 지 이미 오래다.

온갖 마케팅 기법을 동원한 기업들의 화려한 '묘기 대행진'이
벌어지는 슈퍼볼 경기에 대해 존 행콕이 실시한 소비자 조사 결
과를 보면 그 실태를 확인할 수 있다. 응답자 10명 중 3명만이 슈
퍼볼을 스폰서하는 기업의 이미지에 대해 긍정적인 반응을 보인
반면 10명 중 8명이라는 압도적으로 많은 수의 소비자들이 슈퍼
볼보다는 어린이를 위한 자선행사를 후원하는 기업을 더 선호하
는 것으로 나타났다. 결론적으로 말하자면 이제는 프로스포츠를
후원해봤자 과거와 같은 폭발적인 소비자 반응을 기대하기 힘들
다는 것이다.

이렇게까지 된 이유는 무엇일까? 현재 NBA(National Basketball
Association, 미국 프로농구협회), NFL, NHL(National Hockey League,
북미 아이스하키 리그), 메이저리그 같은 프로스포츠 대회들은 해
결해야 할 난제가 산더미처럼 쌓여 있다. 입장권 가격은 끊임없
이 치솟고 있는 데 반해 경기의 수준은 현저하게 떨어져서 관중
들의 기대에 전혀 부응하지 못하고 있는데다, 형편없는 경기 매
너와 복잡한 사생활로 연일 언론의 질타를 받는 선수들이 스타플
레이어랍시고 턱없이 비싼 몸값만 고집하는 경우가 부지기수다.

팬의 입장에서는 더욱 기가 막힌다. 열심히 응원해준 팬들의 애
정이나 기대 따위는 아랑곳없이 더 많은 연봉을 제시하는 구단을
따라서 기다렸다는 듯 홀쩍 자리를 옮기는 선수들을 보며 배신감
을 느끼는 것이 한두 번이 아니다. 또 소박한 동네 야구장이 있던

자리에는 최신식 경기장이 들어서기는 했어도 맨 앞에 자리잡고 앉아봐야 자질구레한 광고판이 꽉꽉 들어차서 제대로 경기를 관전할 수도 없으니 더 나아진 점이라고는 조금도 없다.

이 모든 요인이 종합적으로 작용한 결과 미국 내 주요 스포츠 경기의 평균 시청률은 1989년에서 1998년 사이에 무려 24퍼센트나 추락했고 경기장을 찾는 관객의 수도 현저하게 줄었다. 그나마 애정을 가지고 경기장을 찾는 열성팬이라 해도 광고물 전시장처럼 사방을 가득 메운 조잡한 광고판과 게시물들의 틈바구니에서 애써 특정 기업의 브랜드를 눈여겨보지는 않는다.

그러나 그렇다고 해서 프로스포츠의 스폰서십에 아예 관심도 갖지 말라는 뜻은 아니다. 단지 대형 스포츠 이벤트의 스폰서십을 성공적으로 실행하고자 한다면 과거에 그랬던 것보다 훨씬 더 조심스럽게 접근해야 한다는 점을 강조하고 싶을 뿐이다. 신중한 스폰서십을 위해 브랜드 운영자는 우선 다음의 두 가지 사항을 명심하고 있어야 한다.

• 신중하게 스폰서십의 기회를 포착하라

1994년 구단주들과의 갈등으로 인한 메이저리그 선수들의 무기한 파업 선언으로 결국 월드시리즈가 중단되는 사태가 벌어지자 메이저리그를 스폰서하겠다고 나서는 기업의 수는 눈에 띄게 줄어들기 시작했다. 그도 그럴 것이 월드시리즈의 중단이라는 최후의 카드를 써버림으로써 이미 멀리 떠나가버린 야구팬들의 마음을 돌리기가 그리 쉽지 않아 보였기 때문이었다.

하지만 침체의 늪에서 허덕이던 메이저리그를 비상한 관심을 가지고 지켜보던 존 행콕은 1990년대 후반에 이르러 심상치 않은 변화의 조짐을 발견하고 회심의 미소를 짓기 시작했다. 그 당시는 마크 맥과이어(Mark McGwire)와 새미 소사(Sammy Sosa)라는 두 명의 강타자들이 로저 마리스(Roger Maris)가 보유하고 있던 역대 최다 홈런 기록을 바짝 추격하고 있었고 재능 있는 신인들의 기세 역시 무섭게 달아오르던 때라 조금이라도 관심을 기울여 경기를 관람한 사람이라면 누구나 프로야구의 재미와 감동이 되살아나고 있다는 느낌을 받았을 것이다. 더군다나 우리는 미국 프로스포츠 중에서 가장 오랜 역사를 지닌 '야구'라는 종목이 140년의 장구한 역사를 자랑하는 존 행콕의 기업 이미지와도 잘 맞아떨어진다고 생각했다. 그리고 위에서 언급한 1994년의 사태 이후로 메이저리그의 스폰서 비용은 계속 낮아지고 있었기 때문에, 침체기에 미리 장기 스폰서 계약을 체결해둔다면 우리로서는 그만큼 더 높은 수익을 기대할 수도 있다고 전망했다. 결국 2000년을 기해서 존 행콕은 메이저리그의 주요 스폰서 기업이 되었다.

• 소비자들의 시선을 끌어라

이미 수많은 상업 광고에 염증을 느끼고 있는 소비자들에게는 대규모 스포츠 이벤트를 통한 광고 역시 별 효과가 없다. 하지만 이는 바꿔 말하면 지쳐버린 소비자들의 시선을 붙잡기 위해 기업이 지금보다 더욱 적극적인 노력을 기울여야 한다는 의미도 된다.

예를 들어서 소비자들에게 유명 스포츠 이벤트에 참가할 수 있는 기회를 제공해서 즐거움과 기쁨을 선사하는 방법을 통해 소비자를 배려하는 기업의 이미지를 심을 수도 있다. 존 행콕은 최고의 메이저리그 스타들을 한자리에서 만나볼 수 있는 축제인 '올스타 팬페스트(All-Star FanFest)'의 주요 스폰서 기업이다. 올스타 게임은 정규리그의 경기가 아닌 그야말로 '축제'의 성격이 강한 행사이기 때문에 아무래도 스폰서 기업이나 관련자 중심으로 좌석이 배치되고 일반 관중의 입장은 제한하는 경우가 많다. 하지만 존 행콕이 후원하는 팬페스트만은 형평성을 고려한 다분히 민주적인 방식의 축제로 일반인들의 입장을 전면적으로 허용하는 한편 입장료도 대폭 낮추어 말로만 듣던 전설적인 스타플레이어들을 직접 만나볼 수 있는 짜릿한 기회를 많은 소비자들에게 선사하고 있다. 존 행콕이 후원하는 팬페스트는 지금까지의 여느 스포츠 행사들과는 질적으로 다른 것이다. 기업 스스로가 스폰서십 활동을 통해서 기업의 영리를 추구하기보다는 더 많은 사람들이 즐길 수 있는 공평한 참여의 기회를 제공하고자 하는 대단히 참신하고 민주적인 행사인 것이다.

존 행콕은 특히 수천 명의 저소득층 어린이들을 행사에 초청하여 언론의 주목을 받기도 했는데, 이는 '기업이윤의 사회환원'을 몸소 실천하는 존 행콕의 기업 이미지를 더욱 확고히 하는 기회가 되었다. 바로 그것이다. 존 행콕의 배려를 통해 행사의 즐거움을 실제로 맛본 사람은 축제가 열렸던 '팬웨이 파크(Fenway Park)'에 모인 3만여 명에 불과했지만, 이를 통해 존 행콕은 가늠하기도 어려울 만큼 수많은 잠재 소비자들의 마음 깊숙한 곳에 지울 수 없는 강렬한 인상을 남겼다. 소비자들과의 교감을 통해 브랜드 신뢰도를 효과적으로 극대화한 것이다. 존 행콕처럼 프로스포츠의 스폰서십을 통해 후광효과를 얻으려면 각별한 주의와 노력을 기울여야만 한다. 그러나 그것이 분명 가능한 일임에는 틀림없다.

기업의 브랜드 가치를 향상시키기 위해서 굳이 전형적이고 고전적인 방식의 스폰서십에만 얽매일 필요는 없다. 특히 소도시의 지역 주민들은 요란한 대형 스포츠 이벤트보다는 오히려 규모는 다소 작을지라도 자신이 살고 있는 지역 내에서 개최되는 행사에 더 큰 관심과 애착을 갖는다. 따라서 지역별로 개최되는 자선행사, 특히 스포츠 경기나 콘서트, 발레 등의 공연과 합동으로 열리는 자선행사를 스폰서하면 그 지역에 사는 소비자들과의 관계를 더욱 공고히 할 수 있다. 지역 주민들은 자신의 연고지에서 개최되는 행사를 후원해준 기업에 대해 기꺼이 감사의 마음을 가지기 때문이다. 물론 NFL 같은 대형 스포츠 이벤트에 비하면 소규모 지역 자선행사를 통해 확보할 수 있는 소비자의 수는 비교도 안 될 만큼 작다. 하지만 NFL의 스폰서 비용에 비하면 거의 푼돈이라고 할 만큼의 적은 비용으로도 소비자들의 마음을 확실하게 끌 수 있다는 이점이 있다.

적은 투자로 큰 효과를 얻을 수 있는 스폰서십의 기회가 또 있다. 막 떠오르고 있는 비인기 종목을 후원하는 것이다. 그 단적인 예를 들어보겠다.

1990년에 비자카드가 육상 10종경기의 후원을 자원하고 나섰을 때 모두들 정신나간 짓이라며 고개를 설레설레 저었다. 10종경기 같은 전혀 주목받지 못하는 비인기 종목을 후원해봤자 기업에게 돌아오는 이익은 거의 없으리라는 생각이 일반적이었기 때문이다. 그럼에도 불구하고 비자카드는 소속 팀까지 창단해서 댄 오브라이언(Dan O' Brien)을 포함한 많은 유망주들을 영입했다. 결국 맨주먹 하나로 황무지를 일구기 시작한 비자카드는 10종경기 선수들을 '자기 자신을 극복한 가장 용감한 인간상'으로 대중들에게 각인시키고 마침내는 미국을 10종경기의 강국으로 끌어올린 주역이 되어 전 국민의 뜨거운 박수를 받았다. 이런 극적인 결과가 비자카드라는 브랜드를 알리는 데 얼마나 대단한 기폭제가 되었는가는 새삼 거론하지 않겠다. 하지만 비자카드가 10종경기를 스폰서하는 데 들어간 비용은 TV 프라임타임에 30초짜리 광고를 딱 한 번 내보낼 수 있는 금액에 불과하다는 사실만큼은 꼭 언급하고 싶다.

비자카드와 유사한 성공을 거둔 예로 월마트의 '농어 낚시 대회' 스폰서십을 들 수 있겠다. 월마트는 농어 낚시라는 생소한 스포츠를 널리 홍보해서 낚시와 관련된 자사 상품의 매출을 증가시키겠다는 목적을 가지고 스폰서로 나섰다. 농어 낚시처럼 일반인들에게 낯선 종목이 가지고 있는 장점은 인기 있는 종목의 이벤트 기획자들과는 달리 신생 스포츠의 이벤트 기획자들은 스폰서 기업에 감사하는 마음을 갖고 대단히 호의적인 태도를 보인다는 것이다. 월마트가 스폰서하기로 한 농어 낚시 대회의 주최측인 오퍼레이션 배스(Operation Bass)는 대회 참가자들에게 월마트가 아닌 다른 기업의 로고가 그려져 있는 의상이나 장비의 착용을 금지시키기까지 했다.

"대회의 시상식이 거행되는 곳은 월마트 주차장입니다. 그런데 다른 곳도 아닌 월마트 주차장에서 월마트의 경쟁사인 케이마트 모자를 쓴 사람에게 100만 달러의 상금을 내줄 수는 없는 일이지요." 오퍼레이션 배스의 회장이 한 말이다.

결과적으로 농어 낚시 대회는 대도시보다는 중소도시의 서민들을 주고객층으로 하는 월마트가 할 수 있었던 최고의 선택이었다.

여기서 다시 스폰서십의 중요한 원칙 하나를 정리해보자.

스폰서십이 그 진가를 십분 발휘하기 위해서는 기업이 스폰서하는 스포츠 종목과 기업 브랜드의 성격이 제대로 맞아떨어져야 한다는 것이다. 하지만 아무리 봐도 브랜드 이미지와 전혀 어울리지 않는 성격의 스포츠 행사를 버젓이 후원하고 있는 기업이 너무도 많다.

강렬한 흡인력을 자랑하는 나스카(NASCAR: National Association for Stock Car Auto Racing의 약자로 일반 승용차를 개조해서 벌이는 미국의 자동차 경주를 일컫는다— 역주)의 경우를 예로 들어보겠다. 나스카의 자동차 경주를 보기 위해 대회장을 찾는 열성 관중의 수가 하루가 다르게 급증하고 있는 것은 물론이고 나스카의 팬들이 '나스카' 시리즈에 보이는 예외없는 브랜드 충성심은 이미 그 명성이 자자하다. 이 점을 주시하고 있던 애니메이션 전문 채널 카툰 네트워크(Cartoon Network)는 얼마 전 나스카 대회의 간판격인 윈스턴컵 시리즈(Winston Cup Series)와 스폰서 계약을 맺고, 대회에 출전하는 모든 자동차들을 자사 프로그램의 주인공인 스쿠비두(Scooby-Doo)와 파워퍼프걸(Powerpuff Girls), 그리고 플린스톤(Flinstones) 등의 캐릭터로 꾸며놓았다. 이처럼 카툰 네트워크는 나스카를, 그리고 나스카는 카툰 네트워크를 각각 부각시키는 공동 판촉 전략을 통해 카툰 네트워크의 모기업이며 나스카의 중계 방송권을 소유하고 있는 터너 방송시스템(Turner Broad-casting system)측이 엄청난 경제적 이익을 창출하리라는 예상이 지배적이다.

정말 누구라도 귀가 솔깃해질 만한 시나리오임은 분명하지만, 그럼에도 나는 그 결과가 자못 의심스럽기만 하다. 어린이들의 사랑을 한몸에 받고 있는 귀여운 만화 캐릭터들이 찌그러지고 부서진 자동차 속에서 운전자와 함께 갈가리 찢기는 모습을 지켜보며 사람들은 과연 어떤 생각을 할까? 그런 잔인한 장면을 목격한 사람들이 과연 앞으로도 계속해서 자동차 경주와 스쿠비두 모두에게 열렬한 성원과 애정을 보낼 수 있을까? 아니, 결코 그럴 수 없을 것이다.

만일 존 행콕이 같은 대회의 스폰서가 되어달라는 청탁을 받았다면 단호하게 거절했을 것이다. 우리가 누구인가? 생명보험 회사 아닌가? 끔찍한 사고가 빈번하게 발생하는 현장에 우리 존 행콕의 고귀한 로고가 나붙도록 하는 어리석은 짓은 결코 하고 싶지 않다.

존 행콕은 1년에 수천 건도 넘는 스폰서 청탁을 받는다. 하지만 대회나 이벤트의 성격이 우리 브랜드와 맞지 않는다는 이유로 거절하는 경우가 많다. 그 가운데 지금도 간혹 떠오르는 웃지 못할 일화가 하나 있어 소개하려고 한다.

어느 날 우리는 보스턴 중심가에 위치한 그래너리 묘지(The Granary Burying Ground)로부터 걸려온 전화를 한 통 받았다. 용건인즉 새뮤얼 애덤스(Samuel Adams), 폴 리비어(Paul Revere) 같은 위대한 애국자들이 잠들어 있는 공동묘지의 재건축을 위해 10만 달러를 후원해달라는 것이었다. 그들이 우리에게 스폰서를 제의한 가장 큰 이유는 그 애국자들 틈에 바로 우리 창업주인 존 행콕 회장의 묘도 있었기 때문이었다. 하지만 우리는 그 제의를 정중하게 거절했다. 이유는 간단했다.

"우리는 돌아가신 분들이 아닌 살아 있는 사람들을 위해서만 돈을 쓰려고 합니다."

하지만 묘지측은 포기하지 않고 끈질기게 전화를 걸어왔다.

"미안하지만 묘지의 재건축을 스폰서해봤자 우리가 얻을 것이 전혀 없다는 결론입니다."

확고한 우리의 입장에 대한 그쪽의 응수는 정말 기상천외한 것이었다.

"아니, 그렇지 않습니다. 10만 달러를 후원해주시면 존 행콕 회장을 얻으실 수 있습니다."

우리는 깜짝 놀라지 않을 수 없었다. 알고 보니 존 행콕 회장의 시신을 꺼내 본사 건물 앞으로 거창하게 이장해주겠다는 것이었다. 그러나 황당하기 짝이 없는 이 제안을 우리는 끝내 거절했다.

매순간 다방면으로 스폰서십을 홍보하라

1993년에 올림픽 공식후원사가 된 이후로 존 행콕이 거둔 성과는 당초 우리의 예상을 뛰어넘는 것이었다. 무엇보다도 존 행콕은 올림픽 스폰서십을 통해 비로소 '정체성'의 확립을 이룩할 수 있었다.

올림픽을 후원하기 전까지만 해도 우리는 전사적 차원의 체계적인 마케팅 프로그램을 갖추지 못한 채 그저 각각의 부서가 나름대로의 마케팅 활동을 독자적인 방식으로 수행하고 있었다.

예를 들어 특정 부서가 우리 회사의 유서깊은 전통에 초점을 맞춘 마케팅 프로그램을 입안하는 동안 다른 부서에서는 우리 회사의 현대적인 제반 시스템을 골자로 한 프로그램을 입안하고 있고, 우리 회사의 다양한 유통 시스템을 강조하는 마케팅이 행해지는 가 하면 그 옆에서는 직판 시스템의 도입을 주장하는 식이었으니 당연히 문제가 발생하지 않을 수 없었다. 각자 담당자가 달랐던 인쇄 광고와 TV 광고는 마치 서로 다른 두 회사의 광고를 보는 것처럼 제각각이었다. 이처럼 산만하기 그지없는 개별 마케팅을 실시하는 바람에 각 부서와 직원들 간의 소모적인 경쟁이 비일비재했으며, 여러 군데로 분산 지급된 마케팅 예산 또한 쓸데없이 낭비된 측면이 없지 않았다. 일관성이 결여된 마케팅은 비단 존 행콕만이 아니라 당시 미국의 비즈니스계가 안고 있었던 공통적인 문제점이었다.

그러나 1993년에 올림픽 스폰서 계약을 체결한 직후 드디어 존 행콕은 각 부서장들을 소집해 향후 각각의 마케팅 프로그램은 하나의 일관된 주제 아래 통일적으로 계획되고 실행되어야 함을 주지시켰다.

처음에는 마케팅 통합 건에 대해 많은 갈등과 우려가 있었으나 다행히도 사원들의 불만은 그리 거세지 않았다. 우리는 모두 어쩔 수 없는 미국 시민들이었다. 존 행콕의 직원들 역시 스포츠라면 사족을 못 쓰는 전형적인 미국인들이라 전 지구인의 스포츠 축제인 올림픽을 스폰서한다는 사실만으로도 일단 신이 나고 자랑스러웠던 것이다. 올림픽 공식후원사가 된 후 존 행콕의 마케팅 비용은 눈에 띄게 줄어들었다. 부서마다 지향하는 방향이 달라 전체적으로는 오히려 그 효력이 반감되기만 했던 마케팅 활동의 틀이 제대로 잡히면서 마케팅 활동에 들어가는 비용 또한 보다 체계적이고 집중적으로 지출되기 시작한 까닭이다.

그 외에도 존 행콕 브랜드가 올림픽의 후원을 통해 얻은 것은 이루 헤아릴 수 없을 정도로 많다. 무엇보다도 창사 이래 처음으로 기업 내부의 커뮤니케이션이 뚜렷한 체계와 일관성을 갖추게 되었다. 이는 소비자들에게 우리가 누구인지를 분명하게 인식시켜 주는 정체성의 확립으로 이어졌다.

올림픽 공식후원사가 되면 전세계적으로 최고의 인지도를 자랑하는 지구상에 단 하나뿐인 로고, 즉 오륜마크를 사용할 수 있는 권리를 부여받는다. 따라서 공식후원사로 선정된 이후 우리는 존 행콕의 로고를 비롯하여 명함, 홍보자료, 연보, TV 광고, 그리고 제품의 가격표에까지 이 다섯 개의 동그라미를 빠짐없이 새겨넣고 있다. 그러다가 한번은 오륜마크를 넣은 존 행콕의 로고를 레드삭스(Boston Red Sox: 보스턴을 연고지로 한 메이저리그 소속의 프로야구 팀 — 역주)와 셀틱스(Boston Celtics: 보스턴을 연고지로 한 NBA 소속의 프로농구 팀 — 역주)의 경기에까지 사용해서 IOC와 마찰을 빚은 적도 있었는데, 위원회측은 관중들이 메이저리그나 NBA를 올림픽과 혼동할 수도 있으니 올림픽 이외의 다른 경기의 광고물에는 오륜마크를 사용해서는 안 된다는 것이었다. 하지만 우리는 올림픽과 여타 대회를 혼동할 만큼 멍청한 관중은 한 사람도 없을 것이라고 주장하며 맞섰다. 사실대로 말하자면 세계 최고의 프로 선수들로 이루어진 메이저리그 경기가 오히려 올림픽 야구 경기보다 어느 모로 보나 한 수 위가 아니던가? 아무리 생각해도 IOC측에서 우리에게 되레 고마워해야 할 일이 아닌가 싶다.

어쨌든 오륜마크를 통해 존 행콕 브랜드가 동종 업계는 물론 전체 산업계에서, 또 소비자와의 관계에서 대단히 고무적인 결과를 얻어낸 것만은 사실이다. 올림픽이라는 영향력 있고 수준 높은 대회와 관련 있는 우량 기업의 이미지를 널리 알린 것과 더불어 소비자들로 하여금 존 행콕을 '거대 기업'으로 인식하게 만든 것 역시 큰 도움이 되었다.

올림픽 오륜마크는 존 행콕을 실제보다 훨씬 큰 기업으로 보이게 했다. 코카콜라와 맥도날드를 위시해서 당시 존 행콕과 함께 올림픽을 스폰서했던 재벌 기업들은 그 시장가치에 있어서 우리와는 비교도 안 될 정도로 규모가 큰 기업들이었다. 그러나 그들과 어깨를 나란히 하고 올림픽을 후원한 존 행콕 역시 소비자들에게는 비슷한 규모의 세계적인 기업으로 보였던 것이다.

올림픽은 우리에게 오륜마크만 선사한 것이 아니라 마케팅 활동의 든든한 토대를 마련해주기도 했다. 올림픽이 열리는 2주 동안 우리는 존 행콕의 우수 고객과 우수 지점을 선정해 우리가 베풀 수 있는 최대한의 것을 베풀었고, 사원들과 판매원들에게도 그동안의 노고를 보상하는 시간을 가졌다. 그 모든 사람들의 마음에 존 행콕에 대한 신뢰감이 더욱 탄탄하게 뿌리내렸음은 물론이다. 이것이 바로 기업의 마케팅 활동에 있어 가장 중요한 기반이 아니고 무엇이겠는가?

올림픽이 막을 내린 후에는 체조와 피겨 스케이팅 메달리스트들의 투어 이벤트를 꾸준히 스폰서했는데 그 덕분에 존 행콕 브랜드는 미국의 수많은 도시인들의 삶에 깊숙이 파고들 수 있었다. 각 도시를 순회하면서 수천 명의 잠재 고객들에게 올림픽 메달리스트와의 만남의 장을 제공했던 것이다. 예를 들어 체조 선수를 꿈꾸는 딸을 가진 소비자들은 존 행콕이 후원하는 행사에 초대되어 전설적인 체조 코치인 벨라 카롤리(Bela Karolyi: 코마네치와 루레튼 등 세계적인 체조스타들을 키워낸 체조코치로 엄격하고 고된 훈련을 시키는 것으로 유명하다 - 역주)에게 딸의 재능을 테스트받을 수 있는 기회를 가지기도 했다. 위대한 스포츠 스타들을 직접 만나볼 수 있는 '꿈같은 기회'를 제공해준 기업 존 행콕에 대한 애정과 고마움을 품지 않을 수 없었을 것이다.

소비자에게 상품을 들이밀며 무턱대고 사달라고 하기보다는 소비자의 삶에 직접 파고들기를 택했던 '풀뿌리 마케팅(grass-roots marketing: '풀뿌리 민주주의'에서 따온 말로 사회저변층에 의해 형성된 여론을 마케팅에 적극 반영한다는 의미의 마케팅 정책 - 역주)'은 우리에게 예상 밖의 좋은 결과를 가져다주었다. 따라서 나는 스포츠 스폰서십을 통한 후광효과를 얻기 위해서는 이보다 더 좋은 방법은 없다고 본다.

올림픽이나 메이저리그 같은 대형 스포츠 이벤트는 그 영향력이 엄청나게 광범위하고 강력하기 때문에 이들을 스폰서하는 기업은 자사와 관련된 모든 사람들을 대상으로 이를 폭넓게 활용할 수 있다. 개별적인 소비자들, 대규모 영업점이 관리하는 고객들, 판매원들, 또 자사의 직원들(총 95퍼센트에 해당하는 존 행콕의 직원들이 올림픽과 관련된 이벤트에 참여했으며, 그들 중 대다수는 올림픽 행사의 참가를 통해 영원히 잊지 못할 귀중한 경험을 얻었다고 입을 모았다)까지 모두 포함해서 말이다.

스폰서십은 비용의 효율화를 도모할 수 있는 유일한 마케팅 방법이라고 할 수 있다. 그러나 이를 비용이 적게 든다는 말로 오해해서는 안 된다. 오늘날 기업이 선택할 수 있는 스폰서십의 기회는 수없이 많은 것이 사실이지만 그를 위해서는 상상을 초월하는 액수의 비용이 반드시 필요하다.

올림픽을 후원함으로써 얻을 수 있는 부대이익이 아무리 엄청나다고 해도 지금 당장 2004년 올림픽의 공식후원사가 될 수 있는 것은 아니다. 2004년 올림픽의 공식후원사가 되고 싶다면 늦어도 2001년부터 이미 행동을 개시했어야 한다. 공식후원사가 되고자 하는 기업은 2001년부터 2004년까지 만 3년 동안 6,500만 달러의 돈을 IOC에 지불해야만 한다. 그뿐이 아니다. 올림픽 경기가 방송되는 TV 광고 시간도 사야 하는데, 그러기 위해서는 IOC에 지불한 것과 비슷한 액수의 돈을 방송사에 지불해야 한다.

광고 시간을 사두지 않으면 엄청난 경쟁률을 뚫고 운 좋게 공식후원사가 된다 해도 소비자들이 우리의 경쟁사를 올림픽 공식후원사라고 착각하는 기가 막힌 경우가 발생할지도 모르기 때문이다. 한마디로 '눈 뜨고 코 베이는' 격이 아닐 수 없다. 하지만 그렇다고 너무 걱정할 필요는 없다. 위에서 언급한 최악의 경우는 그저 남들이 다 하니까 스폰서십에 참여하고 남들이 좋다고 하니까 광고를 내보내는 기업, 혹은 그저 돈이나 낸 다음에는 팔짱끼고 남의 일 보듯 구경만 하는 기업에게 흔히 일어나는 일이기 때문이다.

우리가 올림픽을 후원하는 바로 그 기업이라는 사실을 소비자들에게 확실하고 분명하게 각인시키고 싶다면 모든 방법을 동원한 지속적인 마케팅을 해나가는 수밖에 없다. 올림픽 기간은 물론 올림픽 시즌이 아니더라도 항상 우리 브랜드와 올림픽과의 관련성을 언급하고, 강조하고, 확인시키는 것이 성공적인 스폰서십의 열쇠이다. 스폰서십의 지속적 홍보야말로 이벤트 마케팅 세계에 만연해 있는 독소를 제거할 수 있는 유일한 방법이기도 하다. 이벤트 개최를 위한 후원금은 한푼도 지불하지 않았으면서 뻔뻔스럽게도 모든 후원을 아끼지 않은 스폰서인 양 행세하는 경쟁사의 기습 마케팅이 그것이다. 다음의 예를 보자.

웬디스(Wendy's)는 올림픽 때마다 매번 올림픽 공식후원사인 맥도날드를 훼방놓는 기습 마케팅의 대표 주자인데, 그 중에서도 1994년 릴레함메르(Lillehammer) 동계올림픽 기간 동안 그들이 펼친 방해공작은 특히 뻔뻔스럽기로 악명이 높았다.

올림픽과는 전혀 상관없다고 할 수 있는 웬디스가 올림픽을 테마로 한 자사의 광고를 올림픽 경기가 방송되는 시간대에 맞춰 내보낸 것이다. 당시 그들이 광고를 방영하는 데 지출한 비용은 TV방송사에 지불한 800만 달러가 고작이었다. 그러나 광고를 본 많은 사람들은 맥도날드와 웬디스 중 과연 어느 쪽이 진짜 올림픽 공식후원사인지 꽤 헷갈렸을 것이다. 하지만 결국 웬디스의 이런 방해공작도 맥도날드의 진가 앞에서는 맥을 못 추었다. 맥도날드는 올림픽이 열릴 때마다 전세계의 체인점을 통한 대대적인 자선행사와 판촉행사는 물론, 매장 직원들을 위한 특별 프로그램을 운영하는 등 매우 정열적인 스폰서십 활동을 펼치는 기업이다. 바로 그 때문에 소비자들은 맥도날드 하면 옆에 오륜마크가 붙어 있는 그들의 로고를 자동적으로 연상하는 것이다. 그리고 그 이미지는 올림픽이 시작되기 전에도, 올림픽이 끝난 후에도 소비자들의 마음속 깊은 곳에 늘 간직되어 있다.

적절한 기대치를 설정하라

스폰서십에 관한 한 스스로 전문가라고 자부하는 나로서는 적극적인 스폰서십의 효과를 100퍼센트 신봉한다고 할 수 있다. 하지만 안타깝게도 많은, 아니 대부분의 기업들이 펼치는 스폰서십 활동은 무척 소극적인 수준에 머물고 있는 것이 현실이다. 경기장에 로고 하나 달랑 내걸고는 할 일을 다 했으니 이제 곧 매출이 급격히 신장될 것이라고 기대한다. 그저 입으로만 '후광효과' 운운하면서 소비자들의 마음과 영혼에 호소하기 위한 스폰서십을 지향한다고 떠벌린다. 이런 기업이 가지고 있는 스폰서십의 목적은 고작 브랜드 이름이나 알리는 정도에서 그친다.

물론 브랜드 강화를 위해 우선적으로 그 이름을 소비자에게 알리는 것도 중요하다. 특히 시장에서의 인지도가 낮은 브랜드일수록 더욱 그렇다. 경기가 진행되는 메인 코트를 정면으로 바라보고 있는 자리를 확보하여 브랜드 로고를 걸어놓았다면 결과는 매우 낙관적이다. TV 카메라가 가장 집중적으로 비추는 곳이라 자연히 광고 효과 또한 높기 때문이다. 그러나 코트에서 멀어질수록, 카메라의 앵글이 닿지 않는 곳으로 내몰릴수록 스폰서십의 효과는 점점 감소한다. 특히 축구 경기장의 입구 쪽 자리를 수십만 달러씩이나 들여서 사는 마케터들을 보면 할말을 잃을 지경이다. 그쪽을 정면으로 바라보게 되어 있는 관중석은 정기 입장권을 끊어서 홈경기를 죄다 관전하는 극성팬들이 독점하고 있는 경우가 많다. 극성팬이 어떤 부류의 사람들인가? 대부분 하루종일 술이나 퍼마시며 선수들이 잘하든 못하든 무슨 핑계를 대서라도 난동을 부리는 그야말로 광적인 관중 아닌가? 그런 사람들에게 광고판의 로고 따위가 눈에 들어올 리 만무하다. 결국 기껏 주정뱅이들에게나 어필해보겠다고 금쪽같은 마케팅 비용을 허비한 꼴밖에는 안 되는 것이다.

스폰서십을 시행하는 과정에서 겪는 여러 시행착오들 가운데 최악의 것은 스포츠 경기와 관련된 설비나 건물에 자사의 브랜드 이름을 붙이는 것이다. 지금 이 순간에도 얼마나 많은 기업이 야구나 축구 경기장의 이름에 자기네 회사명을 넣어보겠다고 발버둥을 치고 있는지 모른다.

'스포츠 경기가 계속되는 한 우리의 이름 또한 영원히 함께 기억될 수 있는 최고의 기회' 라는 장밋빛 기대에 한껏 부풀어 있는 그런 기업들이 부러워 마지않는 예가 바로 엔론필드(Enron Field: 미국 휴스턴 시에 있는 개폐식 지붕의 야구장으로 휴스턴 시가 총공사비의 68퍼센트를, 메이저리그 야구팀인 휴스턴 애스트로스의 구단주가 그 나머지를 부담해서 2000년 3월에 완공되었다. 특히 텍사스에 소재한 가스 회사 엔론이 30년 동안 구장 이름에 자사의 명칭을 사용하는 조건으로 1억 달러를 지불한 메이저리그 역사상 최대의 계약으로 유명하다 - 역주)이다. 하지만 분명히 말하건대 이런 '건물 강박증(edifice complex)' 은 기업에게는 매우 위험하다.

 존 행콕에서 소비자 설문 조사를 실시해보니 경기장 이름에 들어가 있는 특정 회사명을 보고 그 회사의 제품을 구입했다는 소비자는 15퍼센트에 불과했다. 더욱 놀라운 사실은 이보다 두 배도 넘는 소비자들이 경기장 이름을 자기 회사의 이름으로 바꿔버린 기업에 오히려 적대감을 가지고 있다고 답했다는 것이다. 게다가 구내 매점에서 파는 싸구려 치즈를 잔뜩 얹은 맛없는 나초라든가 기껏 경기장까지 가서 응원해주는데도 밤낮 지기만 하는 홈팀을 생각하면 모르긴 몰라도 기업에 대한 소비자들의 적개심은 두 배로 껑충 뛰어오를 것이다.

 사람들은 원래 좋았던 기억보다는 나빴던 기억을 두고두고 떠올리게 마련이다. 그럴 때에 하필 그 원수 같은 경기장에 우리 회사의 이름이 들어가 있다고 생각해보라. 어찌 영향이 없다 할 수 있겠는가? 뒤늦게 부랴부랴 회사 이름을 철수시킨다고 해도 이미 이미지는 구겨질 대로 구겨진 후일 것이다.

 어떤 기업은 스폰서십 활동의 목표를 지나치게 낮게 설정하는 반면 어떤 기업은 또 너무 황당하고 불가능한 목표를 세운다. IBM의 경우를 보자. IBM은 애틀랜타 올림픽을 통해 자사의 기술력을 전세계에 과시하겠다는 야망을 가지고 있었다. 그래서 애틀랜타 올림픽의 기술 부문 공식지원업체가 되어 '인류 역사상 가장 위대한 컴퓨터 회사'로서의 입지를 확고히 하겠다는 거창한 목표를 세웠다. 결과야 어찌되었든 확실하고 뚜렷한 목표를 가지고 스폰서십 활동에 임한 그들의 자세에는 일단 박수를 보내고 싶다.

 하지만 잘 알고 있듯이 애틀랜타 올림픽은 IBM으로서는 그 명성을 처참하게 짓밟힌 악몽으로 끝이 났다. IBM 시스템의 결함으

로 인한 갑작스런 고장과 에러가 올림픽 기간 내내 여기저기서 속
출한 것이다. IBM 자동 전산시스템을 통해 국제 뉴스서비스 센터
로 정보를 보내면 뉴스 센터에서 전세계적으로 동시에 뉴스를 송
출하도록 되어 있었는데, IBM 시스템에 문제가 생기는 바람에 웃
지 못할 일이 연이어 벌어진 것이다.

어떤 권투 선수의 키가 고작 60센티미터로 표시되는가 하면 그
상대 선수는 갑자기 6미터를 훌쩍 넘는 괴물이 된 경우도 있었다.
뿐만 아니라 전세계 시청자들의 관심이 집중된 극적인 결승전 상
황도 제때 전달하지 못하고 뒷북치는 꼴이 되고 말았으며 덴마크
와 호주의 사이클 선수는 세우지도 않은 세계 신기록의 주인공이
되기도 했다. 한두 번도 아니고 수도 없이 계속되는 말썽과 고장
은 도저히 참기 어려운 수준에 달했고, 결국 IBM은 컴퓨터 접속
을 끊고 팩스로 경기 결과를 보내기로 했다. 팩스로 송신된 결과
를 뉴스 센터에서 받아 다시 각국의 통신사로 보내려니 속도는 그
만큼 더뎌질 수밖에 없었다. '세계 최첨단 기술을 갖춘 위대한 컴
퓨터 제왕' IBM이 보기 좋게 싸구려 기술자로 전락하는 순간이
었다.

결국 무려 8,000만 달러라는 거액을 애틀랜타 올림픽에 쏟아부
었던 IBM에게 남은 것이라고는 전세계 언론들의 손가락질과 전
세계 컴퓨터 시장에서 외면당하는 IBM 마케터들의 하소연뿐이었
다. 다행히 IBM은 1998년 나가노 동계올림픽에서 가히 실패율 제
로에 가까운 완벽한 기술지원 시스템을 구축해 극적으로 부활할
수 있었다.

우리는 여기서 스폰서십에 관한 또 다른 교훈을 얻을 수 있다.

그것은 IBM의 경우처럼 돈이 아닌 기술이나 물품으로 후원하는 이벤트 마케팅은 위험의 소지가 매우 크다는 사실이다. 물론 물품과 기술의 질이 매우 뛰어난 것으로 입증되기만 한다면 스폰서 기업의 브랜드는 전세계적으로 대단한 붐을 조성할 수도 있다. 그러나 반대로 조금의 결함이라도 발견되는 날에는 브랜드와 기업 전체가 치명적인 손해를 입고 쓰러질 수도 있다.

구체적이고 확실한 효과를 추구하라

놀랍게도 아예 목표라는 것을 전혀 세우지 않고 무조건 스폰서십의 세계로 뛰어드는 기업들도 많다. 정말 천진난만하게 아무 생각 없이 브랜드를 운영하는 사람들이 아주 많다는 말이다.

1997년에 약 400만 달러를 들여 대학 미식축구 대회를 스폰서한 유명 브랜드가 하나 있었는데, 대회가 끝나고 기자들이 마케팅 담당자에게 투자한 만큼의 효과를 거두었냐고 질문했더니 이렇게 대답하더란다.

"솔직히 말해서 우리는 아직 스폰서 결과를 수치화하여 측정하는 노하우를 쌓지 못했습니다."

그렇다면 개인적인 견해는 어떠냐고 되묻자 그는 그저 훌륭한 경기를 통해 브랜드가 많은 사람들에게 노출되었으니 나름대로 괜찮았다고 생각한다며 얼버무렸다. 이것은 스폰서십이라고 할 수 없다. 관중들과 일종의 '데이트'를 즐긴 것에 불과하다. 그의 말대로 스폰서 기업이 소비자들에게 좋은 시간을 제공했다는 사실에만 만족한다면 그것은 쓸데없이 비용만 낭비한 것이나 다름 없다. 스폰서십의 본질이 무엇인가? 투자이다! 막대한 경비가 투입되는 중대한 투자 계약이다! 그런 만큼 당연히 그에 상응하는 수익을 거두어야 한다. 스폰서십 활동을 통해 기업이 받을 수 있는 구체적인 보상은 다음과 같이 다양하다.

1. 스폰서에 들인 경비가 아깝지 않을 만큼의 홍보 효과를 얻어 브랜드 인지도가 높아진다.
2. 이벤트의 가치를 높여준 스폰서 기업으로 부각되어 대중으로부터 존경과 애정을 받는다.
3. 이벤트 기간을 이용해 자사 브랜드를 소비자에게 알리고 브랜드 호감도를 높임으로써 투자 비용에 버금가는 매출의 신장을 경험한다.
4. 고객과 판매사원을 이벤트에 초대해 이벤트 자체를 판촉의 기회나 사원에 대한 보상의 기회로 이용할 수도 있다. 이는 간접적인 판매 증진의 원동력이 된다.
5. 스폰서십을 통해 기업이나 브랜드에 관련된 사람들과의 관계를 돈독히 하는 것만으로도 충분히 가치 있는 스폰서십이라고 평가할 수 있다.

스폰서십은 위에 언급한 것 중 어느 한 가지, 아니면 모든 형태로 보상받을 수 있는 마케팅 활동이다. 보상받을 수 있는 스폰서십을 위해 가장 중요한 것은 기업 스스로가 원하는 효과를 거둘 수 있는 방향으로 활동을 주도해나가는 자세라고 할 수 있다.

존 행콕은 존 행콕의 스폰서십 활동 자체에만 시간과 돈을 투자하는 것이 아니라 그 효과를 측정하는 데에도 많은 시간과 돈을 들이고 있다. 만일 기업이 현재 시행하고 있는 스폰서십이 자사 브랜드에 얼마나 효과적인지를 기업 스스로 증명하기 힘들다면 그 스폰서십은 이미 잘못된 형태로 운영되고 있는 것이므로 가능한 한 빨리 중단하는 것이 좋다.

이벤트 마케팅은 결코 만만한 영역이 아니다. 매우 엄격한 규칙을 준수해야만 한다. 어떤 규칙이 있는지 마지막으로 간단하게 요약해보자.

1. 먼저 브랜드 이미지에 득이 될 만한 분야를 선정해야 한다.
2. 그런 다음 스폰서십의 가치를 보호하는 차원에서 적극적이고 공격적인 협상 태도를 취한다.
3. 그리고 스폰서십을 통해서 지속적인 마케팅의 토대를 마련한다. 즉 이벤트 기간이 아니더라도 스폰서십을 적극적으로 알리고 이용한다.
4. 마지막으로 스폰서 활동을 통해 반드시 보상받을 수 있다고 확신하라. 만약 확신할 수 없다면 그때라도 늦지 않았으니 지체하지 말고 스폰서십에 작별을 고하라.

앞에서도 말했지만 스폰서십의 세계는 흡사 서커스장을 방불케 하는 곳이다. 하지만 그렇다고 해서 서커스를 구경하듯 마냥 보고 즐기기만 해서는 안 된다. 스폰서십 역시 비즈니스임을 잊지 말아라. 스폰서십에 본격적으로 뛰어들기로 결심했다면 기업이

주관하는 가장 중요한 사업의 하나로 간주해서 정성스럽게 보살
피고 다듬어야 한다. 스폰서십의 가치를 기업 스스로가 인정한다
면 투자한 만큼, 아니 그 이상의 성공을 거둘 수 있을 것이다.

7

스캔들을 도약의 기회로 삼아라

어떤 기업도 피해갈 수 없는 두 가지가 바로 '경쟁'과 '스캔들'이다. 대중들은 최정상의 자리에서
추락하는 기업을 지켜보며 일종의 쾌감마저 느낀다. 호기심 많은 언론은 또 어떤가? 추락의 순간을
포착하기 위해 목을 길게 빼고는 이제나저제나 스캔들이 터지기만을 손꼽아 기다리고 있다.

인생에서 절대로 피해갈 수 없는 두 가지를 물어보면 미국인들
은 '죽음'과 '세금'이라고 대답한다. 그렇다면 비즈니스에서 절
대로 피해갈 수 없는 두 가지는 과연 무엇일까? 바로 '경쟁'과 '스
캔들'이다.

특히 언론의 혹평은 스캔들로 불거질 위험이 농후하기 때문에
비즈니스에 몸담고 있는 사람들이 가장 두려워하는 대상이다. 그
러나 스캔들은 우리 사회의 필수 요소라는 말까지 있을 정도로 빈
번하게 발생하기 때문에 많은 사람들이 웬만한 스캔들에 대해서
는 어느 정도 무감각해진 것 또한 사실이다. 하지만 그렇다고 스
캔들이 나지 않도록 미리 조심할 필요가 없다거나 스캔들이 터졌

을 때 사후 처리에 신경쓸 필요가 없다는 뜻은 결코 아니다. 스캔들을 제대로 관리하지 못하는 브랜드는 다시 일어설 수 없을 만큼 치명적인 타격을 입고 브랜드로서의 생명을 다하는 수도 있음을 명심해야 한다.

미국 사람이라면 누구나 '엑슨(Exxon)' 이라는 이름을 들을 때마다 '엑슨 발데즈 사건' 을 떠올릴 것이다. 그리고 유조선에서 흘러나온 수백만 갤런의 기름이 알래스카 해안에 퍼지고 있다는 뉴스가 매스컴에 오르내려도 무관심으로 일관했던 그 무책임한 기업의 태도도 분명 기억하고 있으리라. 한때 45퍼센트의 시장점유율로 미국 생수 시장의 선두 주자였던 페리어(Perrier)는 정수시설에서 벤젠 성분이 검출되는 바람에 심한 곤욕을 치른 후로 벌써 10년이라는 세월이 흘렀건만 아직도 과거의 화려했던 명성을 되찾지 못하고 있다. 당시 벤젠이 함유된 페리어 생수를 마시고 피해를 입은 것으로 보고된 소비자는 극소수에 불과했지만 아직도 대다수의 사람들은 페리어라는 이름를 들으면 왠지 개운하지 못한 느낌부터 갖는다.

그러고 보면 브랜드란 만드는 과정에서는 대단한 노력과 주의가 요구되지만 자칫 손가락 하나라도 잘못 놀리면 모든 것이 일순간에 허물어지는 '알공예' 와도 같다고 할 수 있겠다. 브랜드 운영자들은 마치 깨지기 쉬운 알을 다루듯 섬세하고 신중하게 스캔들을 관리하고 처리해야 한다. 이렇게 극도로 주의를 기울여야 함에도 불구하고 여전히 많은 기업들이 스캔들이 터지고 여론과 언론의 맹공을 받고 나서야 허겁지겁 대책을 마련하고는 한다.

여기서 꼭 강조해두고 싶은 철칙이 한 가지 있다. 기업은 경영을 둘러싼 제반 환경이 비교적 안정적일 때 스캔들에 대한 예방접종을 미리 해두는 것이 좋다. 여유를 가지고 빈틈없이 스캔들을 방지하는 편이 사건이 터지고 여론이 악화되고 난 뒤에 뒤늦게 손을 쓰는 것보다 훨씬 경제적이고 그 효과도 크다.

브랜드는 운명이다

여기서 잠시 그 말 많았던 걸프전을 한번 떠올려보자. 분명 그 당시에 전쟁이 발발할 수밖에 없었던 여러 가지 이유와 사정이 있었을 것이다. 그 중에서도 가장 큰 이유는 미국이 이라크의 대통령 사담 후세인(Saddam Hussein)을 미국의 국익을 위협하는 인물로 단정했기 때문이다. 그러나 내 생각에는 후세인이라는 '악성 브랜드'가 내뿜는 힘이 보다 더 결정적인 역할을 한 것 같다. TV를 통해 바그다드 시내 여기저기에 걸려 있는 후세인의 초상화를 보노라면 그의 콧수염 때문인지 몰라도 어쩐지 히틀러의 얼굴이 떠오른다. 가만 생각해보면 후세인은 히틀러의 그 역겨운 허영심마저도 그대로 물려받은 사람 같다. 하지만 그가 가진 특징 중에서 가장 부정적인 느낌을 주는 것은 '소돔(Sodom)'과 '갓댐(Goddamn!)'을 연상시키는 '사담'이라는 그의 이름이다. 만일 그의 이름이 사담 후세인이 아니라 윈스턴 후세인이었다면 어땠을까? 이라크에 미사일을 발사한 그 최후의 순간까지 미국이 조금은 더 망설이지 않았을까?

브랜드는 기업의 운명을 좌우한다. 한낱 가십거리에 지나지 않는 내용이라 해도 브랜드에 대한 부정적인 정보가 한 줄이라도 외부에 새어나가면 브랜드와 그 기업이 입는 피해는 일파만파로 확장된다. 그리고 거기서 그치는 것이 아니라 그 기업이 소유하고 있는 다른 브랜드에까지 흠집을 남길 우려도 있다.

브랜드 운영자는 스캔들이 터지고 나서야 비로소 뒤늦은 호소로 소비자들의 마음을 돌리려고 애쓰지 말고 사전에 미리 브랜드와 기업에 대한 호감과 신뢰를 쌓아놓아야 한다. 방법은 무궁무진하다. 우선 가장 기본적인 방법인 '질 좋은 제품의 생산'이 있고, 그 외에도 기업의 이윤을 사회에 환원하려는 모습을 보인다든가 일반 서민들에게 좋은 평가를 받고 있는 이벤트를 스폰서하는 등 기업 필랜트로피(philanthropy: 영리를 목적으로 하지 않는 기업의 사회공헌 - 역주) 활동에 적극 참여할 수도 있다. 예를 들어 존 행콕은 필랜트로피 활동의 일환으로 유서깊은 보스턴 마라톤 대회를 스폰서하고 빈민층 자녀들에게 인턴사원으로 일할 수 있는 기회를 우선적으로 부여하는 인턴십 프로그램인 '기회의 여름(Summer of Opportunity)'을 시행해서 소비자들은 물론이고 각 언론으로부터도 아주 좋은 반응을 얻었다.

다음 장에서 그 자세한 내용을 소개하겠지만 존 행콕에게도 스캔들이라는 불청객이 찾아온 적이 있었다. 그러나 다행히도 우리는 올림픽 스폰서십이나 TV 광고를 비롯하여 그 밖의 수많은 이벤트 스폰서를 통해 존 행콕의 '푸근하고 다정한 이미지'를 확고하게 심어놓은 상태였기 때문에 스캔들의 위기를 무사히 극복할 수 있었다. 만일 그때 소비자들에게 어필할 만한 그 어떤 긍정적인 이미지도 가지고 있지 않았더라면 과연 어떻게 되었을지 지금 생각해도 아찔하기만 하다.

대다수의 소비자들에게 인정받는 가치 있는 브랜드 이미지를 확립하지 못한 기업은 불미스러운 스캔들로 주위의 손가락질을 받는 어려움에 빠져도 옛 명성을 회복할 길이 거의 없다. 정크본드(junk bond: 이자율이 높아 고수익을 올릴 수도 있지만 낮은 신용도로 원금의 상환이 매우 불확실한 회사채 — 역주)의 황제로 불리던 금융업계의 거물 마이크 밀켄(Mike Milken)이 내부자거래의 의혹을 받게 되자 갑자기 사회봉사니 기부니 하는 당최 어울리지 않는 일들에 관심을 보이기 시작한 적이 있다. 당시 그가 정말 순수한 의도를 가지고 그랬는지는 모르지만 결과적으로는 속이 뻔히 들여다보이는 언론 플레이라는 비웃음을 들으며 오히려 정부측의 의혹만 가중시킨 꼴이 되고 말았다.

세계 최고의 갑부인 마이크로소프트(Microsoft)의 회장 빌 게이츠는 얼마 전 수십억 달러의 사재를 장학금과 기부금으로 쾌척하여 '자선사업가' 로서의 새로운 면모를 보였다. 그런데 나는 그의 이런 사회환원이 1999년에 마이크로소프트를 상대로 한 법무부의 반독점법 위반 소송으로 회사가 난항을 겪기 이전에 이루어졌더라면 얼마나 좋았을까 하는 아쉬운 생각이 든다. 빌 게이츠가 조금만 더 일찍 앞을 내다보고 '위대한 박애주의자' 의 이미지를 구현해놓았다면 마이크로소프트의 탐욕스러운 이미지를 다소 완화시킬 수 있지 않았을까? 반독점법 위반이라는 법원의 판결을 완전히 뒤집는 것은 불가능했겠지만 최소한 소비자와 경쟁사, 그리고 판매원들로 하여금 마이크로소프트의 편에 서도록 할 수 있지는 않았을까?

스캔들의 조짐이 전혀 보이지 않는다 하더라도 브랜드 구축기에 미리 견고한 기업 이미지로 브랜드를 포장해놓으면 적어도 튼튼한 보호막 하나는 쳐놓은 셈이다. 스캔들이 터지면 — 어느 기업에게든 스캔들은 찾아오게 마련이다 — 소비자들과 주주, 그리고 기업을 거꾸러뜨릴 궁리만 하는 월스트리트의 애널리스트나 언론, 그리고 정부의 규제기관들은 기다렸다는 듯 일제히 비난의 화살을 퍼부어댄다. 하지만 그러는 한편 그들은 기업이 위기를 헤쳐나갈 수 있도록 길을 살짝 비켜주는 아량도 잊지 않는다. 견고한 기업의 이미지는 그래서 더욱 중요하다.

결론적으로 말해서 소비자들은 브랜드를 마치 자신의 배우자 대하듯 한다고 할 수 있다. 상호간에 두터운 신뢰와 존경의 마음이 형성되어 있으면 한 번의 실수 정도는 이해와 용서로 보듬어주는 부부 관계가 바로 브랜드와 소비자들 사이의 관계이다. 단 현명한 배우자, 현명한 기업은 같은 실수를 두 번 반복하지 않는다는 사실을 명심해야 한다.

"어유, 이걸 어쩌지? 당신한테 거짓말을 했어. 하지만 한 번만 더 기회를 주면 다시는 이런 일 없도록 할게."

진심으로 이렇게 사과한다면 모르긴 몰라도 상대방은 기꺼이 용서해주지 않을까? 하지만 상대에 대한 의심 — 혹은 냉정함이나 무관심 — 이 오랜 시간에 걸쳐 누적된 부부 사이라면 단 한 번의 부주의도 용납되지 않는다. 아무리 눈물을 흘리며 뒤늦은 참회를 해도 소용없다.

"자! 당신 가방 여기 있어!"

잘못을 반복하는 브랜드에게 소비자들은 냉정하게 등을 돌릴 것이고 그러면 브랜드는 던져주는 가방을 집어들고 조용히 떠나는 수밖에 없다.

스캔들에 대비해 가장 튼튼한 보호막을 쳐둔 바람직한 브랜드의 예로는 단연 빌 클린턴을 꼽고 싶다. 모니카 르윈스키 사건을 둘러싼 밑도 끝도 없는 소문과 각종 언론의 맹렬한 비난이 줄을 이었어도 결국 클린턴은 스캔들의 늪에서 살아 나왔다. 오히려 그의 탄핵을 주장했던 공화당측만 '공화당 브랜드' 에 치명적인 타격을 입은 채로 사건은 마무리되었다.

클린턴은 누가 봐도 명백한 실수를 저질렀지만 대부분의 미국 국민들은 재임기간 동안 그가 이루어놓은 많은 업적들을 더 높이 평가한 것이다. 클린턴이라는 브랜드는 소비자들의 마음속에 이미 신뢰의 뿌리를 깊이 내리고 있었다. 뿐만 아니라 그 누구도 클린턴이라는 브랜드에 순결하고 정숙한 이미지를 요구하거나 기대하지도 않았다. 대중에게 널리 인식되기 시작했을 때부터 그는 이미 그런 이미지와는 무관한 브랜드였던 것이다. 대통령으로 선출되기 전인 1992년에 이미 클린턴은 시사고발 프로그램인 〈60분 (60 Minutes)〉에 나와서 과거에 자신이 아내를 배신한 적이 있다고 솔직하게 고백하기도 했다.

섹스 스캔들이 클린턴 행정부가 이룩한 흑자행정, 경제부흥, 복지개혁 등의 업적마저 지워버릴 수는 없었으며 오히려 빌 클린턴과의 부정한 관계로 스캔들을 일으킨 상대 여성들이 더욱 비난을 받는 기현상이 벌어졌다. 기업의 마케팅 담당자들은 클린턴의 브랜드 관리 방식을 배워야 한다. 꼭 배워야 한다.

적이 나를 규정하게 하지 말아라

스캔들을 다루는 클린턴의 탁월한 능력은 마이크 듀카키스와 조지 부시가 접전을 벌였던 1988년 대선의 영향을 크게 받았다고 할 수 있다. 당시 듀카키스 진영의 광고 책임자로 그의 대통령 당선을 위해 발벗고 뛰었던 나는 안타깝게도 잘못된 선거전략으로 인해 유능한 정치가의 정치 생명이 허물어지는 모습을 가까이서 지켜봐야만 했다. 아마도 1992년 클린턴의 대선 캠페인을 주도한 민주당 사람들은 듀카키스 때의 실수를 타산지석으로 삼아 같은 실수를 반복하지 않기 위한 주도면밀한 선거전략을 앞세워 클린턴을 백악관에 입성시키는 데 성공했을 것이다.

1988년의 대통령 선거전은 새로운 브랜드를 동시에 출시하여 경쟁을 벌인 민주당과 공화당이라는 두 정당의 브랜딩 캠페인이었다고 해도 과언이 아니다.

조지 부시는 만 8년을 부통령으로 재직하면서 레이건 전 대통령의 보좌역을 훌륭히 수행했다고 떠들어댔지만 국민들은 그 사실을 별로 인정해주지 않았다. 여론조사 결과, 대부분의 미국인들은 부통령이란 그저 다른 나라 정치인의 장례식에 참석하거나 아니면 대통령이 빨리 죽어 넘어지기만을 기다리는 자리로 여기고 있음이 드러났던 것이다. 따라서 부시가 오랫동안 부통령을 역임했다는 사실은 그의 대통령 당선에는 오히려 부정적인 요소로 작용했다. 한편 민주당측이 후보로 내세운 당시 텍사스 주의 주지사 듀카키스 역시 전국 무대에는 처음 등장하는 인물이었기 때문에 대중의 시선을 단번에 끌어모으기에는 역부족이었다.

이처럼 시장성이 불투명한 상품을 내놓는 경우에는 후보들의 자질을 극단적으로 특성화시키는 수밖에 없다. 여기서 잠깐 상품을 차별화시키기 위한 마케팅 전략 세 가지를 살펴보겠다.

· 더 나은 품질을 강조한다(better).
· 더 저렴한 가격을 강조한다(cheaper).
· 선제 공격을 실시한다(attack).

정치도 마케팅과 같다. 단지 시간상으로 더 촉박하다는 점만이 다를 뿐이다. 1988년의 대선에서 부시 진영은 위의 세 가지 방법 중 '선제 공격'의 전략을 택했다. 그들은 일단 전국적인 차원의 선거 캠페인을 보류하고 텍사스 지방의 유권자들을 대상으로 듀카키스에 대한 공격을 개시했다. 광고 방송을 통해 텍사스 지역에서의 총기 휴대를 금하는 듀카키스의 정책을 조심스럽게 질타하기 시작한 것이다.

어느 정도 텍사스 주민들의 눈길을 끌었다고 생각한 그들은 다음 단계로 윌리 호튼에 대한 좋지 않은 정보를 전국적으로 퍼뜨리기 시작했다. 이미 살인죄로 수감중이던 죄수 윌리 호튼은 듀카키스가 매사추세츠 주지사로 재직하던 당시에 제정한 '48시간 특별 외박법'으로 외박을 나왔다가 지나가던 남자를 칼로 찌르고 그 약혼녀를 강간한 범죄자이다. 주도면밀한 선제 공격이 선거감시기관으로부터 별다른 제재를 받지 않고 무사히 넘어가자 부시진영은 더욱 노골적으로 듀카키스와 윌리 호튼에 관한 악성 루머를 유포했고, 비겁한 그들의 공격은 미디어의 감시망을 교묘하게 피해가면서 계속되었다.

1988년 여름 드디어 반격을 시작한 듀카키스 진영의 첫 반응은 공화당측이 퍼뜨린 루머는 사실무근이며 말도 안 되는 소리라는 것이었다. 하긴 당시 공화당측의 흑색선전이라는 것이 정식으로 맞대응하기에는 지나치게 산발적이고 수준 이하인 면도 없지 않았다. 봇물 터지듯 한꺼번에 와르르 쏟아지다가 순간적으로 잠잠해지고, 또다시 솟아오르는가 싶으면 어느새 사라져버리기를 지루하게 반복했다. 그 내용 또한 지나치게 선정적이고 저질스러운데다 소수 인종의 범죄에 대한 백인들의 두려움을 자극하는 등 다분히 인종차별적 시각으로 조작된 것이라 대중들이 이런 비신사적인 방식의 흑색선전을 그리 심각하게 받아들이지는 않을 것이라고 자신했던 것이다.

듀카키스 진영의 근시안적이고 안일한 선거전략의 문제점을 내게 처음으로 일깨워준 사람은 텍사스 유격대원 출신의 어느 덩치 큰 후원자였다. 선거자금 마련을 위해 어느 일요일 오후에 열린 모금 파티에 참석한 그는 텍사스에서의 선거전략을 논하는 자리에서 이렇게 말했다.

"당신들은 다른 지역 출신이라 이해 못 할 거예요. 조지 부시가 알고 보면 자기도 텍사스가 고향이네 어쩌네 하지만 텍사스 사람들은 아무도 그 말을 믿지 않아요. 또 듀카키스가 키 작은 그리스인이라는 것도 우리한테는 전혀 중요하지 않습니다.

하지만 한 가지 분명한 사실은 텍사스 사람들이 듀카키스가 대통령이 되는 걸 두려워하고 있다는 겁니다. 생각해보세요. 졸지에 텍사스의 총이란 총은 모조리 압수될 것이고 여자들은 강간당

할까봐 무서워서 문밖에 나가지도 못할 거 아닙니까? 텍사스에 삼나무를 심겠다고요? 지금 텍사스 사람들한테는 그런 공약 따위가 귀에 들어올 턱이 없지요."

마케팅의 '마' 자도 모르는 그였지만 놀랍게도 마케팅의 핵심을 제대로 꿰뚫는 주장이 아닐 수 없었다.

적으로 하여금 나를 규정하게 하지 말아라. 다른 누군가가 나 자신을 부정적인 존재로 규정지어 놓으면 뒤늦게 나서서 아무리 자신의 긍정적인 이미지를 강조해봤자 이미 결과는 돌이킬 수 없다. 범죄자에게 유리한 정책으로 '범죄와의 전쟁'은커녕 '범죄와의 화해'를 조장했던 당사자인 듀카키스가 뒤늦게 삼림보호니 환경친화니 하며 인간적인 공약을 내세워봤자 사람들에게는 곧이 들리지 않았던 것이다.

당시 민주당측이 저지른 가장 큰 실수는 상대편의 공격에 발빠르게 대응하지 못했다는 것이다. 상대 진영이 가하는 매서운 공격에 이렇다 할 반응도 없이 침묵으로 일관했던 듀카키스가 유권자들의 눈에는 나약하고 못 미더워 보일 수밖에 없었고, 유권자들의 신뢰를 잃은 그는 결국 부시에게 패하고 말았다.

그러나 듀카키스가 패한 진짜 이유는 한층 더 복잡한 설명을 필요로 한다. 부시 진영의 계속된 선제 공격으로 인해 듀카키스가 부시에 비해 더욱 왜소하고 나약한 존재로 비쳤다는 것만이 패배의 원인은 아니었다. 유권자들이 듀카키스를 왠지 두렵고 꺼려지는 존재로 받아들였다는 것이 그가 패배한 진정한 이유였고 이것이 바로 '규정'의 문제이다.

우리는 듀카키스를 긍정적인 인물로 '규정'하는 데 실패했으며 상대편이 퍼뜨린 부정적인 '규정'을 제거하는 데 실패했다. 한번 얽혀들어간 부정적인 이미지에서 탈출하지 못하고 주저앉아 버린 것이다. 이미 굳어져버린 부정적인 이미지를 다시 복구시키려면 최소한 다섯 배는 많은 비용과 노력을 들여야 한다.

선거전 막바지에 우리는 자그마치 1,000만 달러의 비용을 투입한 대대적인 홍보 광고를 내보냈다. '듀카키스는 콧대 높은 엘리트인 조지 부시와 다릅니다. 듀카키스는 언제나 여러분 곁에 있습니다'라는 메시지를 담은 이 광고는 듀카키스의 긍정적 이미지를 그런대로 부각시켜 주었지만 부시 진영이 파놓은 그 깊은 스캔들의 함정을 헤쳐 나오기에는 아무래도 역부족이었다.

빌 클린턴과 그의 선거운동 참모들은 듀카키스의 사례를 되짚어보면서 이 같은 실수를 반복하지 말자고 거듭 다짐했을 것이다. 그래서 그들이 선거캠페인을 위해 가장 먼저 한 일은, 상대 진영과 언론부터의 어떤 날카로운 맹공에도 그 즉시 당당하게 반박할 수 있도록 '신속 대응팀(rapid response)'을 결성한 것이었다. 당시 민주당의 선거전략가였던 제임스 카빌은 이런 말을 했다.

"선거전에 임할 때 우리가 반드시 명심해야 할 사실이 하나 있습니다. 대중은 자신이 가지고 있지 않은 정보에는 결코 어떠한 반응도 나타낼 수 없습니다. 대중이 우리에 대해 'A'라는 정보를 가지고 있다고 칩시다. 우리가 직접 나서서 'B'라는 우리의 입장을 적극적으로 해명하지 않는 한 대중은 오로지 'A'만을 진실로 받아들일 뿐입니다."

다시 말해 스캔들이나 루머에 제대로 대처하려면 자존심을 내세워서는 안 된다. 이는 정치뿐 아니라 비즈니스에 있어서도 필요한 자세이다. 물론 나 자신보다 나를 더 잘 아는 사람은 없고 그래서 '나만 아니면 그만이지' 라는 생각을 할 수도 있다. 그러나 대중은 나 자신만큼 나를 모른다. 내가 직접 나서서 말하지 않는 한 대중이 내 마음속까지 읽어낼 수는 없으며 그러기를 기대해서도 안 된다. 비방의 내용이 지나치게 저열하고 전혀 사실무근이라 반박할 가치조차 없다고 여겨질 때도 있을 것이다. 하지만 다시 한 번 생각하라. 내가 직접 나서서 해명하지 않는 한 소비자들은 진실을 알아주지 않는다.

따라서 스캔들이 닥치면 자존심을 접고 겸허하고 성실한 자세로 해명에 나설 필요가 있다. 그러나 아직도 스캔들에 연루된 수많은 기업들이 소비자들의 의구심을 풀기 위한 자세한 해명을 거부하는 오만한 태도를 견지하고 있다. 마치 듀카키스의 캠페인 전략을 답습하는 듯한 이런 자세는 매우 어리석은 것이다.

1990년대 말 유전자 변형 식품의 대한 논쟁이 한창 일기 시작했을 때, 미국의 거대 생명공학 식품 회사인 몬산토(Monsanto)는 유전자 조작 식품이 소비자들의 건강과 지구 환경에 해를 끼칠 수도 있다는 각계의 우려에도 꿈쩍 않고 계속해서 위압적이고 독단적인 입장만을 고수했다. 급기야 환경단체들이 나서서 몬산토를 '자연의 적' 으로 규정하기에 이르렀다. 한마디로 나비와 같은 자연 친화적 생물을 마구 죽여서 프랑켄푸드(Frankenfood: 프랑켄슈타인 식품, 즉 유전자 변형 식품을 뜻하는 말. 유전자 변형 식품이 인간과 자연환경을 기형적으로 변화시키는 주범이라는 의미에서 영국 괴기소설의 주인공 프랑켄슈타인에 빗대어 일컫는 명칭 — 역주)나 만들어내는 악덕 기업이라는 비난을 받은 몬산토는 결국 깊은 수렁에 빠지고 말았다.

과학적인 배경 지식이 부족한 나는 솔직히 유전자 변형 식품이라는 것에 대해서는 아는 바가 별로 없다. 그러나 홍보와 마케팅 분야의 전문가로서 이것 한 가지만큼은 분명하게 말할 수 있는데, 몬산토의 대응 전략은 너무나도 어리석었다는 것이다.

몬산토는 제품의 포장에 유전자 변형 여부를 표시하는 별도 표시제의 도입을 막기 위해 대대적인 로비 활동을 펼쳤다. 심지어는 성장 호르몬을 투여하지 않은 소의 젖으로 만들었다는 제품 설명을 기재한 몇몇 낙농업체들을 고소하겠다며 난리법석을 떨기도 했다. 그런 식의 별도 표시를 하면 100퍼센트 안전한 몬산토의 유전자 변형 식품이 자칫 위험한 것으로 오해받을 수도 있지 않느냐는 것이 몬산토의 주장이었다. 하지만 내 눈에는 상품 선택시 소비자가 반드시 알아야 할 정보조차 제공하지 않으려는 그들의 행동이 더욱 위험해 보인다.

오늘날의 소비자들은 「라이프 매거진(Life Magazine)」에 실린 탈리도마이드(thalidomide: 1950년대 말에서 1960년대 초까지 판매된 무독성 진정 수면제로 이 약으로 인해 전세계 46개국에서 1만 명 이상의 기형아가 태어났다 — 역주) 기형아들의 끔찍한 모습을 보며 자라난 세대이다. 그렇다 보니 제초제가 함유된 식품은 물론이고 조금이라도 인위적인 방법을 통해서 만든 식품이라면 무조건 거부감을 느끼는 경향이 있다. 하물며 DNA가 변형된 식물에서 추출했다는데 그것을 안전하다고 믿고 사 먹을 사람이 어디 있겠는가? 더구나 다른 기업도 아니고 바로 그 유전자가 변형된 콩으로 수백만 달러를 벌어들인 당사자가 직접 나서서 "우리가 만든 식품은 안

전합니다, 믿어주세요!" 라고 떠들어대면 도대체 누가 그 소리에 귀 기울이겠는가?

유전자 변형 식품에 대한 논쟁이나 오해를 불러일으킬 만한 정보의 공개를 기를 쓰고 막아보려 한 몬산토의 노력은 결국 자신들에 대한 의심을 가중시키는 역할만 했을 뿐이다. 마침내 유전자 변형 식품의 수입을 거부하기로 한 유럽측의 결의로 몬산토를 비롯한 유전자 변형 식품의 제조사들은 막대한 타격을 입었다. 그 결과 미국의 농부들은 팔리지도 않는 유전자 변형 작물은 더 이상 재배하려고 들지 않았으며, 뿐만 아니라 미국 내에서 유전자 변형 작물의 주소비를 담당해왔던 기업들, 즉 하인즈(H.J.Heinz), 거버(Gerber), 프리토레이(Frito-Lay) 같은 식품 회사들 역시 유전자 변형 작물의 사용을 기피하기 시작하면서 유전자 변형 작물은 점점 더 시장성을 잃어갔다. 설상가상으로 2000년 초에는 몬산토의 적극적인 로비에도 불구하고 유전자 변형 식품에 대한 별도 표시를 의무화하는 법안이 의회를 통과하기에 이르렀다. 유전자 변형 식품을 생산하는 또 다른 거대 기업인 듀퐁(DuPont)사의 CEO는 이런 말을 하기도 했다.

"대중들은 우리와 같이 바이오테크 산업에 종사하고 있는 기업들을 크게 오해하고 있습니다. 우리가 유전자 변형 식품에 대한 우려와 반감에 귀를 기울이기는커녕 오히려 그 모든 것을 비합리적이고 무지한 헛소리로 치부하며 무시한다고 소비자들은 생각합니다. 그래서 유전자 변형 식품을 생산하는 기업들과 소비자 간의 관계가 더욱 악화일로로 치닫게 된 것 같습니다."

그러나 내가 보기에는 소비자들이 그들을 오해한 게 아니라 아주 제대로 간파한 것 같다. 설령 유전자 변형 식품에 대한 소비자들의 우려가 정말 무지에서 비롯된 것이라 해도 유전자 변형 식품과 관련된 기업들이 계속해서 소비자들의 의견을 무시하고 있다는 사실에는 틀림이 없지 않은가?

반면에 몬산토나 듀퐁과는 달리 소비자들의 의견을 무시하지 않고 소비자 반응에 적극적으로 대처한 기업의 예도 있다. 1993년에 한 노부부가 자신들이 구입한 다이어트 펩시(Diet Pepsi) 캔에서 뭔가가 주입된 흔적을 발견했다고 주장한 일이 있었다. 그러자 기다렸다는 듯 여기저기서 수많은 모방 신고가 줄을 이었다. 펩시측은 말도 안 되는 소리라고 반박하며 소비자들의 입을 틀어막기보다는 소비자들의 우려를 말끔히 불식시킬 수 있는 근본적인 수습책을 택했다.

펩시 공장의 특수 장치를 이용해서 다이어트 펩시의 모든 캔이 초고속 밀봉되는 과정을 비디오 화면에 담아 전국의 TV를 통해 방영되도록 했던 것이다. 펩시의 생산 공정에는 부패와 오염의 우려가 털끝만큼도 없다는 점을 확인한 소비자들은 안심하고 다시 펩시 브랜드를 반겨주었다. 독극물이니 오염이니 하고 호들갑을 떨던 소비자들의 공포는 눈 깜짝할 사이에 자취를 감추었고 거짓 신고자들은 허위 사실을 날조한 혐의로 줄줄이 체포되었다.

인터넷의 등장으로 인해 특정 기업에 관한 루머와 스캔들은 더욱 빠른 속도로 더욱 많은 사람들에게 전파되기에 이르렀다. 1999년에 프록터 앤드 갬블(Procter & Gamble)의 섬유탈취제 '페브리즈(Febreze)'가 애완동물에게 치명적이라는 소문이 인터넷에 떠돌기 시작했다. 실제로 그것은 아무런 근거도 없는 헛소문이었지만 그로 인해 프록터 앤드 갬블은 끔찍한 고역을 치러야만 했다. 섬유탈취제에 함유된 성분 중에서 동물에게 해로운 것이 포함되어 있다는 증거는 손톱만큼도 발견되지 않았다. 하지만 인터넷을 통해 조작되고 인터넷을 통해 퍼져나간 거짓 정보는 미처 손쓸 틈도 없이 무서운 속도로 네티즌들 사이에 퍼졌다. 결국 사태의 심각성을 깨달은 프록터 앤드 갬블은 별도의 웹사이트를 만들어 자사의 결백을 증명하고 인권위원회와 동물보호협회에도 도움을 요청했으며, 한편으로는 안전사고 방지에 더욱 만전을 기하는 등 할 수 있는 온갖 방법을 다 동원해서 악성 루머를 잠재우고자 했다.

근거 없는 허황된 소문으로 일축하고 사태가 돌이킬 수 없을 지경에 이를 때까지 별 반응 없이 침묵으로만 일관하지 않았다는 점에서 프록터 앤드 갬블의 태도는 특히 칭찬받을 만하다. 아닌게 아니라 당시 그들의 최대 경쟁사들이었던 리졸브(Resolve)와 클로락스 프레시케어(Clorox FreshCare)는 프록터 앤드 갬블의 스캔들을 틈타 이익을 보겠다는 심산으로 자사의 제품은 애완동물에게 아무런 해가 없음을 공언하고 이를 기념하는 할인쿠폰까지 제작해서 배포하고 있었기 때문이다.

특정 기업을 음해하고자 하는 이런 악성 루머들은 흡사 자체적인 생명력을 가지고 있기라도 한 것처럼 지치지도 않고 우리 주변을 떠돌아다닌다. 여러분 모두는 한번쯤 이런 루머를 접한 경험이 있을 것이다. 마운틴듀(Mountain Dew)를 마시면 정자 수가 감소하고, 맥도날드 햄버거에서는 벌레가 나왔으며, 쿠어스는 나치를 지지하는 기업이라는 등 말도 안 되는 헛소문 말이다.

『제조 이야기: 현대의 전설 속에 등장하는 섹스와 돈(Manufacturing Tales: Sex and Money in Contemporary Legends)』의 저자인 게리 앨런 파인(Gary Alan Fine) 교수는 이런 현상을 일컬어 '골리앗 효과(The Goliath Effect)'라고 했다. 그에 의하면 루머라는 것은 원래 특정 분야에서 가장 막강한 파워를 자랑하는 초일류 기업만을 따라다니는 속성이 있다는 것이다. 맥도날드가 연루되었던 수많은 루머를 연구하고 분석한 파인 교수는 그로부터 다음과 같은 결론을 얻었다고 한다.

"맥도날드가 지금까지 셀 수 없이 많은 루머에 휩싸였던 데 반해, 맥도날드 다음으로 두번째로 큰 패스트푸드업체인 버거킹(Burger King)과 관련된 루머는 상대적으로 매우 적습니다. 업계에서 주도권을 쥐고 있다는 이유만으로 맥도날드는 다른 패스트푸드 기업들에 대한 루머까지 모두 떠안는 셈이지요."

다시 말해 브랜드의 규모나 인지도가 클수록 해당 기업이 나쁜 소문과 부정적인 스캔들에 말려들 위험은 커진다는 뜻이다. 따라서 거대 기업일수록 그에 대한 책임감 또한 막중함을 항상 명심해야 한다는 의미로 해석할 수도 있겠다.

이에 덧붙여 파인 교수는 기업을 둘러싼 스캔들과 루머가 끊임없이 성행하는 것은 소비자들이 그것을 필요로 하기 때문이라고도 했다.

"대중들에게는 거대 기업이 자신들을 독살할지도 모른다는 두려움이 무의식적으로 존재합니다. 기업에 대한 그와 같은 두려움은 딱히 이렇다 할 증거가 있는 것이 아니고 대단히 막연하게 마련이어서 확실한 말로 표현되지는 않습니다. 그러나 우리 내부에는 그런 두려움이 분명하게 존재합니다. 대중을 편집증 환자들로

매도하는 발언이라며 화를 낼지도 모르겠지만, 아무튼 대중은 자신들 안에 존재하는 기업에 대한 두려움을 '루머'를 통해서 표현하고 해소하는 성향이 있습니다.

KFC의 햄버거는 닭고기가 아니라 쥐고기로 만든다는 등의 소문은 쥐고기로 만드는 장면을 실제로 목격한 사람에게서 나온 말이 아니고 단지 쥐고기를 쓰면 어떡하나 하고 걱정하는 마음에서 소비자들 전체가 합심하여 만들어낸 소문에 불과합니다."

1993년에 「올랜도 센티널(Olando Sentinel)」지와의 인터뷰에서 파인 교수가 한 말이다.

오늘날의 주요 소비자층은 워터게이트 사건과 DDT 살충제 사건, 엑슨 발데즈 사건, 스리마일 섬 방사능 누출 사건 등을 겪으며 성장한 사람들이다. 그래서 이제 그들은 거대 기업일수록 더욱 믿지 못하고 의심하는 경향이 있다. 브랜드 운영자들은 이 점을 잊어서는 안 된다.

빅 브랜드의 운명이라는 것은 '양날을 가진 칼'과도 같다. 소비자들로부터 많은 인기와 사랑을 누리는 덕에 스캔들의 위기가 닥쳐도 살아남는가 하면, 한편으로는 높은 인기가 스캔들이라는 재앙을 모으는 피뢰침 역할을 하기도 한다.

최고이기 때문에 겪어야 하는 영광과 아픔을 모두 받아들여야 한다. 최정상의 자리에서 추락하는 사람을 지켜볼 때 대중은 일종의 쾌감마저 느낀다. 호기심 많은 미디어는 또 어떤가? 추락의 순간을 포착하기 위해 목을 길게 빼고 이제나저제나 스캔들이 터지기만을 손꼽아 기다리고 있다.

자, 이제 결론은 하나이다. 지금 우리 브랜드가 하늘을 찌를 듯

한 인기와 명성을 누리고는 있지만 무언가 좋지 못한 소문이 날 것 같은 낌새가 느껴진다면 만사를 제치고 나서서 당장 손을 써야 한다.

소문이 사실무근이라면 그것을 적극적으로 나서서 증명하라. 100퍼센트 날조된 헛소문이라고 해서 브랜드에 아무런 피해도 주지 않으리라고 자신한다면 엄청난 오산이다. 저 불쌍한 듀카키스를 보라. 그도 살인자나 강간범들이 제멋대로 날뛰도록 내버려둘 생각은 없었을 것이다. 하지만 텍사스 주민들은 그의 본심을 알 길이 없었다.

문제를 썩히지 말라

1971년에 한 은행원이 인스턴트 수프를 먹고 보툴리누스 식중독에 걸려 사망한 일이 있었다. 문제의 인스턴트 수프 제조업체인 본비반트(Bon Vivant)는 스캔들이 터진 뒤 꼭 3주 만에 도산하고 말았다. 치명적인 스캔들은 이처럼 브랜드의 생명을 단축시키고 기업의 존립을 더 이상 불가능하게 만들기도 한다. 도산이라는 극단적인 사태까지는 아니더라도 최소한 몇 년 동안은 지속적으로 브랜드의 명성을 갉아먹는다는 것만은 분명하다.

기업이 스캔들에 휘말리게 될 가능성은 무수히 많다. 제품에 대한 소비자 불만이 쇄도하는 바람에 전반적인 평판이 나빠질 수도 있고, 공장에서의 작업공정이나 직원들의 처우에 대해 나쁜 소문이 날 수도 있다. 그런 소문과 평판은 때로는 소송으로 이어질 정도로 확대되기도 하지만, 때로는 제풀에 지쳐 조용히 가라앉기도 한다.

그래서 일단 기업이 악성 루머에 휘말렸다 해도 대부분의 경영자들은 뭐 간단히 끝날 수 있는 스캔들이려니 하고 쉽게 생각하는 경향이 있다. 혹은 인생의 문제를 대할 때와 마찬가지로 스캔들에 초연할 수 있는 태도 또한 기업의 경영을 위해 반드시 필요한 덕목이라고 둘러대면서 문제를 회피하려고만 한다.

그러나 방심은 절대 금물이다. 스캔들이란 소비자 대중의 의식 속에 일단 잠입해 들어가기만 하면 독소처럼 순식간에 퍼져나가는 속성이 있다. 그래서 사태가 진정되었다고 한숨 돌리며 안심하고 있다가 문득 정신을 차려 보니 어느새 대다수의 소비자들과 소매업자들이 자사 브랜드를 통해 부정적인 이미지를 떠올리는 돌이킬 수 없는 지경에까지 이르렀음을 깨닫는 경우도 많다. 상황이 이쯤 되면 제품은 졸지에 진열대의 뒤쪽으로 밀려나 소비자들의 눈에 띄지도 않는 자리만 차지하고 있다가, 결국에는 싸구려 물건만 파는 지하 할인매장으로 내몰리고 당연히 가격도 밑바닥 수준으로 곤두박질친다. 하지만 경영자로서는 도통 그 이유를 알 수가 없다. 혹 이유를 알고 있다 해도 설마 이대로 주저앉기야 할까 하는 안일한 생각을 하기도 한다. 모든 것이 악화될 대로 악화된 후에야 미흡한 스캔들 처리가 이 모든 일련의 사태를 몰고 왔음을 깨닫고 사태 수습에 나서지만 이미 어마어마한 비용과 손해를 감수해야 할 돌이킬 수 없는 상황에 몰려 있다.

스캔들을 무마하기 위해 시장에 내놓았던 제품을 자진 회수하거나 혹은 기업 스스로 잘못을 인정하고 법적 조치를 받아들일 경

우에는 수억 달러라는 엄청난 손해를 감수해야 한다. 그래서 재
정적으로 타격을 입을까 두렵기도 하고 여론의 비난을 감수하고
공식적으로 잘못을 시인하기도 겁이 나는 경영자는 선뜻 결심하
지 못하고 더욱 망설이게 된다. 거기다 기업 내부의 재무 관계자
들은 한푼도 손해를 보아서는 안 된다며 고집하고, 고문 변호사
들 또한 한치도 양보해서는 안 된다며 가뜩이나 결단을 내리지 못
하는 경영자의 발목을 잡아당긴다. 그러나 문제를 신속하게 바로
잡지 않고 계속 우물쭈물하고만 있으면 상황은 점점 더 복잡해질
뿐이다.

이러지도 저러지도 못하고 주저하는 사이에 결국 운명의 순간
은 다가와 기업의 이름과 사진이 「뉴욕 타임스」의 일면을 화려하
게 장식할 것이다. 정부로부터 즉각 보상 명령이 떨어지고 기업
의 주식과 매출액은 절벽 아래로 추락할 것이다. 그제서야 비로
소 경영자는 돈 좀 아끼려다 돈 몇 푼과는 비교할 수 없을 만큼의
고귀한 값어치를 지닌 브랜드까지 망쳐버렸다는 사실을 깨닫고
발을 구르지만 때는 이미 늦었다.

물론 경쟁력 있는 브랜드를 소유하고 있는 기업이라면 스캔들
이 닥쳐서 어찌할 바 모르고 헤맬 때 이미 탄탄하게 자리잡은 자
사 브랜드의 명성에 기대어 위기를 극복하는 수도 있다. 하지만
아무리 경쟁력 있는 유명 브랜드라 해도 무책임한 태도로 일관하
는 기업의 운명까지 떠맡을 수는 없다.

소비자들과 투자가들은 기업 스스로가 실수와 잘못을 솔직하게
인정하고 대중 앞에 고개를 숙이면 기꺼이 용서해줄 것이다. 그
러나 기업이 속이 훤히 들여다보이는 변명으로만 일관하면서 진

실을 은폐하려고 한다면 그들은 가차없이 고개를 돌려버릴 것이다. 앞서 잠시 언급했던 페리어의 사례는 정직함이 결여된 기업의 경영 방식이 브랜드에 얼마나 치명적인 손해를 끼치는지를 보여준 좋은 예라고 할 수 있다.

1990년 초에 노스캐롤라이나 주에 있는 몇 명의 과학자들이 페리어가 판매하는 생수에 발암물질인 벤젠이 소량 함유되어 있다는 사실을 폭로했다. 이 소식을 들은 페리어는 북아메리카 지역의 생산 공장에서 만들어진 일부 제품에만 해당하는 사실이라고 주장하며 더 이상의 사태의 확산을 막으려 했다. 벤젠의 함유 사실을 인정하게 되면 제품을 전면적으로 회수해야 하는 상황이었기 때문에 나름대로 피해를 최소화하고자 택한 최선의 해결책이었으리라. 페리어는 벤젠이 묻은 작은 헝겊조각 하나 때문에 생긴 사소한 일이라며 계속해서 문제를 축소시키려고만 했다.

하지만 「워싱턴 포스트(Washington Post)」지가 자체적으로 실시한 조사에 따르면 페리어의 고위 관련자들은 그 당시 이미 사태의 심각성을 정확하게 파악하고 있었다고 한다. 자연 상태의 물 속에 들어 있는 벤젠 성분을 제거하는 데 사용하는 필터를 정기적으로 갈아주지 않아서 생긴 문제였고, 따라서 벤젠이 함유된 페리어 생수는 이미 미국 전역뿐 아니라 세계 각국으로 공급이 완료된 상태였던 것이다. 드디어 몇몇 유럽 국가에서 실시한 테스트를 통해 유럽 시장으로 수출된 페리어 제품에서도 역시 벤젠이 검출되었음이 밝혀지자 유럽의 소비자들은 계속되는 거짓말로 자신들을 기만한 페리어의 태도에 격분했다.

페리어는 곧 전세계적인 제품 회수에 들어갔지만 이미 '안전하지 못한 물'이라는 낙인이 찍힌 후였다. 경쟁사들은 기다렸다는 듯 페리어의 시장점유율을 나누어 갖기 시작했고 결국 2000년도 페리어의 매출은 1989년에 비해 무려 40퍼센트나 감소하는 결과를 낳고 말았다.

페리어 사례는 이제 하나의 교과서적 본보기로 여겨지고 있다. 하지만 그럼에도 불구하고 아직 교과서조차 제대로 읽지 않은 '학생들'이 너무나 많다. 지난 2000년에 발생한 파이어스톤(Firestone) 스캔들을 다시 한 번 되짚어보자. 세계적인 자동차 회사인 포드 사의 스포츠 레저 차량인 포드 익스플로러(Ford Explorer)에 장착된 파이어스톤 타이어와 관련된 이 스캔들은 기업의 늑장 대처로 브랜드의 생명이 꺼져버린 또 다른 안타까운 예이다.

사건의 발단은 일부 파이어스톤 타이어가 기온이 높아질 때마다 파열된다는 소문에서 비롯되었다. 이 소문은 점점 확대되고 전파되면서 이미 소문의 차원을 넘어 파이어스톤 브랜드에 결정타를 가하는 두 가지 치명적인 사실의 공개로 이어졌다.

첫번째는 파이어스톤 타이어에 대해 처음으로 소비자 불만이 접수되기 시작한 것은 이미 지난 1997년 초로 거슬러 올라간다는 포드의 주장이었고, 두번째는 파이어스톤이 마지못해 제품을 회수하기 시작할 당시 파이어스톤 타이어의 결함으로 인한 사망자 수는 이미 100명을 넘었다는 언론의 폭로였다.

사태가 이쯤 되고 보니 파이어스톤이 문제를 은폐하기 위해 쉬쉬하다가 능동적인 대처를 하지 못한 것인지 아니면 제품의 안전성을 체크하는 적절한 모니터링 시스템을 갖추지 못했기 때문에 문제가 발생하기 시작한 것인지는 더 이상 중요한 관심사가 아니었다. 이유야 어찌 되었건 파이어스톤은 아무 죄도 없는 소비자 100명의 목숨을 앗아가는 끔찍한 일을 저질렀다는 책임을 회피할 수 없게 되었던 것이다.

소비자들과 언론이 특히 분개한 것은 그들이 만든 '위험한 타이어' 때문이 아니라 사태에 대처하는 기업의 '무책임한 태도' 때문이었다. 파이어스톤 타이어의 전국적인 회수가 시작된 지 며칠 후 어느 타이어 가게 주인은 「월스트리트 저널」과의 인터뷰에서 이렇게 말했다.

"한 달 전에 우리 가게에서 최고급 파이어스톤 타이어를 구입한 여자 손님이 다시 와서는 고래고래 소리를 지르며 무조건 그 타이어를 떼어달라고 하더군요."

가게 주인의 말에 의하면 그 여자 손님은 자신이 구입한 파이어스톤 타이어가 신문과 방송의 여기저기에 대문짝만하게 보도된 문제의 바로 그 타이어가 아니라도 그 브랜드의 제품은 싫으니 무조건 다른 브랜드 제품으로 바꿔달라고 했다는 것이다. 그녀는 이제 파이어스톤이라는 브랜드 전체를 신뢰하지 못하게 된 것이다.

이처럼 소비자들이 특정 기업의 제품이 자신들의 안전을 위협한다고 의심하기 시작하면 그날로 그 기업의 브랜드는 바람 앞의 촛불과도 같은 신세가 된다. 설상가상으로 소비자들이 그 브랜드에 대한 부정적 정보를 개인적으로 받아들이기 시작한다면, 즉 자신이 피해자라도 된 것처럼 가슴 아파하면서 "오, 저런! 하마터면 내가 희생양이 될 뻔했잖아!"라고 생각하기 시작한다면 사태는 걷잡을 수 없이 심각해진다. 그럴 가능성이 조금이라도 보이면 기

업은 당장 한발짝 뒤로 물러나 적극적으로 책임을 지겠다는 자세
를 보여야 한다.

진정으로 현명한 기업이라면 문제가 곪아터지기 전에 미리 스
캔들의 화근을 제거하고 비바람을 피해가는 능력을 발휘할 수 있
어야 한다.

남아프리카계 기업으로 전세계 다이아몬드 원석 시장의 3분의
2를 장악하고 있는 드비어스(De Beers)는 앙골라, 시에라 리온, 콩
고 등 아프리카의 몇몇 국가들에서 벌어지고 있는 추악한 내분에
다이아몬드 산업이 연루된 이른바 '피의 다이아몬드' 사태로 말
미암아 다이아몬드에 대한 전반적인 소비자 인식이 나빠지고 따
라서 자사의 매출도 심각한 타격을 입으리라는 것을 직감했다.

어느 비정부 조직이 이들의 내분을 다이아몬드를 확보하기 위
한 세력 다툼에 불과하다고 비난하고 나선 것이 문제의 발단이었
다. 다이아몬드 산업을 비판하는 목소리가 점차 높아질 기미를 보
이자 드비어스는 사람들이 끼고 있던 다이아몬드 반지를 빼서 내
팽개치기 전에 재빠르게 선수를 쳤다. 부정한 방법으로 다이아몬
드를 밀매하는 국가와는 일체의 거래를 하지 않겠다고 선언하고
반정부 운동이 가장 극렬하게 일어났던 앙골라의 구매 사무소를
철수시킨 것이다. 그리고 2000년에는 폭도들이 장악한 아프리카
내전 지역에서 채굴된 원석은 일절 취급하지 않겠다는 메시지를
드비어스의 모든 상품에 끼워 배포함으로써 소비자들에게 자신
들의 결백을 알렸다. 뿐만 아니라 드비어스는 그와 동시에 '포에
버 마크(forever mark)' 라는 이름을 붙인 새로운 로고를 만들어 첫
선을 보이기도 했다. 비록 다이아몬드의 원산지는 불순한 세력의

피로 물들었을망정 드비어스가 판매하는 다이아몬드는 그 불순한 세력과는 무관하며 '영원히(forever)' 순결하다는 의미의 기업 이미지 재창출을 위한 일종의 자구책이었음은 굳이 말할 필요도 없을 것이다. 소비자들의 반응은 즉각적으로 나타났고 스캔들의 위기를 극복한 드비어스는 사회적인 신뢰를 회복해 오히려 드비어스 다이아몬드의 브랜드 가치를 한층 높일 수 있었다.

이처럼 스캔들이 발생했을 때, 혹은 발생하기 전에 신속하게 대처하면 할수록 브랜드의 위상은 더욱 굳건해진다. 타이레놀 역시 스캔들을 통해 오히려 한층 더 성장한 브랜드의 좋은 예이다.

1982년 타이레놀의 알약 제품인 엑스트라 스트렝스 타이레놀 (Extra-Strength Tylenol)을 먹고 7명이 사망하는 대형 사고가 발생했다. 그들의 사망 원인이 모두 제품에 함유된 청산가리 성분이었음이 밝혀지자 대부분의 사람들은 타이레놀 브랜드의 몰락을 예견했다. 아무도 그들이 다시 회생할 수 있으리라고 생각하지 않았다. 그러나 타이레놀의 모기업인 존슨 앤드 존슨(Johnson & Johnson)은 미 전역에 걸친 즉각적이고 완벽한 대응책을 통해 소비자들의 안전을 우선하는 기업 이미지를 고수했다.

우선 정확한 조사 결과가 나올 때까지 소비자들에게 타이레놀의 구매와 사용을 중지할 것을 권고했다. 그리고 사망자는 모두 시카고에서 발생했지만 존슨 앤드 존슨측은 전국의 모든 타이레놀 제품을 일제히 회수했으며, 위조나 독극물 주입이 전혀 불가능하도록 포장 시스템을 전면 재조정해서 다시 시장에 모습을 나타낼 수 있을 때까지 타이레놀의 제조와 광고도 전면적으로 중단했다.

제품의 회수로 인해 존슨 앤드 존슨측이 입은 금전적 손해는 총 1억 달러가 넘었지만 결과적으로 그 돈은 타이레놀 브랜드와 그 모기업 존슨 앤드 존슨에게 있어서 더할 나위 없이 고무적인 투자였음이 입증되었다.

누가 보아도 치명적이었던 스캔들을 겪은 후 타이레놀은 오히려 전세계 진통제 시장에서 25퍼센트 이상의 시장점유율을 보이며 업계에서 가장 신뢰받는 브랜드로서의 독보적인 명성을 누리게 되었기 때문이다.

도망칠 수는 있어도 감출 수는 없다

존 행콕도 이기적인 보험 에이전트들 때문에 생각지도 못했던 치욕적인 스캔들에 휘말린 적이 있다. 1990년대 중반 생명보험업계 전반에 걸쳐 독버섯처럼 번졌던 부정 판매 스캔들이 바로 그것으로 소비자들에게 이미 납입한 보험료를 현금으로 되찾아 그 돈으로 새로 나온 대형 보험에 재가입하라고 부추긴 뻔뻔스러운 에이전트들이 있었던 것이다.

새로운 보험 상품을 사기 위해 기존에 가입해둔 보험을 해약하고 그 동안의 보험료를 현금으로 돌려받을 경우 원금의 회수율은 매우 낮아진다. 하지만 에이전트들은 소비자들이 당연히 알고 있어야 할 이런 중요한 정보를 사전에 알려주지 않았다. 또 어쩌다 그 사실을 알게 된 소비자들도 대형 보험 쪽이 훨씬 많은 혜택을 누릴 수 있기 때문에 기존의 보험을 해약해서 돌려받을 수 있는 돈이 얼마 안 된다 하더라도 결국에는 별다른 큰 손해는 보지 않는 셈이라고 오해하는 경우가 많았다. 이렇게 에이전트들이 소비자들을 기만해가며 대형 보험 상품을 팔려고 기를 쓴 이유는 그들에게 배당되는 높은 수수료 때문이었다.

존 행콕은 우리 회사의 일부 에이전트들 역시 이런 조작적 판매를 자행했다는 사실을 알아내고는 사태의 수습을 위해 즉각 팔을 걷고 나섰다. 우선 해당 에이전트들을 즉시 퇴사 조치하고 생명보험 시장 전반에 만연되어 있던 그릇된 판매 문화를 정화하는 데 앞장서겠다는 취지로 1992년에 업계 최초로 '보험윤리 준수 위원회'를 발족시켰다. 보험윤리 준수 위원회란 우리 회사의 보험 판매원들을 대상으로 하는 청렴한 윤리 기준을 제정하고 그들의 판매 활동에 있어서 조금이라도 의문의 소지가 발견될 시에는 그 즉시 경위를 조사하게 되어 있는 독립적인 기구이다. 뒤이어 존 행콕은 '보험 문화 바로잡기' 정책을 실제 보험 판매와 관련된 전 부서와 전 과정으로 확대해 모든 판매 자료를 검토하고 재조정하는 한편, 윤리적 판매 행위를 지향하는 에이전트 교육을 대대적으로 실시했다. 그리고 아예 수수료 제도를 개혁해서 더 이상 편법을 써서 부정 이익을 취하는 에이전트가 생기지 못하도록 하는 근본적인 대책 마련에 나섰다.

결국 1995년에 보험업계의 부정 판매를 둘러싼 소비자 단체의 소송이 본격적으로 줄을 잇기 시작했을 때 존 행콕만은 별 문제 없이 사정의 회오리를 헤치고 나올 수 있었다. 일부 에이전트들이 저지른 부정 행위를 솔직하게 인정하고 내부 비리를 타파하기 위해 전사적 차원의 조직적인 개혁을 도모해왔다는 사실을 천명함으로써 존 행콕 브랜드가 입은 충격을 최소화할 수 있었던 것이다.

그러나 우리 경쟁사 중에는 그다지 운이 좋지 못한 보험사도 있었다. 그들은 자사 보험 상품의 부정 판매 사실을 발뺌하는 데에만 정신이 팔려서 정작 사건을 단속하고 수습할 생각은 전혀 하지 않았다. 결국 단속기관에서 실사(實査)를 나오고 보험계약자들이 보험사를 고소할 움직임을 보이자 더욱 강력하게 죄를 부인하고 소비자들을 맞고소하겠다며 수선을 떨어서 사태의 확산에 기름을 끼얹는 꼴이 되고 말았다. 이는 스캔들이 터졌을 때 어리석은 기업이 저지르는 전형적인 실수이다.

스스로 잘못을 인정해야 할 때에도 대부분의 기업들은 눈앞의 이익에만 급급해서 그저 어떻게 해서든 잘못을 감추려고만 한다. 하지만 그렇게 발뺌하고 있는 동안 소비자들과 언론과 법과 단속기관은 서로 합심하여 해당 브랜드와 기업에 지울 수 없는 부정의 낙인을 찍어버린다는 사실을 잊어서는 안 된다. 도망친다 해도 숨을 곳은 없기 때문이다.

하지만 그와 반대로 기업이 스스로의 잘못을 깨끗하게 인정하거나, 아니면 해명하고 싶지 않을 만큼 터무니없는 내용의 스캔들이라 해도 책임감을 가지고 적극적으로 대응한다면 희한하게도 스캔들은 자연스럽게 꼬리를 감추고 사라져버린다.

거듭 말하지만 차라리 인정하라. 인정하지 않고 계속해서 감추기만 한다면 스캔들은 꼬리에 꼬리를 물고 더욱 무성해지기만 할 것이다.

앞서 언급한 우리의 경쟁사가 스캔들에 대응하는 과정에서 저지른 치명적인 실수가 한 가지 더 있다. 어떻게 해서든 사태를 종식시켜 보겠다고 광고에 승부수를 둔 것이다. 미디어를 통한 광고 횟수를 대폭 늘렸을 뿐만 아니라 신문사측에서 자신들에 관한 비난 기사를 싣기라도 하면 그 즉시 자신들의 결백을 주장하는 광고를 특별 제작해서 내보내기도 했다. 하지만 그런 식의 광고는 소비자들이 잊고 있던 사건을 다시 상기시키는 역할을 했을 뿐이다. 기자들이 쓰는 신문 기사와 비교할 때 기업이 스스로를 옹호하고자 늘어놓는 변명조의 광고는 아무래도 '신용도'와 '객관성'에서 보다 낮은 점수를 얻을 수밖에 없다는 것을 그들은 왜 몰랐을까? 광고로 승부해서 스캔들을 벗어나겠다는 발상은 또 얼마나 어리석은가? 왜 우리를 싫어하냐고 하면서 귀찮게 계속 물고늘어지면 소비자들은 더욱 반감을 가질 수밖에 없다.

지난 2000년에 엄청난 스캔들을 겪은 파이어스톤은 당초 거창하게 계획했던 창립 100주년 기념 행사의 규모를 대폭 축소하는 자제력을 발휘했다. 하지만 예의 그 보험사는 자사 브랜드가 얼마나 심각한 위험에 처해 있는지도 제대로 파악하지 못한 듯 추태를 보였다.

미국이 역사상 유례가 없는 경제 부흥기를 맞았던 1994년부터 1999년까지 그들이 발행한 생명보험 증권은 무려 35퍼센트나 감소했다. 반면 같은 기간 동안 존 행콕이 발행한 생명보험 증권은 30퍼센트 이상 증가했으며 1999년에는 드디어 「뉴욕 타임스」가 선정한 '금세기 100대 브랜드'의 반열에 오르는 기염을 토했다. 존 행콕은 그들과 달랐다. 존 행콕은 그 동안 부정한 생명보험사들에게 기만당해온 소비자들을 다독이고 위로하며 우리가 얼마나 그들을 배려하는지를 확신시키고자 심혈을 기울였던 것이다.

스캔들을 깔끔하게 처리하지 않으면 기업이 아무리 나아진 모습을 보여주려고 노력해도 과거에 누렸던 것과 같은 소비자들의 신뢰를 얻기 힘들다. 물론 시간의 흐름과 함께 대부분의 소비자들은 스캔들의 정확한 원인이나 진행 과정 같은 것들은 서서히 잊어버린다. 하지만 그럼에도 불구하고 슈퍼마켓의 진열대 위에서 해당 브랜드를 발견하는 순간 소비자들은 무의식적으로 무언가 산뜻하지 못한 느낌부터 갖게 된다. 이처럼 단 한 번이나마 스캔들에 연루된 기업의 브랜드는 그 후로 몇십 년이라는 긴 세월을 불신의 늪에서 허덕여야 할지도 모른다. 완벽한 부활? 그 역시 기대하기 힘들다.

우량 브랜드의 자리를 차지하기까지는 100년이라는 긴 시간이 걸리기도 하지만 한번 스캔들에 휘말리면 기껏 이룩한 우량 브랜드의 이미지도 단 30일 만에 무너질 수 있다. 기업은 결코 이런 일이 일어나지 않도록 해야 한다.

스캔들과 관련해 기업의 브랜드 담당자가 할 수 있는 최선의 일은 언제 일어날지 모르는 스캔들에 대비해 적절한 예방책을 마련해놓는 것이다. 그래서 스캔들이 터졌을 때 그것을 오히려 소비자를 성심껏 배려하는 기업 이미지를 확실히 다지는 기회로 삼아야 한다. 소문이 사실이라면 무조건 덮어두려고만 하지 말고 솔직히 인정하고 시정하는 모습을 보여야 한다. 만일 터무니없는 헛소문에 휘말리게 되었다면 결백을 증명하기 위해 당당하게 스캔들에 맞서 싸워라.

8

브랜드 파워로 디스트리뷰터의 기를 꺾어라

*어떠한 일이 있어도 브랜드를 관리하고 살찌우는 총체적인 권한만은 디스트리뷰터에게
양도하지 말아라. 디스트리뷰터와 벌이는 줄다리기 경주에서 상대편보다 힘껏 밧줄을
잡아당길 수 있는 힘은 바로 강력한 브랜드에서 나오는 것이기 때문이다.*

　불과 몇십 년 전만 해도 미국의 소비자들은 상품이나 서비스를
판매하는 판매원들보다도 못한 대우를 받았다.
　소비자들에게 제품을 공급하는 공급자 비율에 관한 한 미국이
전세계에서 단연 최고라고는 하지만 지리적인 조건을 따져보면
미국의 소비자들이 다른 나라 소비자들에 비해 결코 대단한 혜택
을 누린 것은 아니다. 미국이 얼마나 큰 땅덩어리를 가진 나라인
가? 그 넓은 땅의 곳곳에 흩어져 사는 모든 소비자들이 다양한 상
품을 편안하게 구매할 수 있으려면 상품을 구석구석까지 조달해
주는 누군가가 있어야만 하는 것이다.
　불과 130년 전만 해도 일부 대도시를 제외한 미국의 대다수 지

역에는 동네 어귀에 딱 한 군데 있는 잡화점이 유일한 쇼핑 장소였다. 추운 겨울에 입을 코트를 사려고 동네 잡화점을 찾은 소비자들은 코트가 다소 무겁다거나 디자인이 좀 구식이어도 불만을 가질 형편이 못 되었다. 디자인은커녕 개인의 기본적인 선택 사항인 사이즈, 색깔, 옷감 등에 있어서도 전혀 선택의 여지가 없었기 때문이다. 그저 코트라는 것이 있기만 해도 참으로 다행이었다. 코트를 살 수 있어서 운이 좋았다고 여기며 돈을 주고 — 혹은 물물교환을 통해 — 구입할뿐 더 이상의 바람도 요구도 가질 수 없었던 것이다. 소비자들은 그렇게나마 코트를 구입해서 추운 겨울을 날 수 있다는 것만으로도 감사할 따름이었다.

그러다가 19세기 말에 이르러 몽고메리 워드와 시어스, 로벅 (Roebuck) 같은 대형 유통업체들이 상품 카탈로그를 대량으로 찍어 소비자들에게 배포함으로써 그야말로 소비자 선택권의 일대 변혁이 일어났다. 이제는 투산(Tucson) 같은 외딴 지역에 거주하는 소비자들도 자신에게 딱 맞는 사이즈로 원하는 스타일의 옷을 마음대로 고를 수 있는 특권을 누리게 된 것이다. 물론 겨울 코트를 사려면 봄부터 미리 서둘러 주문을 해야 하는 번거로움도 있었지만 그래도 이 얼마나 향상된 혜택인가? 소비자들은 더더욱 감사할 따름이었다.

그 뒤를 이어 백화점이라는 곳이 생기더니 삽시간에 온 도시의 소비자들을 사로잡았다. 소비자들은 이제 차를 몰고 조금만 나가면 되는 가까운 이웃 도시의 백화점에서 원하는 물건을 자신의 두 눈으로 직접 확인하면서 맘껏 선택할 수 있게 되었다.

그렇지만 백화점이 아무리 다종다양한 상품들을 구비해놓았다고는 해도 저마다 다른 유통 시스템으로 인해 백화점별로 취급하는 상품에는 약간씩 차이가 있었기 때문에 엄격하게 말하자면 소비자들에게 100퍼센트 완벽한 선택권을 제공했다고는 볼 수 없다. 하지만 그것은 별로 중요한 문제가 아니었다. 소비자들의 입장에서 보면 자신이 찾은 백화점에서 갖추고 있지 못한 브랜드가 무엇인지를 일일이 알아내기도 힘든 노릇이었고, 이제까지 너무나도 제한적인 선택권에 묶여 살아온 터라 백화점측이 일방적으로 선정해놓은 물건들에도 그저 눈이 휘둥그레져서는 감지덕지 고마워했다.

백화점에 있는 수많은 물건들을 보면서 더 이상 바랄 게 없다는 듯 만족스러워하던 소비자들의 눈앞에 이번에는 그야말로 모든 것들을 총망라한 대형매장들이 등장했다. 이제야 비로소 한장소에서 원하는 품목의 모든 브랜드를 빠짐없이 만나볼 수 있는 100퍼센트 완벽한 '소비자 선택의 시대'가 열린 것이다.

하지만 대형매장이 어떤 곳인가? 천장에 닿을 듯 빼곡히 쌓아올려진 그 많은 대형 박스들 하며 이쪽 끝에서 저쪽 끝까지 한 번 돌아보는 데만도 엄청난 에너지와 끈기가 필요한 곳이다. 매장 직원에게 도움을 요청하고 싶어도 누구 하나 쉽게 눈에 띄지 않고, 어쩌다 보이는 직원도 별 도움이 못 되기는 마찬가지다. 그렇긴 해도 어쨌든 그곳에 가면 원하는 물건을 구할 수 있었기 때문에 소비자들은 이 끔찍한 쇼핑 지옥을 역시나 감사한 마음으로 참아냈다.

이런 대형매장들은 우편판매도 병행했기 때문에 자동차를 끌고 갈 필요가 없어진 소비자들은 또다시 감사하는 마음을 가졌다. 하지만 이 우편판매라는 것 또한 얼마나 많은 문제점을 가지고 있는가? 대단히 편리하다는 것도 사실이지만 발송 시스템의 체계가 제대로 잡혀 있지 않은 탓에 주문하지도 않은 물건이 느닷없이 배달되는가 하면 주문한 물건이 아예 오지 않는 경우도 다반사였다.

이제 슬슬 날씨가 추워져 코트가 한 벌 필요하다고 생각할 즈음에 마침 마음에 드는 코트가 소개되어 있는 카탈로그가 적시에 배달되는 흔치 않은 일이 발생하면 소비자들은 기쁜 마음에 그 즉시 주문을 추가했다. 제때에 적절한 카탈로그를 보내준 매장측에 한없는 고마움을 느끼며.

그러던 차에 드디어 우리는 인터넷 시대의 도래를 맞이했다. 인터넷의 출현이 가져온 가장 큰 변화는 그 동안 그렇게도 감사히 여기며 고마워했던 기존 판매처들이 실은 소비자의 진정한 권익을 위해서 해준 일이 별로 없다는 '진실'을 소비자들이 깨달았다는 것이다.

인터넷과 자유를 얻은 소비자

이제 소비자들은 온라인 검색 엔진을 가동시킨 후 사고자 하는 품목에 대한 키워드만 입력하면 실로 어마어마한 수의 판매자들과 만날 수 있게 되었다.

인터넷상에서 지리적인 조건은 더 이상 장애가 되지 않는다. 소비자들은 10개 주나 혹은 10개국 건너의 지구 반대편에 있는 판매자에게서도 물건을 구입할 수 있게 되었다. 그러면서도 집 근

처 가게에서 물건을 사오는 것과 다를 바 없이 매우 편리하기만
하다.

소비자들은 수많은 온라인 매장 가운데 최상품만 취급하는 유
명 전문점을 선택해서 쇼핑할 수도 있고 서민들이 쓰는 일반 상
품을 저렴한 가격으로 판매하는 대형 도매점을 선택할 수도 있으
며, 그것도 아니면 그 두 가지의 중간쯤 되는 수준에서 또 다른 매
장을 고를 수도 있다.

뿐만 아니라 일부 발빠른 온라인 판매자들은 틀에 박힌 기존의
유통 및 판매 방식으로는 결코 파악할 수 없었던 소비자들의 또
다른 욕구를 포착하는 데에 성공했다. 선택권이 많아진 인터넷 시
대의 바쁜 소비자들에게 어떤 수준의 쇼핑 경험을 제공하는가에
따라서 특정 브랜드가 성장할 수도, 혹은 몰락할 수도 있다는 사
실이 바로 그것이다.

아마존닷컴의 경우를 보자. 아마존닷컴의 성공 요인은 그들의
뛰어난 배송력에 있다고 할 수 있다. 빠르고 안전한 배송 시스템
에만 초점을 맞춘 아마존은 대형 오프라인 서점들이 소비자들에
게 제공하는 여타의 서비스에는 별 관심을 보이지 않았다. 즉 도
서 판매라는 기본적인 비즈니스 콘셉트 외의 다른 부가적 시스템
은 어설프게 흉내내려 하지 않았다는 말이다. 아마존에 올라오는
도서 소개라든가 출판사 서평, 혹은 독자 서평 중 그 어느 것을 보
아도 그다지 눈길을 잡아 끄는 요소는 없다. 관련도서 목록이나
판매 순위를 제공하는 것이 고작이다. 하지만 아마존은 다른 어
떤 서점보다도 우수한 배송력을 발휘하는 그들만의 특성을 통해
대대적인 성공을 거두었다. 그리고 이것이야말로 소비자들이 아

마존을 찾는 가장 중요한 이유이다.

아마존에서의 쇼핑 체험을 한번 생각해보자. 방대한 양의 도서 목록과 더불어 절판도서까지 추적해서 찾아내는 집요한 노력, 충동구매를 하지 않을 수 없게 만드는 너무나 간편한 '원클릭 주문' 방식에 신속한 배달 서비스까지 소비자들에게 이보다 더 큰 만족과 기쁨을 제공할 수 있는 쇼핑 방법이 또 있을까. 아마존이라는 쇼핑 공간에서는 그야말로 최소한의 노력만으로도 내가 원하는 바로 그 상품을 손에 넣을 수 있을 것처럼 보인다.

영리한 아마존의 경영진은 아마존만의 간편한 쇼핑 방법이 자사 브랜드의 최대 강점으로 작용하리라는 것을 충분히 내다보고 있었다. 그래서 그들은 다른 경쟁사들이 자신들의 '원클릭 주문 방식'을 따라하지 못하도록 법적인 수단을 동원해가며 철저히 견제했다. 바로 그 때문에 대부분의 전자상거래 회사들이 고객과의 배송 약속을 지키지 못하는 사태가 속출한 1999년 악몽의 크리스마스 시즌에도 재고도서 확보와 배송인력의 확보를 위해 상상을 초월하는 거액의 비용을 투자한 아마존만이 유일하게 고객들에게 약속한 배송 서비스를 제때에 제공할 수 있었던 것이다. 배송 서비스에 지나치게 많은 비용을 투입함으로써 단기적으로는 손해를 보았을지 몰라도 이와 같은 뛰어난 배송 시스템이 장기적으로는 아마존 브랜드를 보호하고 홍보하는 주요 역할을 담당했음은 말할 것도 없다.

소비자들과 직접 얼굴을 맞댈 필요가 없는 온라인상의 판매 행위는 지금까지는 고객에 대한 서비스 제공보다는 오로지 이윤을 얻는 것만을 주목적으로 해서 이루어져왔고, 따라서 무리 속에 뒤

섞여 우르르 출현했다가 아무도 모르게 사라져버린 온라인기업들도 부지기수다.

편리한 쇼핑 기회의 제공이라는 막강한 장점을 가지고 있는 인터넷 기업들도 조금만 방심하거나 나태하게 운영하면 순식간에 소비자들의 마음에서 멀어지는 마당에 소비자들이 직접 매장으로 찾아가야만 거래가 이루어지는 기존의 오프라인 회사들은 지금 초긴장 상태일 것이다. 하지만 그럼에도 불구하고 긴박한 시장환경의 변화를 맞는 기존 오프라인 기업들의 태도를 보면 참으로 기가 막힌다.

인터넷과 오프라인은 개념 자체가 다르기 때문에 경쟁상대가 될 수 없다는 둥, 소비자를 만족시키는 판매 방식을 고집해서는 도저히 이윤을 낼 수 없다는 둥 하면서 안일하기 그지없는 자세로 일관하고 있다.

더욱더 많은 소비자들이 아마존으로, 인터넷으로 몰리고 있다. 그들을 다시 오프라인으로 불러들이고 싶다면 지금 이 상태로는 곤란하다는 것을 먼저 깨달아야 한다.

세일즈맨의 죽음

과거의 디스트리뷰터(distributor: 여기서는 판매업체와 판매업자를 일컫는다 — 역주)들은 소비자뿐 아니라 자신이 판매하는 브랜드의 운명도 마음대로 쥐고 흔들었다. 장난감 가게든 보험 회사든 자동차 대리점이든 슈퍼마켓이든 어떤 형태의 디스트리뷰터건 간에 그들이 내세우는 주장은 한결같았다. '디스트리뷰터는 기업의 수위와도 같다' 는 것이다.

거의 모든 브랜드에 관한 선택권과 판매권은 전적으로 디스트리뷰터에게 달려 있었다고 보면 된다. 물론 구입을 원하는 소비자들로 장사진을 이루고 있는, 대단히 인기 있는 몇몇 브랜드를 제외하고 말이다.

여기서 잠깐 과거의 디스트리뷰터들이 어떤 식으로 자신들의 권한을 행사했는지 살펴보자.

기업측에서 소비자들의 눈에 잘 띄지도 않는 진열대의 제일 아래 칸이나 컴컴한 구석에 자사 제품을 처박아두지 말라고 아무리 항의를 하고 부탁을 해도 디스트리뷰터들은 눈 하나 깜짝하지 않았다. 그래도 디스트리뷰터의 비위를 잘못 건드렸다가는 소비자에게 다가갈 수 있는 길이 아예 차단될지도 모르니 기업은 별수 없이 그들의 결정에 승복하는 수밖에 없었다. 이쯤 되면 디스트리뷰터가 브랜드의 운명을 좌지우지했다는 말을 어느 정도 실감할 수 있을 것이다.

그뿐이 아니었다. 당시의 디스트리뷰터들은 자신들이 취급하는 상품의 가격까지 마음대로 결정할 수 있었다. 그렇게 낮은 가격에 물건을 팔면 기업으로서는 아무런 이윤도 얻을 수 없다고 하소연해봤자 소용없었다. 디스트리뷰터들은 자신들이 요구하는 가격을 매기지 않으면 물건을 절대로 팔아줄 수 없다며 으름장을 놓았던 것이다. 그러다가는 느닷없이 제품을 팔아주겠다며 자기 쪽에서 먼저 나서기도 한다. 하지만 거기에는 반드시 조건이 붙게 마련이다.

"일단 조금만 줘보시오. 잘 나가면 그때 가서 대량으로 주문하지요."

대부분 말로만 그치고 만다는 사실을 기업은 경험을 통해 알고 있지만 그렇다고 해서 팔짱 끼고 구경만 해서도 안 된다. 부랴부랴 은행에서 대출을 받아서 공장의 불을 밝히고 생산라인을 가동시킨다. 운이 좋아 물건이 곧잘 팔릴 경우, 대량주문을 하는 디스트리뷰터에게 빈손을 내밀었다가는 기업의 신용에 치명적인 손상을 입게 된다는 사실 또한 너무나 잘 알고 있기 때문이다. 이처럼 디스트리뷰터들은 기업을 떡 주무르듯 자기 마음대로 할 수 있었던 무시무시한 존재였다.

자신이 취급하는 브랜드에 대해 이처럼 막강한 우선권을 행사할 수 있다는 사실은 디스트리뷰터들에게 대단한 자부심을 안겨주었다. 그래서 그들은 제조자인 기업측에 자신들의 요구를 더욱 강요함으로써 우선권을 뺏기지 않으려고 몸부림을 쳤다.

바로 이런 고약한 디스트리뷰터들 때문에 미국의 산업계에 소비자들의 권익을 전혀 고려하지 않는 판매 시스템이 구축되었다고 해도 과언이 아니다.

그 대표적인 예가 바로 자동차 산업이다. 오토바이텔닷컴(Autobytel.com)이나 카스디렉트닷컴(CarsDirect.com)처럼 자동차를 전문으로 판매하는 인터넷 쇼핑 사이트가 생기기 전까지는, 웬만해서는 흥정을 꺼리는 사람들조차도 자동차를 살 때만은 조금 더 깎기 위해 자동차 딜러를 붙잡고 통사정을 하기가 일쑤였다. 그만큼 자동차 가격은 부르는 게 값이었다는 말이다. 하지만 자동차 딜러들은 가격 협상을 할 때 소비자들이 기본적으로 알고 있어야 할 수수료 비율도 제대로 알려주지 않았기 때문에 소비자들은 자신들이 가격을 제대로 잘 깎은 건지, 오히려 바가지를 쓴 건 아닌지 도무지 알 길이 없었다. 그저 딜러가 부르는 값을 무조건 깎았다는 점에 만족해야 했다고나 할까?

또 자동차를 구입하기 전에 다양한 브랜드와 다양한 모델에 대한 정보를 얻고 싶어도 별다른 방법이 없었다. 아니, 있긴 있었다. 어떻게 해서든 한 대라도 더 파는 것에만 혈안이 되어 있는 자동차 세일즈맨들도 나름대로 정보를 흘리기는 했으니까. 그러나 그들이 제공하는 정보가 얼마나 편파적이었을지는 새삼 거론할 필요도 없을 것이다.

이런 식의 일방적인 구매 방식에 소비자들은 드디어 분통을 터뜨리기 시작했고 결국 1999년에 미국 최고의 자동차 평가기관인 제이디파워(J.D. Power and Associates)는 전체 자동차 구매 인구의 33퍼센트에 해당하는 소비자, 즉 가장 높은 구매율을 보이면서 가장 연령대가 낮은 소비자층을 '견제해야 할 비우호적 소비자'로 규정하기에 이르렀다. 이들은 딜러의 수수료 등 적절한 자동차 가격을 협상하기 위해 반드시 알아야 할 정보를 인터넷을 통해서 얻은 다음 그것을 충분히 숙지한 후에 매장으로 향하는 사람들이다. 그런데 이렇게 최신 정보로 무장을 하고 찾아간 소비자들에게 매장에서는 여전히 터무니없는 가격을 부르기만 하니 화가 나지 않을 수 없었던 것이다. 그래서 이들 소비자들은 자동차 모델의 선택과 융자, 구입, 보험가입 등 자동차 구매에 관한 일련의 모든 과정을 인터넷으로 처리하고 대신 자동차 판매장은 차를 인수해 오는 곳으로만 기능이 축소되기를 간절히 원하고 있다.

인터넷이 등장하기 전의 상황으로 돌아가보자.

그 시절의 보험 회사, 증권 회사, 여행사 등은 판매원에게 지급되는 높은 인건비와 커미션을 가격에 포함시켜서 그 부담을 모조리 소비자에게 떠넘기고는 했다. 인건비나 커미션 비용을 감수하면서까지 굳이 판매원을 쓰는 이유를 물으면, 소비자들이 직접 구입하기에는 제품의 성격이 너무 복잡하기 때문에 중간 다리 역할을 해줄 보조원이 필요하다고 둘러댔다. 이런 회사들은 자사의 판매원들에게 다음의 두 가지 원칙을 지킬 것을 신신당부했다.

첫째, 소비자들에게 판매원을 통하지 않고는 상품을 구입할 수 없다고 알린다.

둘째, 옵션으로는 어떤 것이 있으며 제품에 부가되는 서비스가 제품 가격에 어떻게 포함되는지 소비자들이 전혀 모르게 한다.

첫번째 원칙, 즉 소비자로 하여금 수수료를 부담하도록 유도하는 판매원에게만 제품의 판매권을 허용하는 정책은 오늘날에는 점점 사라지고 있는 추세인데 그에 대한 일등 공신이 바로 인터넷이다. 인터넷의 출현으로 인해 비로소 판매에 관한 한 가지 중요한 법칙이 제시된 셈이다. 즉, '기업이나 디스트리뷰터가 아닌, 소비자가 원하는 방식으로 팔아라' 는 것이 그것이다.

상품의 소개부터 거래계약, 그리고 사후관리에 이르기까지 모든 판매 업무를 한 사람의 중개인이 전담하는 풀서비스 시스템을 채택하고 있던 메릴린치 증권사조차도 이런 시대 분위기에 보조를 맞추기 위해 판매원의 개입이 전혀 없이 온라인상에서도 상품을 구입할 수 있도록 소비자들을 배려해주고 있다.

그리고 사기성이 농후한 판매 방식을 양산했던 두번째 원칙도 점차 자취를 감추고 있다고 할 수 있다. 인터넷 시대가 도래함과 동시에 수동적인 소비자의 시대는 드디어 막을 내렸다.

소비자들은 더 이상 판매원이 개입할 필요성을 느끼지 못하고 있다. 기업과 소비자 사이에서 거래를 성사시켜 주는 중간 판매원이 없이도 인터넷을 통해서 얼마든지 구매하고자 하는 상품에 대한 정확한 정보를 얻을 수 있기 때문이다. 우리는 이제 유용한 정보를 모두 모아서 비교하고 분석한 다음 마우스를 한 번 클릭하기만 하면 앉은자리에서 바로 상품을 구매할 수 있는 시대에 살고 있는 것이다.

소비자들이 제품의 구매를 결정하기 전에 가장 중요하게 따져 보는 조건 중의 하나가 바로 판매원을 거치지 않고 편하게 물건을 살 수 있는가 하는 것이다.

이런 소비자 심리를 파악하지 못하고 기존의 판매원 제도만을 고집하느라 새로운 형태의 판매 방식을 미처 익히지 못한 오프라인 브랜드들은 매우 당황할 수밖에 없다. 그들은 이제 현실을 직시해야 한다. 소비자들 스스로가 수수료의 부담만을 의미하는 판매원의 개입을 꺼린다는 사실은 업계의 입장에서나 소비자 개인의 입장에서나 매우 바람직한 현상이다.

사실 수수료라는 것은 판매원들로 하여금 소비자를 서비스의 대상이 아닌 '돈줄'로만 여기도록 만든 가장 큰 원인이다. 소비자들의 지갑에서 가능한 한 많은 돈을 빼내기 위해, 즉 자신에게 할당되는 수수료를 좀더 늘리기 위해 판매원들은 무조건 수수료 비율이 높은 브랜드만을 소비자에게 권했고 그러니 당연히 소비자의 선택의 범위는 좁아질 수밖에 없었다. 판매원들이 특정 브랜드에만 소속되어 있거나 아니면 특정 브랜드의 수수료가 다른 브랜드들보다 유난히 높은 경우가 많았기 때문에 이런 현상이 더욱 두드러졌다고 할 수도 있다.

예를 들어 시보레(Chevrolet)에 소속된 판매원들은 여러모로 보아 포드를 구입하는 것이 더 나을 것 같은 소비자들에게도 결코 포드를 추천해주는 법이 없었다. 자동차 브랜드는 총 150여 종도 넘는데 그 많은 차들에 관한 정보를 다 숙지해서 소비자들에게 적절하고 충분한 조언을 해준다는 것은 그리 간단한 일이 아니다. 게다가 장기적으로 소비자의 입장까지 고려한 만족스러운 서비스를 제공한다고 해서 회사로부터 돈을 더 받는 것도 아니었다. 판매원들에게 돌아가는 수수료나 판매 수당은 실적에 따라서 엄격하게 지급되는 것이기 때문에 판매원들로서는 소비자의 입장 따위는 무시하고 무조건 소속 브랜드 제품을 한 대라도 더 팔기 위해 혈안이 될 수밖에 없었던 것이다.

지금껏 여러분들이 살아오면서 겪은 모든 '구매의 경험'을 떠올려보라. 제품에 대해 좀더 많은 정보를 알았더라면, 더 좋은 구매 경로를 찾았더라면, 판매원의 감언이설에 넘어가지만 않았더라면 훨씬 더 나은 물건을 구입할 수 있었을 과거의 경험을 떠올려보면 왠지 억울하지 않은가?

반나절 정도의 인터넷 검색으로 사고자 하는 물품에 대한 구매 정보를 한아름 얻어서 얼마든지 현명한 구매를 할 수 있게 된 오늘날의 소비자들은 한심스러운 과거의 구매 경험을 떠올릴 때마다 누구에게인지 모르게 화가 치솟을 것이다. 지난날의 그 모든 거래를 망친 책임은 과연 누구에게 있을까?

100퍼센트 정당한 지목이라고는 할 수 없겠지만 어쨌든 제일 먼저 뇌리를 스치는 사람은 중간에서 수수료를 받아 챙겼던 판매원들이다. 그렇다고 수백만 명의 소비자들로 하여금 오프라인에 등을 돌리고 인터넷 매장으로 향하게 한 책임이 전적으로 판매원들에게만 있는 것은 아니다. 고객과의 대면을 주업무로 하는 매장 직원들 역시 판매원에 못지않은 책임을 져야 한다.

1970년대에 각 은행에 처음으로 현금자동인출기가 등장했을 무렵이 기억난다. 현금인출기를 통해서 나는 그 동안 소비자들이 판매원뿐 아니라 매장 직원들에게도 많은 불만을 느끼고 있었다는 사실을 알게 되었다.

당초 은행측의 의도는 현금인출기를 통해 고객들이 은행의 정규 영업시간 외에도 예금을 인출할 수 있도록 하겠다는 것이었다. 그런데 막상 설치하고 보니 영업시간중임에도 불구하고 고객들은 현금인출기를 사용하기 위해 저마다 기계 앞에 줄을 서 있고, 따라서 할 일이 없어진 창구 직원들은 애꿎은 손톱만 물어뜯고 있는 것이 아닌가? 고객들은 가능하다면 사람보다는 기계에 의한 서비스를 받고 싶어했던 것이다.

그러면 잘 생각해보자. 고객들이 아무 이유도 없이 기계를 더 선호했겠는가? 고장만 나지 않으면 기계는 무엇이든 고객이 시키는 대로 복종하기 때문에 사람보다는 기계하고 거래하는 편이 오히려 더 낫다고 여긴 것이다. 매장 직원으로부터 불쾌한 대우를 받을 염려도 없고 얼마나 마음 편한가?

그러고 보면 소비자 서비스 문제야말로 기업이 가장 우선적으로 고려해야 할 사항인지도 모른다. 그러나 매장에서 직접적으로 소비자 서비스를 담당하는 직원들에게 기업들은 아무런 인센티브도 보장해주지 않는다는 것이 문제이다. 직원들이 매장에서 접대하는 소비자의 수는 전혀 고려하지 않고 단 1초의 어긋남도 없이 그들의 근무 시간만을 계산해서 정확히 그만큼의 봉급을 지불한다. 그뿐인가? 눈곱만큼의 인센티브도 주지 않으면서 소비자 서비스를 게을리 하는 직원이 눈에 띄기라도 하면 부리나케 달려와 경고 조치를 취한다. 그러면서 나름대로 서비스에 최선을 다한다고 떠벌리니 소비자와 직원들의 불만은 날이 갈수록 늘어나기만 하는 것이다.

소비자 서비스를 이야기하다 보니 무하마드 알리(Muhammad Ali)의 '로프 전술'이 생각난다. 1974년 아프리카의 자이르에서 조지 포먼(George Foreman)과 세기의 한판 대결을 벌였을 때, 알리는 틈만 나면 로프에 기대는 작전을 쓰면서 포먼으로 하여금 지칠 때까지 주먹을 휘두르게 하였다. 결국 승리는 지쳐떨어진 포먼을 한방에 때려눕힌 알리에게로 돌아갔다. 가끔 매장에서 소비자가 지쳐서 스스로 포기할 때까지 도대체가 아무런 대꾸도, 반응도 없는 퉁명스럽기 짝이 없는 직원들을 볼 때면 나는 알리의 '로프 전술'이 생각나곤 한다.

많은 기업들이 소비자 대하기를 해변에 있는 무수한 모래알 대하듯 한다. 손가락 사이로 빠져나간 수천 개의 모래알을 다시는 주워담을 수 없다 해도 바닷가에 가면 얼마든지 더 많은 모래를 담아올 수 있는데 뭐가 걱정이냐는 식이다. 그러나 이런 안일한 태도는 결국 기업이 스스로 함정을 파는 셈이다.

기업이 계속 질 낮은 서비스만을 제공한다면 그로 인해 불편함과 번거로움을 느낀 소비자들은 다시는 그 기업을 찾지 않을 것이고, 그렇게 되면 기업은 특정 소비자만 잃는 게 아니라 자사 브랜드에 대한 소비자들의 신뢰와 브랜드 명성까지도 한꺼번에 잃게 된다. 결과적으로 브랜드는 회복이 불가능할 정도로 치명적인 손상을 입고 만다.

안타깝게도 현재 몇몇 기업이 이런 몰락의 위기에 처해 있는데, 전부 이름만 들어도 놀랄 만한 대형할인매장 브랜드들을 가지고 있는 기업이다. 대형할인매장이 어떤 곳인가? 무수히 많은 다양한 상품을 갖추고 있을 뿐 아니라 가격 또한 아주 저렴하여 서민들이 즐겨 찾는 쇼핑 장소이다.

그러나 그곳에서 쇼핑을 하려면 대단한 용기가 필요하다. 너무 복잡하고 정신이 없어서 마치 4차원의 세계에 있는 듯한 느낌이 든다. 별수 없이 도움을 받아야겠다 싶어서 두리번거리며 매장 직원을 찾아보아도 모두들 어디 숨었는지 좀처럼 눈에 띄지 않는다. 지저분하기는 또 왜 그렇게 지저분한지 사방에는 온통 쓰레기 더미가 쌓여 있고, 물건들은 손이 닿지도 않는 한참 높은 곳에 올려져 있어서 집어들 엄두도 나지 않는다. 그러던 차에 어쩌다 운이 좋아서 점원을 발견했는데, 야속하게도 그는 겨우 열 번에 한 번 꼴로 시큰둥한 대답을 던져주고는 금방 또 사라져버린다. 계산원도 부족해서 한참 동안 줄을 서서 기다려야 한다. 이런 식으로 매장을 나올 때까지 계속되는 고난이도의 인내력 테스트를 소비자들은 매번 견뎌야 했던 것이다.

다른 선택의 여지가 없다면 소비자들은 앞으로도 계속 대형매장의 횡포를 참아내는 수밖에 없을 것이다. 하지만 다행히도 이제 탁월한 소비자 서비스로 무장한 신종 인터넷 쇼핑 사이트가 속속 출현하여 무성의하고 나태하기 그지없는 기존의 오프라인 매장들로부터 소비자를 모셔가기 위해 점점 세력을 넓히는 중이다.

현명한 브랜드는 소비자를 실망시키지 않는다

어느 관광지에서 호텔 프런트 직원과 다음과 같은 대화를 나누는 장면을 상상해보자.

"콜라를 마시고 싶은데요. 여기 어디 콜라 파는 데 없나요?"

직원은 이렇게 대답한다.

"콜라 파는 곳이 있긴 있는데요, 해변에 있어서 택시를 타고 가셔야 할 겁니다."

콜라를 마시기 위해 1시간 30분이나 택시를 타고 이동해야 한다는 말인데 그러면서까지 콜라를 마셔야만 할까? 대부분은 고개를 흔들며 포기할 것이다.

코카콜라는 바로 이런 소비자들의 심정을 간파했다. 그래서 전국 방방곡곡의 구석진 산간벽지에까지 요소요소마다 코카콜라를 보급해서 누구나 손쉽게 사먹을 수 있도록 했다. 물론 슈퍼마켓에서 코카콜라를 한 병 사 먹을 경우에는 35센트만 있으면 되지만 근사한 레스토랑에서 마실 경우에는 같은 제품에 3달러 50센트나 내야 한다. 선택은 소비자의 몫이라는 것이다. 찰스 슈왑, 갭, 스테이플(Staples) 등의 현명한 브랜드들은 코카콜라의 본을 받아서 소비자들이 직접 '언제 어디서 어떻게' 제품을 구입할지를 결정할 수 있도록 다양한 선택의 가능성을 제공하고 있다.

존 행콕도 1990년대에 이르러 소비자들이 원하는 방식으로 상품을 구입할 수 있도록 배려하지 못한 그 동안의 판매 방식을 반성하기 시작했다. 그 당시 대부분의 보험 회사들처럼 존 행콕 역시 고객들과의 만남에서부터 거래에 이르기까지 소비자와의 모든 관계를 보험 에이전트들에게만 의존하고 있었던 것이다. 그러나 이런 식의 단일 채널만으로는 더 많은 잠재 소비자들에게 제대로 접근할 수 없다는 것이 점차 확실해졌다.

그래서 우리는 소비자들이 우리를 찾아오게 하는 대신, 우리가 그들을 직접 찾아 나서기로 했다. 예를 들어 이런 식으로 말이다. "생명보험에 가입하고 싶으세요? 존 행콕이 당신 곁으로 찾아 가겠습니다."

일단 목표가 분명해지자 계획은 일사천리로 추진되었다. 우선 보험 에이전트만으로 국한시켰던 보험 상품의 판매망을 은행을 비롯한 보험중개인, 주식중개인, 금융전문가로 대폭 확대했다. 또 퀴큰(Quicken)과 쿼트스미스(Quotesmith) 같은 인터넷 보험 사이트들과 전화를 이용한 직접 판매에도 적극적으로 나섰다.

곧 급격한 변화가 뒤따랐다. 1991년에 존 행콕의 보험 상품을 판매한 보험 영업소가 5,000군데에 불과했던 것이 2000년에는 무려 6만 6,000명에 달하는 금융전문가들이 존 행콕의 보험 상품 판매에 동참하게 되었다.

이처럼 과감하게 판매처를 넓힌 이유는 그 당시 레코드 회사부터 자동차 회사에 이르기까지의 모든 기업들이 인터넷 기업의 등장으로 인해 엄청난 타격을 받기 시작했다는 데 있었다. 존 행콕이 속한 생명보험업계도 역시 심각한 위기의식을 느끼면서 코너에 몰리기 시작했음은 물론이다.

그러나 우리는 이런 과감한 유통 개혁을 단행하면서 전혀 문제가 없으리라고는 생각하지 않았다. 기존 디스트리뷰터들이 생각보다 거세게 반발했다. 보험 에이전트들은 자기들에게만 제공하던 판매권을 다른 유통 라인으로까지 확대시킨 행위는 곧 자신들의 경쟁 상대를 지원해주는 배신이나 다름없다며 분개했다. 그렇다면 만일 존 행콕이 중간 단계를 거치지 않고 직접 판매만을 추진했다면 존 행콕의 경영진이 자신들의 경쟁자가 된다는 말인가?

어쨌든 최근 유통망의 확장을 추진하기 시작한 보험사들이 기존 디스트리뷰터들과 겪고 있는 심각한 갈등을 존 행콕은 일찌감치 경험했다.

"사람의 힘을 빌리지 않고 어떻게 보험 상품을 판매하겠다는 겁니까? 아무도 사려고 들지 않을걸요."

협박까지 하는 사람도 있었다.

"당신네 회사에서는 더 이상 일하지 않겠습니다."

하지만 우리는 물러서지 않았다. 대신 분노한 보험 에이전트들을 이렇게 설득했다.

"물론 유통 채널을 확대하게 되면 고객들이 여러분을 찾는 횟수는 확연히 줄어들 것입니다. 하지만 그렇다고 실망하실 필요는 전혀 없습니다. 유통 채널을 다각화해서 판매가 신장되면 존 행콕의 힘은 더욱 막강해질 것이며, 그렇게만 되면 분명 여러분들도 전보다 더 많은 소득을 보장받을 수 있습니다."

그리고 나서 우리는 일단 소비자들로부터 높은 평가를 받을 수 있도록 현대적인 감각을 지닌 전문 판매원들로 에이전트들을 재구성했다. 그런 후 그들에게 다른 브랜드의 보험 상품도 취급할수 있도록 독립권을 보장해주었다. 뿐만 아니라 금융상담가로서의 전문성을 키울 수 있도록 각종 교육 프로그램도 제공했다.

인터넷 혁명의 충격으로 기존의 많은 기업들이 휘청거리거나심지어는 문을 닫아야만 했던 위기를 극복하면서 존 행콕은 중요한 교훈 한 가지를 얻었다. 즉 소비자들이 사람에 의한 개별 서비스를 무조건 거부하는 것이 아니라 다만 무가치하고 불필요한 서비스에 돈을 낭비하고 싶지 않을 뿐이라는 것이 그것이다.

판매 채널을 다양화하기로 한 존 행콕의 시도는 지금 생각해도확실히 옳은 결정이었다. 우리가 만일 보험 에이전트를 통한 기존의 판매 방식만을 고집했다면 존 행콕의 생명보험과 장기요양보험(long-term care insurance: 고혈압, 당뇨, 치매 등 지속적인 간병이 필요한 노인성 질환에 걸린 사람들이 옷 갈아입기, 목욕하기 등의 홈케어를 받는 데 드는 비용을 충당하기 위한 보험 – 역주)의 판매율은1991년에서 1999년 사이에 20퍼센트 정도는 족히 하락했을 것이다. 하지만 유통 라인을 대폭 확대한 결과 실제로는 거의 두 배에가까운 매출 신장을 보였다. 1991년 이후로 존 행콕의 생명보험판매율은 업계의 평균보다 무려 다섯 배 이상 성장하는 쾌거를 올렸다.

인터넷 시대의 기업은 구체제하에서의 기존 판매원들이 새로운전문 지식을 갖추어 자기 분야에서 나름대로 성공할 수 있도록 최선을 다해 도와주어야 한다. 하지만 그 과정에서 그들이 자신들의 권익을 위해 기업의 브랜드를 볼모로 삼는 일은 결코 없어야 한다.

판매처를 확장해서 성공하는 기업도 많지만 반대로 제한적인 판매 전략으로 효과를 본 경우도 있다. 세계적인 보석 제조업체 티파니(Tiffany & Co.)는 브랜드 메시지를 '독특함'으로 설정해서 판매를 극히 제한적으로만 시행한 것이 적중한 예이다. 또한 장난감 회사인 타이(Ty)는 흔해빠진 솜인형 제품에 불과한 비니베이비(Beanie Baby)가 대단히 가치 있는 명품이나 되는 듯 한동안 소수의 전문점에만 제품을 공급하고 몇몇 유명 잡지나 일간지에만 광고를 내는 등 '희소성' 전략을 구사하여 성공을 거두었다.

하지만 정말 가치 있고 독특한 제품도 아니면서 오만하고 건방져 보이기까지 한 제한적 판매 전략을 고집하는 것은 문제가 있다. 현대의 소비자들은 자신들이 좋아하는 브랜드가 되도록 많이 유통되기를 바라고 있으며, 그런 소비자들의 요구에 굳이 저항하려는 것은 기업의 미래를 위해서도 별로 바람직하지 않다.

인터넷의 강점을 최대한 활용하라

인터넷 시대가 활짝 열렸는데도 팔짱 끼고 남의 잔치 보듯 구경만 하는 기업들이 있다. 그러나 스스로가 잔치의 주인이라는 사실을 깨닫지 못하고 구시대적 방식만을 견지하고 있는 이런 기업들이 한 가지 분명하게 알아야 할 것이 있다.

인터넷을 통한 적극적인 기업 홍보나 판매 활동을 펼치지 않는 기업은 조만간 오프라인 매장과 사무실에서마저 치명타를 입을 것이라는 사실이 그것이다.

지금은 오프라인 회사로서 인터넷의 장점을 제대로 잘 활용한 기업의 예로 꼽히는 토이즈 알 어스(Toys 'R' Us)는 오늘날의 시장 환경에서는 인터넷 기업과 무조건 경쟁하려고만 할 것이 아니라 오히려 인터넷에 적응해야만 성공할 수 있음을 보여주고 있다.

자녀를 둔 대다수의 부모들처럼 나 역시 1999년에 토이즈 알 어스가 대규모 인터넷 매장을 열었다는 소식을 접하고 대단히 반가웠다. 크리스마스 쇼핑을 집에서도 할 수 있게 되었으니 어느 부모가 기쁘지 않겠는가?

당시 토이즈 알 어스는 새로 문을 연 자사의 웹사이트를 홍보하기 위해서 몇 가지 판촉행사까지 마련했다. 그 중 하나가 100달러어치의 물건을 구매하는 소비자에게 아이들 사이에서 선풍적인 인기를 끌고 있던 엘모 인형을 사은품으로 증정한다는 것이었다. 아들이 엘모 인형을 좋아한다는 사실을 알고 있던 나로서는 귀가 솔깃하지 않을 수 없었다.

추수감사절 다음날, 나는 서둘러 토이즈 알 어스의 사이트에 들어가 보았다. 그러나 접속자 수가 너무 많아 접속이 불가능하니 재시도를 하라는 메시지만 뜰 뿐 계속해서 접속이 되지 않았다. 열 번도 넘게 시도한 끝에 겨우 사이트에 들어간 나는 이번에는 어디를 어떻게 찾아야 할지 알 수가 없어서 헤매기 시작했다.

시험 삼아 일단 검색창에 '푸(Pooh)'를 입력하고 엔터키를 눌렀더니 '검색 결과가 없습니다'라는 메시지가 떴다. 말도 안 되는 소리! 어떻게 토이즈 알 어스에 곰돌이 푸가 없을 수 있단 말인가? 하지만 도대체 어디를 어떻게 찾아보아야 할지 여전히 난

감하기만 했다. 친구들한테 전화를 하고 한바탕 법석을 떤 후에
야 나는 우리 아이가 원하는 장난감을 찾으려면 '아기 곰 푸와 그
의 친구들(Winnie the Pooh and Friends)'을 입력해야 한다는 사실
을 알아낼 수 있었다. 하지만 제대로 된 검색어를 입력하고 난 뒤
에도 아들이 TV에서 보았다는 장난감은 찾을 수가 없었다. 몇 가
지 다른 인형들과 그에 대한 간략한 설명만 화면에 뜰 뿐이었다.

그런데 어찌할 바를 모르고 있는 그 와중에 한술 더 떠 시간이
초과되었다는 메시지까지 뜨는 것이었다. 그러고는 다음 순간 자
동으로 접속이 끊어지는 것이 아닌가? 기가 막히는 노릇이었다.
오기가 나기 시작한 나는 재접속하여 시간 초과로 쫓겨나기(?)를
세 번이나 더하고 나서야 결국 포기하고 말았다.

하지만 내가 토이즈 알 어스의 온라인 매장에서 겪었던 이런 황
당함은 아무것도 아니었다. 그해 크리스마스 시즌에 토이즈 알 어
스의 온라인 매장에서 장난감을 구입한 쇼핑객의 5퍼센트는 원래
도착하기로 한 날짜보다 4일이나 더 지난 후에야 구입한 물건을
받을 수 있었고, 이 일로 토이즈 알 어스는 고소를 당하는 사태까
지 벌어졌다. 가족에게 기쁨과 화목을 선사해야 할 장난감 브랜
드가 오히려 수많은 부모와 아이들의 소중한 크리스마스를 망쳐
놓았다는 비난을 듣게 되었으니 토이즈 알 어스의 브랜드 명성은
큰 타격을 입을 수밖에 없었다.

결국 자신들의 한계를 직시하게 된 토이즈 알 어스는 2000년 8
월 소비자들에게 보다 원활하고 편리한 온라인 서비스를 제공하
기 위해 아마존닷컴과의 연계를 결정했다. 토이즈 알 어스가 생
산하는 모든 제품에 관한 온라인 판매 활동의 관리와 권한을 아

마존측에 위임한 것이다. 그 결과 아마존은 현재 도서뿐 아니라 어린이 문구와 장난감 분야에 있어서도 네티즌들이 가장 즐겨 찾는 독보적인 브랜드를 보유한 최고의 인터넷 기업이 되었다.

나는 보다 많은 오프라인 브랜드들이 서둘러서 기술적인 노하우를 축적해두어야 한다고 생각한다. 기존의 오프라인 브랜드가 온라인 판매를 병행한다는 것은 결코 만만한 일이 아니다. 더군다나 비즈니스계에는 아직 전문 드래프트 제도(pro draft: 스포츠에서 신인선수를 선발하는 제도 — 역주)가 확립되어 있지 않기 때문에 인터넷 기업이나 첨단 테크놀로지 회사가 아닌 다음에야 우수한 기술 인력을 제대로 확보하는 일은 하늘의 별 따기만큼이나 어렵다. 하지만 어느 정도 업계에서 인정받고 있는 첨단 테크놀로지 회사와 협력 관계를 맺으면 인터넷 전문가들을 영입하는 일이 훨씬 용이해진다. 월마트 같은 빅 브랜드도 웹사이트의 구축을 위해 액셀 파트너(Accel Partners)라는 벤처기업과 손을 잡고 월마트의 본사가 있는 벤톤빌(Bentonville)도 아칸소(Arkansas)도 아닌, 캘리포니아의 팰러앨토에 있는 하이테크 산업기지에 자신들의 온라인 운영본부를 설치했다.

전자상거래의 미래는 온라인상에서의 보다 '감각화' 된 경험 세계로 소비자를 유도하는 데에 달려 있다. 예를 들어 자동차를 사고 싶은 소비자는 이제 인터넷에서 제공하는 3차원 입체영상을 통해 마치 눈앞에서 보듯 자동차의 구석구석까지 자세히 살펴볼 수 있게 되었다. 이런 추세라면 컴퓨터를 이용해 마치 도로에서 운전하는 느낌까지 그대로 재현해내는 시뮬레이션 시스템이 도입될 날도 그리 멀지 않은 것 같다.

이와 같은 획기적인 기술 혁신은 어떻게 이루어지는가? 자신의 한계를 인정하고 그것을 극복하기 위한 적극적인 시도는 하지 않으면서 두 손 놓고 걱정만 하는 오프라인 브랜드가 이 일을 해낼 수 있을까? 천만의 말씀이다. 혁신적인 기술의 발달은 첨단 테크놀로지 분야의 최고 전문가들의 손에 달려 있다. 현명한 기업이라면 이런 현실을 직시하고 최고의 능력을 갖춘 하이테크 전문가들과 손을 잡아야 한다는 말이다.

1999년에 존 행콕은 중대한 결정을 내려야 할 순간에 봉착했다. 1억 달러의 돈을 더 투자하여 자체적으로 운영하고 있던 인터넷 사이트 '존행콕닷컴(johnhancock.com)'을 업그레이드시킬 것인가, 아니면 최근 몇 년 사이 급부상하고 있는 온라인 보험총판 사이트와 제휴를 맺을 것인가 하는 갈림길에 서게 된 것이다.

고심 끝에 우리는 존 행콕의 상품 판매를 담당해줄 첨단 테크놀로지 파트너들과 손을 잡는 쪽을 택했고 이는 결과적으로 탁월한 선택이었음이 입증되었다.

우리는 현존하는 보험사이트 중 가장 규모가 큰 보험총괄 사이트인 쿼큰과 쿼트스미스에서 최고의 판매율을 자랑하는 '넘버원 브랜드'가 되었다. 그 밖에도 테크놀로지 전문가들과 손을 잡은 그 이듬해인 2000년에 존 행콕은 온라인상에서 전체 정기생명보험(term life insurance: 생명보험 중에서 보험기간이 일정기간으로 한정되어 있는 보험 — 역주) 증권의 60퍼센트를 판매하는 쾌거를 올리기도 했다.

존 행콕이 쿼큰과 쿼트스미스하고만 제휴 관계를 맺은 것은 아니다. 우리는 장기적으로 살아남을 가능성이 큰 몇 개의 주력 사

이트만 선정하기보다는 여기저기 발을 넓혀 가급적이면 다양한
보험총괄 사이트와 연계를 맺으려고 했다. 대통령 선거전에서 양
쪽 후보를 동시에 지원하는 기업들과 같은 심리라고나 할까. 양
쪽 후보를 모두 지지하는 기업들은 사실 누가 대통령이 되든 관
심도 없다. 단지 어느 한쪽만 편들었다가 그 후보가 낙선하기라
도 하면 '고래 싸움에 새우 등 터지는' 격으로 자신들만 타격을
입을 수도 있기 때문에 모험을 하고 싶지 않을 뿐이다.

인터넷 회사들과 제휴를 맺으면서 존 행콕은 우리들의 자체적
인 기술로 운영하는 웹사이트는 절대로 그들의 경쟁 상대가 될 수
없음을 깨달았다.

인터넷 쇼핑을 즐기는 소비자들은 인터넷 검색을 통해 되도록
많은 브랜드를 동시에 체험하기를 원한다. 또 제품에 대한 안내
에 있어서도 특정 브랜드에만 치우지지 않는 공정한 소개와 설명
을 바란다. 그래서 소비자들은 특정 브랜드가 소유하고 있는 단
일 웹사이트보다는 '종합 금융 슈퍼마켓' 식의 사이트를 훨씬 더
선호한다. 슈왑닷컴(schwab.com)이 네티즌들 사이에서 대단한 인
기를 끌 수 있었던 것과 피델리티처럼 자기 회사 뮤추얼 펀드만
고집하던 거대 금융 브랜드마저 이제는 300개도 넘는 다양한 뮤
추얼 펀드 브랜드를 동시에 제공하는 것도 바로 이와 같은 소비
자들의 인터넷 쇼핑 성향 때문이다.

존 행콕이 1990년대 초반에 보험 에이전트들로만 제한되어 있
던 판매망을 대폭 확장시키기로 결정한 근본적인 이유는, 존 행
콕은 디스트리뷰터가 아닌 제조업체라는 판단을 굳혔기 때문이
었다. 그처럼 확고한 기본 입장을 바탕으로 판매 문제는 그 분야

의 전문가에게 맡기고 대신 우리는 혁신적인 제품의 개발과 상품
화, 그리고 고객들과의 커뮤니케이션 개선 등에 집중하는 것이 보
다 효율적인 기업 운영이라는 결론에 도달한 것이다.

점점 더 치열한 경쟁 양상을 보이는 비즈니스의 세계에서 제조
와 판매라는 두 마리 토끼를 다 잡으려고 하는 기업은 결국 제품
에 지쳐 쓰러지게 될 뿐이다.

확실한 디스트리뷰터로서의 길을 갈 것이냐, 아니면 제조업체
로서의 본분을 다할 것이냐의 갈림길에서 이미 분명한 방향 설정
을 마친 현명한 기업들은 적절한 예산 체제를 운영하고 시장이 요
구하는 기술을 적시에 개발하며, 어떤 제품을 언제 시장에 내놓
아야 하는지에 대한 문제를 훨씬 능률적으로 해결할 수 있다.

시어스 같은 기업을 보라. 제조자가 아닌 디스트리뷰터로서의
본분을 택한 시어스는 자체 제작 브랜드만이 아닌 수많은 기업들
의 다종다양한 브랜드를 취급하는 유통 브랜드의 이미지를 확고
하게 심고 있다. 혹은 확실한 제조업체의 길을 택한 존 행콕처럼
한때 디스트리뷰터의 역할까지 독점하려 했던 많은 제조업 브랜
드들이 더욱 강력한 판매 미디어의 출현을 통해 자신들의 본분을
깨닫고 제조업에만 충실하고 있다.

브랜드 수요의 창출로 디스트리뷰터를 굴복시켜라

인터넷의 출현으로 과거의 디스트리뷰터들이 장악하고 있던 권
력이 대폭 축소되는 바람에 많은 제조업체들은 꿈에도 그리던 해

방감을 만끽하게 되었다. 그러나 한편으로는 인터넷을 통해 과거 디스트리뷰터들과는 비교도 안 될 만큼 탁월한 '판매 시스템'을 보유한 제3의 세력가, 즉 새로운 첨단 테크놀로지 전문가들로부터 또다시 판매에 대한 통제권을 위협받고 있는 것도 사실이다.

이러한 과도기적 상황에서 모든 제조업체들이 반드시 명심해야 할 가장 중요한 사항은, 브랜드를 관리하고 살찌우는 전반적인 권한과 책임만은 어떠한 일이 있어도 디스트리뷰터에게 양도해서는 안 된다는 것이다. 브랜드의 가치와 의미가 점점 중요시되고 있는 오늘날의 비즈니스 세계에서 이는 결코 소홀하게 여길 문제가 아니다.

디스트리뷰터와 제조업체가 벌이는 줄다리기 싸움에서 제조업체로 하여금 보다 힘껏 밧줄을 잡아당길 수 있도록 하는 힘은 바로 강력한 브랜드에서 비롯되기 때문이다.

디스트리뷰터는 일류 브랜드와 그 밖의 나머지 브랜드를 다루는 각각의 방식이 분명하게 다르다. 우리 시대의 가장 대표적인 디스트리뷰터라고 할 수 있는 백화점으로 당장 달려가 보라. 내 말의 의미를 금방 이해할 수 있을 것이다. 백화점에 있는 캘빈 클라인(Calvin Klein) 속옷 매장을 한번 보자. 그곳은 언제나 깔끔하고 고급스럽게 정돈되어 있다. 왜일까? 캘빈 클라인의 광고 사진에 나와 있는 마키 마크(Marky Mark: 이탈리아 태생으로 할리우드에서 활동중인 배우 겸 제작자 — 역주)와 안토니오 사바토(Antonio Sabato Jr.: 미국의 유명한 래퍼 겸 배우 — 역주)를 위시한 멋진 모델들 때문일까? 사실 그 모델들은 사진 속에서 근사한 포즈만 취하고 있을 뿐 브랜드를 위해 한 일은 별로 없다. 어쨌든 캘빈 클라인의 잘 생긴 모델들 덕분인지 캘빈 클라인 속옷에 대한 수요는 엄청나게 증가했고 그 결과 캘빈 클라인이 백화점의 매출 신장에 기여한 바도 매우 크기 때문에 백화점으로서는 캘빈 클라인의 비위를 건드리지 않기 위해 고분고분할 수밖에 없는 것이다. 따라서 그들의 매장도 다른 곳보다 더 세심한 주의를 기울여 철저하게 관리해야만 한다. 담당하고 있는 캘빈 클라인 매장이 조금이라도 지저분해졌을 경우 판매 직원은 다음의 세 가지 반응을 각오해야 한다.

첫째, 고객의 반응. 캘빈 클라인 제품을 구입하기 위해 일부러 백화점을 찾은 손님들은 지저분한 매장을 본 즉시 열이면 열 불쾌감을 표시하고 간다. 그렇게 되면 결국 판매율이 떨어지는 것은 물론 판매 수수료도 제대로 챙길 수 없다.

둘째, 백화점 판매주임의 반응. 지저분한 매장을 발견한 그날 이후부터 사사건건 시비를 걸며 괴롭힌다.

셋째, 캘빈 클라인측의 반응. 하필 캘빈 클라인의 고위 관계자들이 백화점에 들른 날 지저분한 매장이 눈에 띄기라도 하면 온 백화점에 비상이 걸리고 판매직원은 거의 일자리를 잃기 직전의 위기에 몰린다.

하지만 백화점측이 자신들의 이름을 내걸고 만든 백화점의 자체 브랜드 관리에는 두려움은커녕 아무런 긴장감도 느끼지 않는다. 궁금하면 하우스 브랜드(house brand: 자사 브랜드 혹은 판매자 브랜드를 일컫는 말 — 역주)의 속옷 매장에도 한번 가보라. 무슨 제3세계 바자회가 열렸나 싶을 정도로 물건들이 여기저기 어수선하게 널려 있고 신경을 써서 관리한 흔적은 찾아볼 수 없다.

　수요 창출의 가능성이 큰 빅 브랜드를 가지고 있을수록 제조자와 판매자 사이의 힘의 균형은 점점 제조자 쪽으로 기울어지게 마련이다. 디스트리뷰터들은 시장에서 막강한 힘을 자랑하는 브랜드의 판매를 담당하게 된 것을 그저 영광으로 생각하고 제조사측에 굽신거린다. 그렇게 되면 제조업체는 더 이상 수익의 일부를 디스트리뷰터에게 내줄 필요도 없고 오히려 그들에게 브랜드에 대한 충성을 당당하게 요구하는 것도 가능하다. 그뿐인가? 소비자들의 눈에 제일 잘 띄는 곳에 정성스럽게 진열해달라고 고자세로 '명령' 할 수도 있다.

　1987년 마사 스튜어트(Martha Stewart)가 자신이 만든 침구와 식기세트를 들고 처음으로 케이마트를 찾았을 때만 해도 그녀는 케이마트가 자신의 제품을 팔아준다는 것만으로도 감지덕지하여 감히 그들에게 제품의 광고나 디스플레이에 관한 세부사항을 지시하고 요구할 엄두도 내지 못했다. 하지만 1990년대에 들어 그녀의 브랜드가 미국 여성들로부터 대단한 인기를 끌기 시작하면서 순식간에 업계 최고 브랜드의 하나로 성장하자 케이마트는 자진해서 그녀의 제품을 가장 좋은 자리에 진열하고 TV 광고도 적극적으로 내보내는가 하면, 마사 스튜어트 제품을 취급하는 매장의 수도 대폭 늘렸다.

　한때 자신의 상품을 판매해달라고 케이마트측에 애걸하다시피 하던 마사 스튜어트는 이제 후임 CEO의 선정을 두고 케이마트의 회장과 서로 조언과 자문을 나눌 정도로 중요한 인물이 되었다. 뿐만 아니라 최근 그녀는 케이마트의 이사직을 공개적으로 요구하기도 했는데 이에 대해 케이마트측은 제품의 공급자는 이사회의 일원이 될 자격이 없다며 거절했다. 그러나 마사 스튜어트는 더 이상 케이마트의 단순한 공급자가 아니다. 마사 스튜어트는 케이마트를 다른 유통업체와 완전하게 차별화시킨 주역으로 케이마트에게는 은인이나 마찬가지다.

개인적으로 나는 마사 스튜어트가 결국 케이마트측에 자신의 요구를 관철시킬 수 있으리라고 예상한다. 왜냐하면 그녀가 가지고 있는 강력한 브랜드 파워 때문이다.

시장 가치가 큰 브랜드를 보유하고 있는 제조업체는 가치 없는 브랜드는 거들떠보지도 않는 오만한 디스트리뷰터들에게도 자사의 제품을 취급하라는 압력을 넣을 수 있다.

제약 회사의 경우를 보자. 이제 제약 회사들은 의사들에게 치사한 로비 활동을 할 필요 없이 TV와 인쇄 광고를 통해 자사의 처방약을 일반 사용자들에게 직접 권하고 판매할 수도 있다는 점을 깨달았다. 약품의 적용 범위와 투약 방법을 비롯하여 부작용, 주의사항, 금기사항 등이 아무리 복잡하다 해도 문제될 것 없다. 제약회사들이 자신들이 만든 의약품을 브랜드화하는 데에 성공했기 때문이다. 그 단적인 예가 별다른 로비 활동 없이 오로지 TV 광고만을 통해서 알레르기 처방약인 클라리틴(Claritin)의 판매를 성공시킨 제약 회사 쉐링플라우(Schering-Plough)이다. 점점 더 많은 소비자들이 '브랜드'라는 단 하나의 조건만을 따져보고 약품을 구입하고 있기에 가능한 일이었다.

성공적인 브랜드 운영을 자랑하는 일류 기업은 다음의 두 가지 측면에서 디스트리뷰터를 복종시킬 수 있다.

그 첫번째는 소비자들의 힘이다. 매장에 와서 "왜 여기서는 그

브랜드를 팔지 않나요?"라고 묻는 소비자의 수가 하나둘 늘어나
게 되면, 디스트리뷰터들은 소비자들이 원하는 브랜드를 구비하
지 않고는 스스로도 초조해서 견디지 못할 것이다. 초조함이 두
려움으로 변하면서 결국은 제발로 제조업체를 찾을 수밖에 없다.

두번째는 디스트리뷰터에게 작용하는 일류 브랜드의 심리적 효
과이다. 이는 소비자들의 브랜드 심리와도 비슷하다. 대부분의 디
스트리뷰터들은 유명 브랜드 제품을 갖추고 있으면 자신들이 운
영하는 매장의 위상도 덩달아 높아질 것이라고 믿는다. 또 유명
브랜드를 취급하고 있다는 사실에 자부심마저 느끼면서 유명 브
랜드와의 관계를 전면에 내세우려고 하는 경향도 있다.

디스트리뷰터에 대한 사전 지식만 충분히 가지고 있으면 디스
트리뷰터의 폭발적 증가와 전문화로 아무리 경쟁이 치열해진다
고 해도 충분히 그들을 제압할 수 있다. 단, 다음의 두 가지 원칙
만은 절대 잊지 말아야 한다.

첫째, 표적 소비자층이 원하는 방식으로 제품을 판매하라.

둘째, 디스트리뷰터들이 자사 브랜드 앞에 무릎 꿇게 하기 위해
서는 먼저 소비자의 마음부터 사로잡아라.

일류 브랜드는 최고의 인력을 끌어들인다

*개인이 내세울 수 있는 가장 의미 있는 브랜드 중의 하나가 바로
'직장 브랜드'이다. 최고의 브랜드를 위해 일하고 있다는 자긍심은 직원들로
하여금 자신이 실제로 가진 것보다 몇 배나 더 많은 능력을 발휘하도록 한다.*

이탈리아계 미국인이 나에게 고향을 물으면 나는 내가 태어나
서 어린 시절을 보낸 뉴욕의 유티카(Utica)라고 대답하는 대신 조
부님이 미국으로 이주해오기 전에 살았다는 이탈리아 바실리카
타(Basilicata)에 있는 작은 마을 고르고글리온(Gorgoglione) 출신
이라고 대답한다. 나 스스로 생각해도 참으로 놀라운 반응이 아
닐 수 없다. 높은 교육 수준과 최첨단 문화를 향유하며 살아가고
있는 이탈리아계 이민 2세대 혹은 3세대들의 의식 속에 자신들이
태어나기도 전에 돌아가신, 얼굴도 모르는 선조들과의 연대감이
자연스럽게 형성되어 있는 증거라고도 할 수 있다.

사실 국제화니 지구촌 시대니 하며 전세계가 하나의 거대한 공

동체를 형성하고 있는 오늘날의 시각에서 보면 핏줄 간의 연대감
이라는 말은 왠지 시대에 뒤처진 듯하고 촌스러운 뉘앙스를 풍기
는 감도 없지 않다. 하지만 그럼에도 불구하고 대부분의 사람들
이 여전히 '출신지' 별로 자기 자신을 브랜딩해서 동족 간의 동질
감을 유지하려 애쓰고 있는 것도 사실이다.

따라서 이탈리아계 미국인이라는 보다 넓은 개념의 집단 내에
서 고르고글리온이라는 '브랜드'는 그들이 서로를 이해하는 수
단이 될 뿐 아니라 더 나아가 그들 사이의 사회적 서열을 가늠할
수 있는 잣대가 되기도 한다. 이탈리아계 이민자들 사이에서 플
로렌스 지방 출신은 로마 출신에 대해, 그리고 로마 출신은 나폴
리 출신에 대해, 나폴리 출신은 또 시실리 출신에 대해 알 수 없
는 우월감을 느끼는 현상은 바로 그들의 출신지 '브랜드'의 위상
에서 기인하는 것이다.

선대의 출신 지역에 대한 유별난 집착은 이탈리아계 미국인들
뿐 아니라 그리스계와 아일랜드계를 비롯하여 미국으로 이주해
온 거의 모든 이민자 집단에서 매우 보편적인 현상이다. 우리가
얼굴도 제대로 모르는 그 옛날 조상님들과 맺고 있는 연대감이 첨
단 문화를 구가하는 오늘날에도 여전히 건재하다는 사실은 인간
의 정체성 확립에 있어서 개인의 브랜드가 얼마나 큰 영향을 미
치는지를 보여주는 좋은 예가 된다.

이 넓은 세상에서 우리 할아버지의 고향인 고르고글리온은 아
주 작은 단위에 불과하며 나를 규정짓고 있는 수많은 브랜드들 가
운데 하나일 뿐이다. 어느 대학을 나왔는가에서부터 신고 있는 신
발의 상표에 이르기까지 한 명의 인간을 구성하고 있는 브랜드는

이루 헤아릴 수 없이 많다. 우리 모두는 실로 다종다양한 브랜드의 집합체라고 해도 과언이 아니다.

그러나 지난 50년 동안 개인이 지니고 있는 다양한 브랜드가 의미하는 각각의 중요도는 급격한 변화를 겪었다. 특히 최근에는 민족이나 인종, 종교, 가문, 출신지 등의 브랜드는 개인의 가치를 규정하는 기준으로서의 비중이 점차 줄어들고 있는 추세이다. 과거에는 입고 있는 옷을 보고 그 사람의 사회적 지위를 가늠하기도 했지만 지금은 더 이상 그렇지 않다. 실리콘밸리에 가본 적이 있는가? 그곳에는 수백만 달러의 연봉을 받는 젊은 갑부들이 많이 있다. 하지만 그들 대부분은 평범한 일상복 차림을 하고 있거나 심지어는 보통 사람보다 더 낡고 지저분한 옷을 입고 다니는 사람도 있다.

예전과는 달리 오늘날에는 원래의 타고난 조건보다는 그 사람이 살아오면서 무엇을 성취했는가에 따라 개개인의 정체성이 결정되기 때문이다. 따라서 이제 우리가 개인적으로 내세울 수 있는 가장 중요한 브랜드는 바로 우리가 일하고 있는 '직장 브랜드'라고도 할 수 있다. 다시 말해 오늘날에는 개인의 직업 또는 다니고 있는 회사의 이름이 그 사람을 타인과 구별지어 주는 가장 핵심적인 가치 평가 기준이 되었다는 말이다.

그래서인지 어떤 모임에 가더라도 우리는 으레 처음 만나는 사람으로부터 "직업이 무엇입니까?"라는 질문을 가장 먼저 받게 된다. 이런 질문을 받을 때 스스로 자부심을 가지고 대답할 수 있느냐 없느냐 하는 것은 현대인들에게 매우 중요한 문제가 되었고, 시장에서 인정받는 강력한 브랜드를 가진 회사에서 일하는 사람일수록 당당하고 자랑스럽게 자신과 자신의 직장 브랜드의 가치를 일치시키려고 하는 경향을 보인다.

일류 브랜드는 직장에 대한 개인의 '자부심' 측면에서 다음과 같은 이점을 지니고 있다.

1. 능력 있는 인재들이 지원한다.
2. 직장 브랜드를 통해 직원들의 집중력과 결단력이 향상된다.
3. 직원들이 스스로 믿고 있던 것보다 훨씬 많은 능력을 발휘할 수 있도록 동기를 부여해준다.

강력한 브랜드를 소유하고 있는 기업은 기업 외부인, 즉 소비자들에게만 강하게 어필할 수 있는 것이 아니라 자사 직원과 판매원, 그리고 디스트리뷰터 등의 기업 내부인들에게도 브랜드를 앞세운 막강한 영향력을 행사할 수 있기 때문에 성공과 성장 가능성이 그만큼 더 크다고 볼 수 있다.

인재들은 최고의 브랜드를 원한다

직업을 구할 때 가장 중요하게 여기는 사항이 무엇인지 물으면 아마도 대부분의 사람들이 높은 보수와 쾌적한 근무환경, 그리고 흥미와 명예를 모두 보장받을 수 있는 안정적인 지위를 꼽을 것이다.

그러나 남부럽지 않은 최고의 자격과 능력을 갖춘 인재들은 최고의 브랜드와 일할 수만 있다면 이 세 가지 중 하나는 기꺼이 희생할 의사가 있다고 스스럼없이 말한다. 아니, 어쩌면 세 가지 모두를 포기하더라도 그들은 최고의 브랜드를 보유한 직장에서 일하기를 원할지도 모른다.

존 행콕과 함께 보스턴에 본사를 두고 있는 투자 회사 피델리티 인베스트먼트(Fidelity Investment)는 근무환경이 열악하고 경영방침이 까다롭기로 악명 높은 기업이다. 그러나 동종 업계에서 최고 브랜드의 명성을 보유하고 있다는 이유만으로 해마다 보스턴의 수많은 인재들이 피델리티 인베스트먼트에 지원하고 있다.

모든 사람들이 알아주는 대단한 브랜드를 소유한 회사에 일단 취직만 된다면 깐깐한 사장이나 상사의 비위쯤 못 맞출 것도 없다는 생각으로 좀더 작은 회사에 지원했더라면 최소한 닭의 머리는 될 수 있는 인재들이 주저없이 용의 꼬리가 되기를 선택한다.

시티은행에서 근무하던 시절 나는 시티은행이 은행업 관련 분야의 최고 브랜드라는 이유만으로 내로라 하는 인재들을 너무나도 쉽게 영입하는 것을 보고 놀라움을 금치 못했다. 보다 규모가 작은 다른 은행으로 갔으면 팀장쯤의 지위는 너끈히 보장받을 수 있는 사람들이 시티은행이라는 이유 하나만으로 말단 사원의 자리도 마다하지 않는 것이었다. 한 부서의 팀장이나 부장급 사원이 갑작스럽게 해고된다 해도 그 다음날 바로 또 다른 최고의 인재가 들어와 그 자리를 메우는 경우를 나는 수없이 목격했다. 시티은행에서 일하고 싶어 안달이 난 인재들이 줄을 서서 대기하고 있었기 때문이다.

게다가 최고 브랜드는 인재들을 영입하기 위해 반드시 최고의 연봉을 제시할 필요도 없다. 「뉴욕 타임스」의 문화부 기자인 데이비드 브룩스(David Brooks)는 지난 2000년 초 취업 희망 인구의 부족으로 인력 확보에 어려움을 겪었던 위스콘신(Wisconsin) 주와 매디슨(Madison) 주의 이야기를 '완전고용' 이라는 제목으로 기사화한 적이 있었다. 브룩스는 특히 스톡옵션 등 여러 가지 인센티브를 내걸면서까지 고급 인력을 끌어들이고자 했던 그 지역의 다른 기업들과는 달리 최고의 냉장고 브랜드로 한창 주가가 상승중이던 서브제로(Sub-Zero)는 인재를 확보하는 데 전혀 애를 먹지 않았으며 서브제로에 입사한 인재들은 쉽게 다른 곳으로 자리를 옮기지도 않았다는 점에 주목했다.

결국 그는 기사의 말미에 이렇게 결론지었다. "점점 더 많은 사람들이 직장의 명성을 중요하게 여기기 시작했다. 따라서 명망 있는 기업들은 유능한 인재의 확보에 관한 한 훨씬 유리한 고지를 점하고 있는 셈이다."

그 밖에도 나는 「포춘」지에서 실시한 아주 흥미로운 조사 결과를 본 적이 있다. 두 개의 그룹으로 분류한 기업들에 대해 각각의 평균 지원자 수를 비교한 기사였다. 첫번째 그룹은 '미국에서 가장 근무환경이 좋은 100대 기업' 이었고 두번째 그룹은 마이크로소프트, 월마트, 델(Dell), 인텔(Intel) 등 그야말로 기라성 같은 재벌 기업들이 포함되어 있는 '미국에서 가장 유명한 10대 기업' 이었다. 풀어서 설명하자면 전자는 가족적인 근무 분위기를 내세운 기업들의 리스트였고, 후자는 뛰어난 마케팅과 경영 수완을 강조하는 유명 기업의 리스트였다. 두 그룹 중 어느 쪽에 더 많은 지원자가 몰렸을까? 관련 분야의 선두 주자들로 이루어진 후자가 인간적인 근무 환경을 내세운 전자를 2대 1의 비율로 제압했다.

구직자들이 이렇게 최고 브랜드의 회사만을 고집하는 이유는 여러 가지가 있는데 그 중 하나가 바로 최고 브랜드가 가지고 있는 '위상'이다. 내가 일하는 곳이 바로 시장을 선도하는 최고의 기업임을 알게 된 순간 주위 사람들은 일제히 부러움과 존경의 시선으로 나를 바라보게 된다. 업계 최고의 자리를 차지하고 있는 일류 기업에서 일하는 사람은 명실공히 업계의 리더로서 그 가치를 인정받을 수 있기 때문이다.

자유롭고 개성 있는 직장 분위기 또한 구직자들을 유혹하는 요인이다. 최고 브랜드가 선택한 사람들은 거의 대부분이 뛰어난 능력을 보유하고 있는 최고의 인재들이다. 따라서 최고의 엘리트들이 모여서 조성하는 근무 분위기는 진부함과 관료주의적인 업무 방식을 거부하고 늘 새로운 아이디어로 가득한 매우 역동적인 분위기일 것이라고 구직자들은 생각한다.

하지만 대다수의 구직자들이 유명 기업을 선호하는 가장 중요한 이유는 직장을 그만둔 후에도 최고의 브랜드가 발휘하는 영향력은 가히 절대적이기 때문이다. 최고 브랜드는 개인의 이력서에서 일종의 마술과도 같은 힘을 발휘한다. 이력서에 적혀 있는 최고 브랜드의 이름은 단순히 그곳에서 근무했음을 의미하는 데 그치지 않고 한 개인이 갖고 있는 능력과 소양의 정도를 최대한 긍정적으로 평가하도록 함으로써 개인의 가치 상승에 결정적인 역할을 한다.

시티은행이나 디즈니, 코카콜라, 마이크로소프트 같은 회사의 이름이 적힌 이력서를 내미는 순간 그 사람은 일약 스타가 된다.

실제의 능력은 그리 대단하지 않다 해도 그처럼 이름난 회사에서 일했다는 경력이 있기에 그 사람이 새 직장을 구하는 일은 식은 죽 먹기나 마찬가지다.

지방 신문사에 있었지만 매우 뛰어난 능력을 갖춘 기자와 별로 실력은 없어도 「뉴욕 타임스」에서 근무했던 기자 중 한 사람을 고르라면 아마도 대다수의 신문사들은 「뉴욕 타임스」 쪽을 선택할 것이다. 불공평하고 비합리적이라고 따져봐야 아무 소용 없다. 좋은 브랜드를 거친 사람의 능력이 아무래도 좀더 낫지 않겠느냐고 여기는 사회 전반의 인식을 완전히 틀렸다고 할 수만도 없기 때문이다.

하지만 최고 브랜드에서 일하는 것이 무조건 행복하지만은 않다. 최고 브랜드를 소유한 회사는 능력 있고 자의식 강한 최고의 인재들을 턱없이 낮은 임금을 주고 부당한 대우를 해가며 제멋대로 부려먹는 경우가 많다. 하지만 무한한 젊음과 생생한 지식을 구하기 위해 악마에게 영혼을 저당 잡힌 파우스트처럼 최고의 인재들은 홀대와 모욕을 받으면서도 최고 브랜드를 위해서 기꺼이 자신의 자존심을 내놓는다. 자신의 이력서에 최고 브랜드에서 일했다는 경력을 자랑스럽게 써넣을 수 있기 때문이다. 기업의 입장에서도 뛰어난 인재들을 아무리 착취하더라도 그들이 이를 악물고 견뎌내리라는 것을 잘 알고 있기에 그것을 이용하는 측면이 없지 않다.

오늘날의 노동 시장은 매우 유동적이기 때문에 한 직장에 진득하니 오래 뿌리를 내리고 일하는 사람이 매우 드물다. 한 직장에 오래 근무했다는 것이 경력에 꼭 보탬이 되는 것도 아니고 일 잘

하는 사람을 오래 붙잡아둔다고 해서 회사에 반드시 득이 되는 것도 아니다. 한곳에 오래 머물수록 낡고 권위적인 사고방식에 안주하기가 쉽기 때문이다.

존 행콕은 직원들이 우리 회사에서 일하고 있는 동안은 물론 존 행콕을 떠난 뒤에도 긍정적인 영향을 줄 수 있는 직장이 되고자 애써왔다. 그래서 우리는 능력 있는 인재들이 자신들이 진정 원하는 일을 찾아 떠나는 것을 결코 말리거나 아쉬워하지 않는다. 단지 그들이 어느 곳에 가서 무슨 일을 하든 존 행콕 출신이라는 것에 대해 스스로 긍지를 가져주기만을 바랄 뿐이다.

최고의 브랜드를 열망하는 것은 비단 최고 인력뿐만이 아니다. 최고의 디스트리뷰터도 마찬가지다. 판매원들은 다른 어떤 요소보다도 그들 개개인의 판매 수완이 소비자의 구매 창출에 가장 중요한 역할을 담당한다는 굳은 신념을 가지고 있는 사람들이다. 그러나 그와 동시에 판매원의 수완이 아무리 좋아도 명망 있는 회사의 유명 브랜드 제품이 아니라면 소비자들에게 쉽게 다가갈 수 없다는 사실도 그들은 잘 알고 있다. 노련하고 발빠른 디스트리뷰터들은 온갖 수단을 다 동원하여 최고 브랜드의 제품을 취급하려 하고, 일단 계약이 성사되면 판매 활동에 더욱더 최선의 노력을 기울임으로써 최고 브랜드와의 계약을 되도록 오래 유지하려고 한다. 그래서 배달 서비스가 늦어지는 등의 작은 불편쯤은 충분히 눈감아주는 아량을 보이기도 한다.

경험 많은 가게 주인들 또한 최고 브랜드 제품을 진열해놓으면 매장의 품격과 명성이 한껏 높아지고, 그로 인해 결국 왕성한 구매력을 지닌 고객들이 몰려든다는 사실을 잘 알고 있기에 유명 브랜드 기업에 기꺼이 협조한다.

그 밖에도 기업이 최고 브랜드를 보유함으로써 얻는 이득은 여러모로 많다. 예를 들어 똑같은 구매력을 지닌 두 회사가 동시에 인쇄 작업을 의뢰할 경우 모르긴 몰라도 인쇄업자는 보다 유명한 브랜드 쪽에서 맡긴 일을 먼저 해주려고 할 것이다.

브랜드의 힘이 의사 결정을 손쉽게 만들어준다

이류나 삼류 브랜드는 도저히 할 수 없는, 오로지 최고 브랜드만이 할 수 있는 일이 있다. 모든 것을 초월하고 모든 것에 우선하는 강력한 브랜드가 존재함으로써 회사 내부의 복잡하게 얽힌 의사 결정 과정이 단숨에 해결된다는 것이다.

당신이 신상품에 대한 각 부서의 의견을 종합하고 최종적인 결정을 내려야 하는 위치에 있다고 가정해보자. 상품개발 프로젝트의 책임을 맡은 당신은 상품의 종류와 상품개발에 소요되는 비용과 시간 등에 대해서 당연히 회사 내부의 관련 부서들과 협의하고 부서 간의 의견을 조율하는 과정을 거쳐야 할 것이다. 자, 이제 당신은 프로젝트를 둘러싼 수많은 관련자들과의 불꽃 튀는 언쟁을 시작해야 한다.

우선 상품개발팀과 벌여야 할 논쟁부터 살펴보자. 왠지 냉소적인 분위기를 풍기는 그들은 느닷없이 나타나 책임자랍시고 거들먹거리는 당신의 의견에 진심으로 동의하는 것 같지도 않고, 그렇다고 자신들이 생각하는 바를 적극적으로 이야기하려 들지도 않는다. 이런 시큰둥한 반응은 책임자인 당신의 지위가 높으면 높을수록 더욱 심해지게 마련이다. 특히 상품개발팀 중에서도 말단직에 해당하는 사원들은 높은 사람에게 적당히 맞장구나 치면서 아첨하는 것이 피차 속편한 일임을 잘 알고 있는 한편 팀 내부의 사정을 다 드러내며 자신들의 약점을 모두 폭로하는 것 또한 어리석은 짓임을 알기에 아예 입을 굳게 다물고 있거나 아니면 당신을 적당히 속이려고만 든다. 그러면서 자신들을 자기 부서를 위해 희생하는 '소신 있는 대변자' 쯤 되는 것처럼 여긴다. 어쨌든 이들은 책임자인 당신이 상품개발 프로젝트와 관련된 '진실'을 밝혀나가는 과정을 더욱 복잡하고 어렵게 만드는 데 크게 일조하는 자들이다.

다음은 판촉팀의 판매 담당자들과의 전쟁으로 넘어갈 차례이다. 남의 속도 모르는 그들은 상품개발 어쩌고 하면서 큰소리 치더니 도대체 신상품은 언제 나오는 거냐며 하루가 멀다고 당신을 들들 볶는다. 그것도 모자라 상품 단가를 더 낮춰라, 상품의 모양과 크기는 되도록 다양하게 만들어라, 커미션은 높게 책정하라 등등 저마다 한마디씩 거들기에 바쁘다. 거기서 그치는 것이 아니다. 신상품에 대한 자신들의 요구 조건을 충족시켜주지 못할 경우엔 시장에서 제대로 판매하기 힘들 것이라는 은근한 협박과 함께 자신들에게 일단 상품을 넘기고 나면 그 후로는 일체 간섭하지 않겠다는 다짐을 강요하기도 한다. 하지만 상품 판매의 전문가인 그들은 상품의 모델이 다양하지 못해도, 또 판매가가 다소 높게 책정되어도 거뜬히 물건을 팔아치울 수 있는 수완가들인 경우가 많다. 단지 조금이라도 더 나은 조건을 확보하겠다는 심산으로 당신과 일종의 기 싸움을 하려는 것이다.

이쯤에서 끝난다면 얼마나 다행이겠는가? 다음은 기업의 재무 관련팀과 맞닥뜨릴 순서다. 재무팀은 판촉팀에서 요구하는 가격은 말도 안 된다고 펄펄 뛰며 그 두 배는 되어야 최소한의 수익을 보장받을 수 있다고 죽는소리를 한다. 또 기술팀에서는 판매를 위한 제반 시스템이 안정적으로 자리를 잡으려면 적어도 2년은 걸릴 뿐 아니라 비용 또한 당초 예상의 세 배 이상은 더 필요할 것이라며 고개를 가로 젓는다. 이에 마케팅팀도 뒤질세라 나서기 시작한다. 그들은 가능한 한 충격적인 마케팅 기법으로 시장을 압도해야 한다면서 광고비와 스폰서를 포함해 상품 출시를 위한 준비 비용으로 일단 수백만 달러를 확보해달라고 입을 모은다. 드디어 당신은 머리를 움켜쥐며 탄식의 소리를 내뱉고 만다.

"도대체 어느 장단에 맞춰 춤을 춰야 한단 말인가?"

경영자의 임무는 각 부서에서 호소하는 나름대로의 입장에 일일이 귀 기울여야 한다는 점에서 법정에 있는 판사의 역할과 아주 비슷하다고 할 수 있다. 그러나 기업의 상품과 관련된 사안에는 찬성과 반대라는 양면만 존재하는 것이 아니라는 점에서는 경영은 재판과 다르다. 하나의 현안을 놓고 위에서 본 것 같은 다양한 관점이 공존한다는 사실은 그 모두를 브랜드라는 프리즘을 통해 바라볼 경우엔 오히려 장점으로 작용하기도 한다.

상품개발과 관련된 문제를 결정함에 있어서 존 행콕이 견지하는 입장은 매우 확고하다. 즉 '이 상품이 과연 우리 회사의 브랜드 메시지를 제대로 반영하고 또 그것을 강화시켜줄 만한 것인가?', '이를 위해 우리는 어떤 마케팅을 실시하고 어떻게 지원해야 할 것인가?' 라는 측면에만 집중하고 또 그러다 보면 자연히 해결책이 떠오른다.

이 세상의 그 어떤 기업도 최고의 상품과 최고의 기술, 최고의 소비자 서비스, 최고의 광고, 최고의 포장 디자인, 그리고 최상의 가격이라는 조건을 동시에 충족시킬 수는 없다. 따라서 모든 요소에 우선하는 단 하나의 가치를 통해 문제를 볼 수 있어야 한다. 우선 스스로에게 이렇게 물어보아라.

"우리 브랜드의 힘을 강화하려면 무엇을 먼저 해야 하는가?"

이렇게 브랜드를 중심에 놓고 보기 시작하면 각 요소들의 우선 순위는 자연스럽게 결정될 것이다.

애플 컴퓨터의 가장 큰 성공 요인은 눈에 띄는 멋진 디자인이다. 그래서 애플사는 촌스럽고 보기 흉한 마우스를 만드는 경우는 있어도 평범한 디자인의 컴퓨터를 함부로 시장에 내놓는 법은 결코 없다. 월마트는 어떤가? 그들의 장점은 저렴한 가격이다. 그래서 그들은 제품의 마진율을 큰 폭으로 올리는 것은 아예 꿈도 꾸지 않는다. 보석 제조업체 티파니는 판매하는 보석들의 뛰어난 품질과 독특함이 자랑거리이다. 그러다 보니 여느 백화점에 있는 보석들과 조금이라도 비슷한 디자인이거나 비슷한 가격대의 상품은 매장에 진열하지도 않는다. 보험 회사인 존 행콕은 고객의 보험금 지급 요구를 신속하고 정확하게 처리하는 능력을 가장 중요하게 생각하고 있다.

이처럼 일류 브랜드는 기업으로 하여금 마케팅 과정에서 특히 어떤 요소에 더 무게를 실어야 할지 그 우선 순위를 결정해준다. 타협의 여지가 보이지 않는 골치 아픈 상황에서도 자사 브랜드의

이미지를 통해 문제의 핵심을 상기함으로써 모든 갈등의 요소를
단번에 제거할 수 있다.

예를 들어 계속해서 회사의 이미지를 손상시키는 사고뭉치 직
원을 과연 해고해야 하는지 망설여질 때 자사의 강력한 브랜드 파
워를 떠올리면 더 이상 고민할 필요가 없다. 그가 아무리 20년을
함께 일한 오랜 동료거나 결혼식 들러리를 서준 절친한 친구라 해
도, 아니 회사에 많은 이익을 가져다준 유능한 인재라 해도 경영
자는 주저 없이 단호하게 해고를 결정할 수 있다. 결단을 내리는
데 있어 확실한 명분이 되어주는 최고의 브랜드가 있기 때문이다.

아무리 능력 있고 수완 좋은 인재라 해도 마약 중독이나 알코
올 중독, 성희롱 혹은 인종차별주의적 성향을 가진 사람은 마케
팅 리더가 될 자격이 없다. 더군다나 이류 회사도 아닌 일류 브랜
드에서는 그런 사람들이 설자리는 더더욱 없다. 최고의 훌륭한 브
랜드는 그 명성에 누가 되는 것이라면 제품이든 사람이든 그 무
엇도 용납하지 않기 때문이다.

강력한 브랜드는 기업의 최고위직에 있는 경영자의 문제만 해
결해주는 것이 아니다. 기업의 든든한 토대가 되는 일반 사원을
비롯하여 기업 내의 다양한 업무를 담당하는 모든 직원들이 일상
업무를 처리하면서 겪게 되는 온갖 자질구레한 문제들도 브랜드
를 통해서 거뜬히 해결할 수 있다. 예를 들어 고객과의 전화상담
업무를 담당하는 말단 사원들 역시 자사의 브랜드 이미지를 정확
하게 파악하고 유념함으로써 업무상 직면하게 되는 어려운 상황
들을 처리하는 나름의 방법을 터득할 수 있다.

이처럼 직원들로 하여금 자사 브랜드가 지닌 고유의 이미지나

특성을 제대로 파악하고 그것을 그들이 수행하는 모든 업무를 통해 제대로 표현할 수 있게 하려면 기업은 소비자들뿐 아니라 자사의 직원들에게도 꾸준히 브랜드 마케팅을 실시해야 한다.

일류 브랜드는 직원들의 사기를 북돋워준다

예전에 로마에 있는 이름난 고대 유적지를 관광한 적이 있었는데 각각의 돌기둥이 3층 높이로 쌓아올려져 있는 그 웅장함에 혀를 내두르지 않을 수 없었다. 돌 하나를 올리는 데만도 어림잡아 수백 명의 노예가 동원되었으리라는 생각이 든 나는 다음과 같이 물어보았다.

"돌덩이를 올리다가 떨어뜨려서 돌이 깨지기라도 하면 어떻게 되었나요?"

그러자 관광가이드는 거침없이 이렇게 대답했다.

"말할 것도 없이 모든 노예들이 죽임을 당했죠."

그녀의 말을 듣고 나는 문득 현대의 경영자들이 고대 로마 시대를 무척 동경할지도 모르겠다는 생각이 들었다. 오늘날에는 일을 제대로 못하는 직원들에게 체벌을 가한다는 것은 상상도 못할 일이다. 과거 노예시대에나 효과를 볼 수 있었던 육체적인 처벌은 오늘날의 직원들에게는 열심히 일하고자 하는 동기를 부여하지 못한다.

직원들로 하여금 회사를 위해 자신의 능력을 십분 발휘하도록 하는 가장 좋은 방법은 그들이 속한 조직과 자신이 하고 있는 일에 대한 자부심을 심어주는 것이다. 직원 한사람 한사람에게 각각 동기를 부여하는 것도 물론 좋은 방법이지만 보다 광범위한 차원에서 기업에 속해 있는 전체 직원들을 고무시킬 수 있는 가장 효과적인 방법은 바로 강력한 일류 브랜드를 구축하는 것이다.

최고의 브랜드를 위해 일하는 사람들은 든든한 소속감을 가지게 됨과 동시에 자신이 나아갈 방향과 목표를 확고하게 설정할 수 있다. 물론 오늘날에는 대부분의 사람들이 스스로를 사회적 인식과 전통에 얽매이지 않는 자유로운 사고방식의 소유자라고 여기는 경향이 있기는 하다. 뿐만 아니라 그들은 회사를 위해서라면 목숨까지도 기꺼이 바칠 것처럼 무조건적으로 헌신했던 1950년대의 샐러리맨들과는 전혀 다른 가치관을 가진 세대이다.

그러나 우리가 아무리 자기 자신을 독립적인 존재라고 주장해도 인간에게는 원래 자신보다 큰 무언가에 소속되고자 하는 강한 욕구가 있는 법이다. 전통적인 사회 집단들이 그 중요성을 잃어감에 따라 현대인의 생활에서 직장이 차지하고 있는 의의와 가치는 점점 더 커질 수밖에 없다.

특히 일류 브랜드 회사에 소속되어 있는 사람들은 당연히 그들을 대표하는 직장 브랜드에 의해 고무될 가능성이 크다. 게다가 그들의 직장 브랜드가 전문적인 우월성뿐 아니라 성실한 이미지와 소비자와의 일체감 등 정신적인 가치까지 구현하고 있다면 직원들은 자사 브랜드의 가치와 이상에 부응하기 위해 더욱더 최선을 다할 것이다.

이처럼 훌륭한 브랜드는 직원들에게 다른 사람은 할 수 없는 일도 자신들은 해낼 수 있다는 자신감을 부여해준다. 경쟁사들보다 더 빨리 제품을 생산해서 더 깊이 소비자들의 의식 속에 각인되고 더 많은 이윤을 창출해낼 수 있다는 자신감을 심어준다. 군부대를 통솔하는 장군들이 자신의 부대원들을 향해 다음과 같이 소리치는 것도 바로 그런 이유에서이다.

"우리는 자랑스러운 미국의 군인이다! 그러므로 우리는 고지를 점령할 수 있다!"

그렇다. 직원들에게 무언가 힘들고 어려운 일을 요구할 때, 직원들이 아무런 반발과 저항 없이 그것을 받아들이게 하려면 그들을 집중시킬 수 있는 강력한 '힘'이 있어야 한다. 자신들에게 뭔가 위대해 보이는 대의명분이 주어졌다고 느낄 때 직원들은 그 위대함에 기꺼이 자신을 바치고자 하며 자신이 실제로 가진 것보다 몇 배나 더 많은 능력을 발휘하고자 노력한다. 직원들은 자신들의 명함에 유명한 일류 회사의 로고가 새겨져 있다는 사실만으로도 감격하여 회사를 위해서라면 왠지 불가능한 일도 거뜬히 해낼 수 있을 것만 같은 자신감을 갖기 때문이다.

대외적으로는 물론이고 대내적으로도 이상적인 브랜드 파워를 유감없이 발휘한 모범적인 직장의 예는 1960년대와 1970년대 최고의 전성기를 구가하던 시절의 IBM이다. 당시 IBM의 회장이었던 톰 왓슨 2세(Tom Watson Jr.)는 IBM의 창업자이자 그의 아버지인 톰 왓슨 1세가 일구어놓은 헌신적인 기업 문화를 컴퓨터 시대를 맞이하여 더욱 새롭게 정립했다.

우선 직원들의 처우를 대폭 개선함으로써 자신들이 '일등 인재'에 걸맞은 적절한 대우를 받고 있다는 만족감을 모든 직원들에게 심어주었다. 또 아직 전문적 업무 능력을 갖추지 못한 평범한 인력을 고용한 후 집중적인 전문 교육을 시켜서 그들을 미국 비즈니스 역사상 가장 훌륭한 세일즈맨들이라 일컬어진 엘리트 사원들로 변화시켰다. 이처럼 모든 직원들이 '나는 IBM의 일원이므로 아무것도 두려울 것이 없다'는 자신감을 지니고 있었기에 이를 밑거름으로 하여 IBM은 20세기의 가장 위대한 기업의 하나로 재도약할 수 있었다.

물론 IBM이 최상의 품질을 자랑하는 훌륭한 제품을 생산했다는 것도 빼놓을 수 없는 사실이다. 그러나 IBM 못지않은 훌륭한 제품을 생산했던 스페리 랜드(Sperry Rand)와 컨트롤 데이터(Control Data) 같은 회사들은 결코 IBM을 따라잡을 수 없었다는 점을 명심하라.

IBM은 다른 회사들에는 없는 것 두 가지를 가지고 있었다. 최고의 브랜드, 그리고 그와 함께 호흡한 훌륭한 직원들. 이 둘을 동시에 확보하고 있었기에 IBM은 타의 추종을 불허하는 업계 최고의 기업이 될 수 있었다.

IBM의 경우와 유사한 최근의 사례로 마이크로소프트를 들 수 있다. 마이크로소프트라는 브랜드는 기업의 외부보다는 그 내부에 보다 커다란 영향력을 발휘한 보기 드문 예라고 할 수 있다.

지난 2000년 4월에 연방법원이 마이크로소프트의 반독점법 위반 판결을 내리자 창사 이래 처음으로 신입사원 모집에 지원 미달 사태가 벌어지는 등 회사 경영 전반에 걸쳐 심각한 위기를 맞았다. 외부인들은 이미 오래 전부터 마이크로소프트가 비겁한 독점 거래를 통해서 업계의 선두 자리를 유지하고 있다는 의심과 비난의 눈길을 보냈음에도 불구하고 마이크로소프트의 직원들은 반독점법 위반으로 소송을 당하기 전까지는 자신들의 직장 브랜드가 소프트웨어 산업을 선도하는 독보적인 존재임을 자랑스럽게 여기고 있었다.

마이크로소프트가 소비자들과 업계 관련자들의 비난을 받아도 마땅하다고 할 만큼 독점권을 남용해온 것은 사실이다. 하지만 그럼에도 불구하고 마이크로소프트는 지금도 여전히 업계 최고의 자리를 유지하고 있다. 이는 자사의 브랜드를 중심으로 단단하게 결속된 마이크로소프트의 기업 내부 문화에 힘입은 바가 크다.

지난 2000년 7월 「포춘」지에는 '나는 마이크로소프트를 이렇게 기억한다' 라는 제목으로 마이크로소프트 출신의 젊은 경영인들의 인터뷰 기사가 실렸다. 그 당시는 마침 법원의 반독점법 위반 판결로 마이크로소프트에 대한 비판적 여론이 극에 달해 있던 때라 인터뷰를 담당한 「포춘」지의 기자는 그 젊은 경영인들에게서 마이크로소프트를 비난하는 내용의 폭로성 발언을 이끌어내기 위해 유도심문하듯 끈질기게 물고 늘어졌건만 결국 실패하고 말았다. 오히려 그들은 자신들이 한때 불가능까지도 가능하게 만드는 최고의 회사 마이크로소프트에 몸담았었다는 사실을 행운으로 여기고 있는 듯했다. 컴퓨터 게임 업체 와일드 탄젠트(WildTangent)의 설립자인 전 마이크로소프트 직원 알렉스 세인트 존(Alex St. John)은 이렇게 말했다.

"지금의 회사를 설립할 당시 나는 자신감에 넘쳐 있었습니다. 한 회사의 CEO가 된다는 것도 별로 두렵지 않았습니다. 그저 내가 마이크로소프트에서 보고 듣고 체험한 대로 따라하기만 하면 모든 것이 다 잘될 것이라고 믿었기 때문입니다."

이것이 바로 최고 브랜드의 힘이다.

하지만 안타깝게도 많은 기업들이 이런 '힘'을 가져보겠다고 직원들에게 회사의 슬로건을 외치도록 강요하거나 틈만 나면 직원들에게 자극을 주기 위한 특별 메시지를 제작하는 등 쓸데없는 일에 돈과 에너지를 쏟아붓고 있다. 그럴듯한 업무지침이나 행동강령만으로도 최고 브랜드와 같은 효과를 얻을 수 있다고 착각하고 있는 경영자들이 있기 때문이다. 이런 생각을 하는 경영자들은 대개 제품의 생산을 담당하고 있는 자사 직원들은 차갑고 무뚝뚝하게 대하면서 오로지 소비자들에게만 활짝 웃으며 친절을 베푸는 이중적인 태도를 보인다.

직원들에게 애국심에 버금가는 '진정한 애사심'을 고취시키기 위해서는 그보다 먼저 해야 할 일이 있다. 소비자들에게 하는 것처럼 자사의 직원들에게도 브랜드 마케팅을 해야 한다.

기업의 경영자들 중에는 아무리 일류 브랜드의 직장이라고 해도 그것이 저임금직 직원들에게까지 영향을 주지는 않는다고 생각하는 이들이 더러 있다. 즉 매점 직원이나 접객 직원들 같은 경우에는 아무리 그들의 이력서에 업계 최고의 브랜드 네임이 적혀 있다 해도 그것이 그들을 긍정적으로 평가하는 기준이 될 수 없다는 것이다. 하지만 적은 임금을 받고 있기는 해도 그들이야말로 시장의 최전선에서 소비자들에게 회사의 브랜드를 대표하는 사람들이다. 따라서 기업은 다른 누구보다도 현장에 나가 있는 직원들을 대상으로 브랜드를 마케팅하는 일에 세심한 주의를 기울여야 한다.

1970년대 후반에 은행업에 종사했던 나는 내가 근무하던 은행이 현장을 벗어나 사무실에 있는 편안한 안락의자에서 일하는 경영자들에게 자부심을 불어넣는 데에는 탁월하면서도 소비자들과 직접 대면하는 창구 직원이나 상담원들을 다루는 것에는 대단히 소홀하다는 점을 발견했다.

언젠가 나는 은행측에서 실시한 '창구 직원을 위한 강좌'를 들은 적이 있었는데 강사는 특히 신입사원들이 은행 강도를 만났을 때 다음과 같이 대처하라고 일러주었다.

"강도가 총을 가지고 있다고는 했지만 그것을 두 눈으로 직접 확인하기 전까지는 절대 돈을 내주어서는 안 됩니다. 총을 가진 것을 보고 나서, 비로소 그때 '진짜 강도구나'라고 생각해도 늦지 않습니다. 하지만 그것도 진짜 총이라고 판명되기 전에는 역시 돈을 내주면 안 되겠지요."

쉽게 말하자면 강도라고 해서 다 같은 강도는 아니니까 흑두건을 쓰고 기관총으로 무장한 강도가 나타났을 때에만 돈을 주라는 말이었다.

그러자 매우 건장한 체격의 여직원이 일어나서 물었다.

"아무리 생각해도 전 이해가 잘 안 되네요. 저는 시간당 겨우 4달러 25센트의 급여를 받고 있습니다. 그런데 그렇게 적은 돈을 받고 일하는 사람더러 강도가 든 총이 진짜인지 아닌지 검사까지 하란 말인가요? 어떤 강도가 진짜 강도인지는 저도 잘 모르겠지만 이것 하나만은 확실하게 말씀드릴 수 있습니다. 누군가가 은행 안으로 쳐들어와서 총을 가졌으니 돈을 내놓으라고 한다면 그 즉시 저는 은행돈을 모두 내주겠습니다."

그러고는 잠시 생각을 하더니 단호한 목소리로 이렇게 덧붙이고는 자리를 박차고 나갔다.

"한마디만 더 하죠. 당신이나 그렇게 목숨 바쳐 일하라구요!"

나는 그 여직원의 말에 전적으로 동감한다. 업계에서 인정받는 명망 있는 은행이 직원들의 목숨을 파리 목숨 여기듯 하는 것은 매우 어리석은 처사가 아닐 수 없다.

그와는 달리 스타벅스가 커피 전문점으로서는 매우 이례적으로 모든 매장의 판매 직원들에게까지 건강보험과 스톡옵션을 비롯해 일주일에 한 번씩 1파운드의 커피까지 무상으로 제공함으로써 평등한 기업 문화를 정착시킨 것은 매우 고무적인 일이다.

나는 고객 서비스를 현장에서 몸소 실천하는 직원들에게 낮은 임금을 책정하여 지급하는 것을 매우 불만스럽게 여기는 사람 중의 하나이다. 회사의 주요직을 장악하고 있는 화이트칼라들만 대접받는 사회 분위기 탓에 소비자들과 직접 부딪치며 최일선 현장에서 회사의 브랜드를 대표하는 블루칼라들은 더욱더 불만과 열등감을 느끼게 마련이다.

불만이 가득한 표정으로 마지못해 시키는 일만 하는 로봇 같은 직원을 고용하느냐, 아니면 자신의 일에 자긍심을 갖고 매사에 적극적으로 일하는 '소신 있는 직원'과 일하느냐 하는 것은 경영자에게 달려 있다. 소신 있는 직원을 원하는 경영자라면 '내가 시키는 대로만 해!'라는 식의 명령을 내려서는 안 된다. 직원들이 회사의 브랜드가 내포하고 있는 가치를 현장에서 적극 실현할 수 있도록 그들을 우선적으로 대우해주어야 한다.

그 밖에도 경영자는 직원들을 고무시키는 과정에서 때로는 브랜드의 이상을 실현하기 위해 주위의 온갖 유혹을 당당하게 물리

쳐야만 하는 상황에 처하기도 한다. 그럴 경우 경영자는 브랜드의 명성을 위해 보다 멀리 내다볼 줄 아는 혜안을 지니고 있어야 함은 물론이다.

언젠가 규모가 매우 큰 어느 친목단체가 수백만 명에 달하는 회원들에게 제공하기 위한 목적으로 존 행콕의 보험상품을 대량으로 구매하겠다고 나선 일이 있었다. 성사되기만 하면 매년 5,000만 달러라는 엄청난 수익을 보장받을 수 있는 건이었기에 우리 회사로서는 매우 중요한 계약이 아닐 수 없었다. 그래서 계약의 성사를 위해 존 행콕의 주요 간부들이 모두 발 벗고 나서서 무진 애를 썼고 바야흐로 계약은 막바지 협상 단계만 남겨두고 있던 참이었다. 그러나 그들은 마지막 순간에 갑자기 계약 조건의 대폭적인 수정을 주장했는데 그들이 내건 조건은 우리측으로서는 거의 아무런 이윤도 얻을 수 없는 터무니없는 것이었다. 그 동안의 모든 노력이 물거품이 되려는 안타까운 순간이었다. 그때 내가 계약의 결정권을 쥐고 있는 존 행콕의 실세 중 한 명임을 알아낸 그들은 은근히 나에게 압력을 넣기 시작했다. 하지만 나는 한치의 망설임도 없이 그들의 요구를 물리쳤다.

'정직과 청렴'이야말로 존 행콕이 목숨과도 같이 소중히 여기는 브랜드의 핵심 요소이다. 그들은 애당초 마음에도 없는 조건을 내세워 우리를 끌어들인 다음 거짓 협상을 한 것이다. 그들이 거짓말을 했다는 사실이 밝혀지자 나는 존 행콕의 브랜드가 더 이상 그들의 손아귀에서 놀아나도록 내버려둘 수 없다는 결론을 내렸다. 결국 협상은 결렬되었고 우리는 조금의 미련도 없이 당당하게 회의실을 걸어 나왔다.

존 행콕의 직원들은 계약을 파기하기로 한 나의 결정에 성원을 보내며 깜짝 파티까지 열어주었다. 우리 직원들은 내가 존 행콕 브랜드의 가치를 실현하기 위해 매우 이상적이고 용감한 결정을 내렸다고 생각한 것이다. 그러나 그것은 어디까지나 계약의 여러 가지 측면을 고려한 '실리적인' 결정이었을 뿐이다. 별로 이윤을 얻지도 못할 판매 계약에 집착하기보다는 직원들에게 항상 이야기해온 것처럼 우리가 우리 스스로의 가치를 소중히 여기고 있음을 당당하게 표현하는 편이 훨씬 더 큰 이익이 되리라는 치밀한 계산에서 나온 결정이었다.

기업 내부적 차원에서 브랜드 이미지를 강화해나가는 작업이 얼마나 중요한지 알고 있는 경영자라면 브랜드 메시지의 전달을 위해 대외적으로 실시하는 모든 일들 — 광고, 스폰서십, PR — 이 결과적으로는 기업의 내부에까지 그 영향력을 행사한다는 점도 유념해야 한다.

일류 브랜드를 구축하기 위한 노력의 가장 이상적인 형태는 리더십의 발휘이다. 브랜드 이미지와 이상적으로 결합된 리더십은 직원들을 기업이 원하는 방향으로 자발적으로 따라오도록 이끌어준다.

우리는 존 행콕이라는 기업을 한마디로 표현할 수 있는 응집된 이미지를 창조하기 위해 고심하고 노력해왔다. 그리고 그것을 존 행콕의 직원들이 스스로 인정하고 받아들여서 소비자들에게 직접 표출할 수 있도록 하기 위해 적극적인 광고와 스폰서십을 실행해오기도 했다.

1980년대 후반에 이르러 우리는 결국 존 행콕 이미지의 실체를 서서히 드러낼 수 있었다. 존 행콕은 소비자에게 상품을 강매하는 기업이 아니고 '소비자의 필요와 욕구'에 기반을 둔 상품개발과 마케팅, 그리고 판매를 실천하는 소비자 우선의 기업이라는 지침이 완성된 것이다. 근 20년이 지난 지금까지도 이와 같은 기본 철칙은 존 행콕의 모든 활동에 그대로 살아 숨쉬고 있다.

역시 1980년대 말에 즈음하여 시작된 '진정한 인생, 진정한 해답' 광고 캠페인은 존 행콕에 소속된 모든 직원이 소비자 한명 한명의 마음을 진심으로 이해하려 애쓰는 동시에 소비자들에게 최상의 만족을 줄 수 있는 특별한 상품을 공급하기 위해 고군분투하고 있다는 메시지를 기본으로 하고 있다.

광고 캠페인이 방송된 후 존 행콕의 직원들은 너도나도 이렇게 말하기 시작했다. "그래, 맞아! 우리는 소비자 욕구를 기초로 한 회사지 상품 위주의 회사가 아니야."

이것은 사실 기대 이상의 반응이었다. 직원들이 이처럼 쉽게 존 행콕 브랜드의 이미지를 흡수하리라고는 경영진도 미처 예상하지 못했다. 존 행콕의 직원들은 TV 광고를 통해 자신들이 다니고 있는 직장의 브랜드 메시지를 직접 확인한 것이다.

브랜드 메시지는 경영자가 직원들의 귀에 수천 번씩 읊어준다고 해서 받아들여지는 것이 아니라 직원들이 스스로의 체험을 통해 확인한 후에야 비로소 생명을 갖게 되는 것이다.

거듭 말하지만 경영자는 언제나 소비자와 직원들이라는 두 집단을 동시에 염두에 두어야 한다. 시장에서 유리한 고지를 점령하고 싶다면 소비자들의 환심을 사기 위해 노력하는 동시에 강력한 브랜드 메시지를 통해 직원들을 약속의 땅으로 이끌어라.

브랜드에 관한 책임은 CEO의 몫이다

브랜드는 기업의 운명을 좌우한다. 따라서 브랜드 구축에 대해 가장 고심해야 하는
사람도, 브랜드 명성에 대한 책임을 져야 하는 사람도 다름 아닌 그 기업의 CEO이다.
CEO가 자사의 브랜드가 가야 할 방향을 놓치면 기업 전체가 헤맬 수밖에 없다.

브랜드는 광고와 마케팅 그 이상의 것이다. 사람들이 기업의 로
고를 보거나 기업의 이름을 들었을 때 떠올리는 모든 것이 바로
브랜드다.

따라서 브랜드 관리를 광고부라든가 마케팅부 혹은 브랜드 개
발부 등 어느 한 부서만의 영역으로 제한하는 기업은 성공할 수
없다. 이런 기업들은 상품과 품질의 개발, 판매, 고객 서비스, 그
리고 사업의 확장과 합병 등 비즈니스를 구성하는 각각의 과정들
이 저마다 브랜드의 운명에 심각한 영향을 미치고 있음을 간과하
기 때문이다. 브랜드의 성패가 달려 있는 중대한 사항도 브랜드
의 의미를 제대로 파악하고 있는 전문가가 아닌 기업의 고문 변

호사나 회계사, 판매 직원, 심지어는 소프트웨어 엔지니어들이 되는대로 아무렇게나 결정하는 경우가 많다.

브랜드를 지키는 일은 전적으로 CEO의 몫이다. 결국 자사 브랜드의 가치에 대해 진지하고 심각하게 고민해야 하는 유일한 사람은 오로지 CEO 한 사람뿐이기 때문이다. 따라서 모든 기업의 CEO들은 브랜드에 관한 한 '다 내게 맡겨라! 모든 책임은 내가 진다!' 라는 자세가 되어 있어야 한다.

하지만 브랜드의 가치를 인식하지 못하고 브랜딩보다 더 중요한 일들이 얼마든지 많이 있다고 생각하는 CEO들도 많다. 이런 생각을 가진 CEO가 경영하는 기업들은 조만간 심각한 위기에 봉착할 수밖에 없다. 브랜드 관리를 소홀히 한 결과 규제기관의 조사와 단속이 이어지고 설상가상으로 제품을 회수해야만 하는 상황이 닥치면 결국 브랜드의 생명은 꺼지고 기업은 도산하는 사태에까지 이를 것이기 때문이다.

CEO들은 고액의 연봉을 받는 유능한 사람들이다. 따라서 한 기업의 운명을 책임지고 있는 CEO에게 주위 사람들이 다양한 관점으로 문제를 바라보는 유연한 사고와 시장 전반의 환경을 제대로 파악하는 명민함, 그리고 어떠한 유혹에도 흔들리지 않는 단호한 결단력 등을 기대하는 것은 당연하다. 그 중에서도 특히 CEO의 자격요건으로 가장 중요한 것이 무엇이냐고 물으면 대부분의 사람들이 재정 문제에 관한 능력을 꼽을 것이다. 실제로 많은 CEO들이 자신들의 경력 가운데 가장 자랑스럽게 여기는 부분도 재정 위기를 극복했거나 엄청난 수익을 올렸던 경험이 대부분이다. 그래서 자신들이 기업의 매출 신장을 주도했고 성공적인 인수와 합병을 성사시켰으며 전략적인 예산 운영을 통해서 탄탄한 자본력을 획득했다는 점을 누차 강조한다. 그러면 주주들은 능력 있는 CEO 덕에 기업의 주가가 상승했다고 좋아하면서 그의 경영방식을 매우 흡족하게 여기게 마련이다.

지금까지 나는 자신의 이력서에 '브랜드 전문가'라고 당당하게 적어놓은 CEO를 단 한 명도 보지 못했다. 그러나 장기적인 차원의 진정한 성공을 원하는 CEO라면 그의 최대 관심사는 브랜드가 되어야 한다. 투자 유치부터 판매 수익에 이르기까지 기업 재무와 관련된 모든 수치는 기업이 보유한 브랜드의 가치 평가에 좌우되는 것이기 때문에 어떠한 사항보다도 브랜드가 우선시되어야만 한다.

우량 브랜드를 보유하고 있는 기업은 자사 상품에 턱없이 높은 가격을 매겨도 소비자들이 기꺼이 구매해준다. 뿐만 아니라 기업의 주식 또한 고가에 거래된다. 하지만 우량 브랜드의 가치는 영원히 계속되는 것이 아니다. 다른 모든 요소가 아무리 견실하더라도 브랜드의 가치가 계속해서 하락하는 기업은 마치 학군도 안 좋은 지역에 으리으리한 집을 소유하고 있는 격이라고 할 수 있다. 조만간 집값이 바닥을 향해 곤두박질치리라는 것은 불을 보듯 뻔한 일이다.

브랜드 관리는 CEO의 전유물이 아니다

브랜드 관리를 바람직한 기업 경영의 핵심으로 여기지 않는 CEO

는 다음과 같은 치명적인 실수를 저지른다.

첫째, 문제의 경중을 제대로 가리지 못하는 사람들에게 기업의 운명을 맡기는 우를 범한다. 2000년에 발생한 '파이어스톤 스캔들'은 자신들과 직장 브랜드는 전혀 무관하다고 여기는 직원들의 안이한 태도가 결국 회사와 브랜드에 얼마나 큰 치명타를 입히는지를 보여준 대표적인 예이다.

「뉴욕 타임스」의 보도에 의하면 당시 파이어스톤의 재무 담당자들은 제품 회수라는 극단적인 조처를 취하기 2년 전에 이미 타이어의 결함에 대한 소비자 신고가 계속해서 증가하고 있음을 알았다고 한다. 더 기가 막힌 사실은 그보다 앞선 4년 전에 애리조나(Arizona) 주에서는 기온이 오를 때마다 타이어의 기능에 이상이 생긴다는 사실이 수차례에 걸쳐 파이어스톤 기술팀에 보고되었다는 것이다. 그뿐이 아니다. 수년 동안 파이어스톤의 변호사들은 문제가 된 바로 그 타이어의 결함에 관한 손해배상 청구를 무려 1,500건이나 처리하면서도 아무도 그 사실을 안전관리팀에 알리지 않았다.

이 모든 것이 틀림없는 사실이라면 파이어스톤은 자사 브랜드를 몰락시킬 수도 있는 치명적인 문제점을 회사 경영진이 모르고 있을 정도로 폐쇄적인 기업 문화를 가졌다는 비난을 면할 수 없다. 파이어스톤이 안전성이 결여된 제품을 생산하는 기업이라는 소비자들의 인식은 바로 파이어스톤 브랜드의 몰락으로 이어질 수밖에 없다. 결국 제품 회수를 단행한 두 달 후에 브리지스톤 파이어스톤(Bridgestone-Firestone)의 CEO는 품질 관리를 소홀히 했다는 이유로 해고되고 말았다.

존 행콕 역시 일선의 담당자들이 좀더 신속하게 대처했더라면 미연에 방지할 수도 있었을 스캔들로 곤욕을 치른 경험이 있다. 1980년대부터 1990년 초에 걸쳐 현장에서 보험 판매와 관련된 문건을 담당했던 사람들이라면 존 행콕의 일부 에이전트들이 부정한 방법으로 보험을 판매하고 있다는 사실을 쉽게 눈치챌 수 있었을 것이다. 하지만 그들은 그 사실을 즉시 상부에 보고하지 않았고 이는 결국 불미스러운 스캔들로 이어졌다.

그 사건 이후로 존 행콕은 브랜드의 평판은 곧 기업의 성패를 좌우한다는 점을 모든 직원들에게 주지시키려 각고의 노력을 기울이고 있다. 그래서 나는 이제 감히 존 행콕의 직원들만큼은 현장에서 업무를 수행하다가 조금이라도 잘못된 점을 발견하면 회사와 브랜드를 위해 그 즉시 상부에 보고하도록 정신적으로 굳게 무장되어 있다고 자부할 수 있다.

모든 문제는 브랜드를 통해 보아야 한다

CEO들이 저지르게 되는 두번째 심각한 실수는 브랜드에 관한 결정을 자신이 직접 내리지 않고 사회적인 분위기나 월스트리트의 상황, 혹은 손익분기점 등만을 고려해서 대충 내려지도록 방치한다는 것이다.

그 단적인 예가 바로 M&A(Mergers & Acquisitions, 기업 인수합병)이다. M&A는 기업의 브랜드에 결정적인 영향을 미치는 매우 민감한 사안임에도 불구하고 아직도 많은 CEO들이 브랜드와 전혀 별개의 것으로 여기고 있다.

최근에는 아무래도 규모가 큰 기업만이 월스트리트에서 인정받을 수 있으리라는 생각과 소비자들의 욕구를 충족시킬 수 있는 양질의 제품 생산을 위한 원가 부담이 기업들로 하여금 서로 손을 잡도록 부추기고 있으며, 산업 전반에 걸친 이러한 추세는 가히 M&A의 전성시대라고 해도 무방할 정도이다.

「뉴욕 타임스」는 막강한 자본력을 확보하기 위한 목적으로 시작된 M&A의 기원을 1890년대로 추정하지만 사실은 그보다 훨씬 전부터 다양한 목적의 기업 합병이 이루어져왔다. 급기야 인수합병 전문가라는 직업이 생겨날 정도로 본격화된 M&A의 기세가 이대로 꺾이지 않고 계속된다면 합병이 합병을 낳고 그것이 또 다른 합병을 낳아 결국에는 오직 단 하나의 초특급 공룡 기업만이 존재하는 세상이 오는 건 아닌지 염려가 되는 것도 사실이다.

CEO들과 투자은행들이 앞다투어 합병 행렬에 뛰어들고 있는 가운데 안타깝게도 합병 후 오히려 주가가 하락하는 불행한 기업도 적지 않다. 그러고 보면 합병은 일종의 도박이라고 할 수도 있겠다. 결과를 보장할 수도 없으면서 기업의 사활을 맡기고 벌이는 위험천만한 도박 말이다.

최근의 기업 합병에 있어 눈에 띄는 심각한 문제점 하나는 기업들이 아무런 브랜드 전략도 없이 무모하게 합병을 계획하고 추진한다는 점이다. 그러니 투자한 만큼의 대가를 거두어들이지 못하는 것도 당연하다. 흔히 합병을 시도하는 대부분의 기업이 '2+2=4'라는 계산을 전제로 쉽게 합병의 결과를 낙관한다. 그러나 두 기업의 브랜드가 어떻게 조화를 이루느냐에 따라 '2+2=2'

혹은 '2+2=6' 이 될 수도 있다.

보다 우위에 있는 브랜드가 그보다 못한 브랜드를 합병할 경우
에는 기업의 총수익이 당연히 신장하리라고 생각하겠지만 실제
로는 반드시 그런 것만도 아니다. 특히 각각의 브랜드가 속한 사
업의 성격이 서로 판이하게 다를 경우에는 보다 지배적인 브랜드
가 열세 브랜드의 이미지를 포용하여 강력한 하나의 브랜드 메시
지를 구축하기가 어려울 수밖에 없다. 또 비슷한 분야의 두 기업
이 합병하는 경우라 해도 각각의 브랜드가 나름대로의 '고유성'
을 가지고 독립적으로 존재했을 때의 매출에 훨씬 못 미치는 결
과를 낳을 수도 있다. 소비자들은 기업 간의 합병이 완료된 후에
도 한동안은 합병 전의 각각의 브랜드 이미지만을 기억하는 반면
디스트리뷰터들은 두 기업의 브랜드를 이미 하나로 간주해서 진
열 공간도 아예 한군데로 몰아버리는 경우가 많기 때문이다.

1986년에 이루어진 컴퓨터 제조 회사 스페리(Sperry)와 버로우
(Burroughs)의 결합은 브랜드 전략이 제대로 수립되지 않은 상태
에서의 기업 합병은 '2+2=2' 의 결과밖에 얻을 수 없다는 것을 보
여준 좋은 예다. 버로우는 애초에 '스페리' 라는 브랜드를 자사 브
랜드 산하에 완전히 흡수시키는 형태의 '적대적 M&A' 를 택했다.
바꿔 말하자면 버로우는 스페리의 '정복자' 였다. 그러나 그들은
두 기업의 결합으로 탄생한 새로운 브랜드에 '버로우' 라는 기존
의 브랜드 네임을 그대로 사용하지 않았다. 대신 합병된 두 기업
의 직원들을 대상으로 새로운 브랜드 네임에 대한 아이디어를 공
모했다. 기업 간의 경쟁이 극에 달한 컴퓨터 시장에 완전한 무의
상태에서 새롭게 도전해보겠다는 순진한 생각만을 앞세워 소비

자들로부터 이미 좋은 평가를 받고 있던 두 개의 우량 브랜드들
을 모두 헌신짝처럼 내버린 셈이다.

그렇게 해서 그들이 선택한 브랜드 네임이 유니시스(Unisys)였
다. 발음상 어감이 좋지 않다는 것이 문제였을까? 두 개의 빅 브
랜드 버로우와 스페리의 합병으로 초거대 기업이 탄생하리라는
애초의 기대와는 달리 유니시스는 초반부터 마구 흔들리기 시작
했다.

다른 기업을 합병하고자 할 때 상대측에게 지나치게 우호적인
매너를 보인다든가 혹은 과도하게 공격적인 태도를 보이는 것은
오히려 합병의 효과를 반감시키는 결과만 낳을 뿐이다. 하지만 보
다 우월한 위치에 있는 브랜드는 아무래도 자신이 정복자라는 사
실을 과시하고 싶게 마련이고 결국 욕심을 앞세우다 일을 그르치
게 되는 경우가 생기는 것이다.

전에 내가 커머셜 크레디트(Commercial Credit)에서 일할 때 미
국에서 가장 큰 부동산 회사의 하나인 ERA를 인수한 적이 있었
다. 당시 우리는 부동산사업에 관한 경험과 지식은 매우 일천했
지만 커머셜 크레디트의 존재를 전면에 내세우고자 하는 의욕만
은 가득했다. 그래서 소비자들의 의식에서 ERA의 존재를 깨끗이
몰아내고야 말겠다는 각오로 수년에 걸쳐 '커머셜 크레디트는
ERA보다 우세하다', '커머셜 크레디트는 ERA의 모기업이다' 라
고 외치는 광고를 내보내는 등 무진 애를 썼다.

이런 식의 비생산적인 기업 합병을 시도하는 기업은 생각보다
많다. 잘 나가는 브랜드가 너무도 탐이 난 나머지 엄청난 비용을
들여서 손에 넣은 것까지는 좋았는데, 막상 브랜드를 인수한 후

에는 그 브랜드가 가지고 있던 명성과 가치를 무참하게 짓밟아버리지 못해 안달이다.

어리석기 짝이 없는 정복자들과는 달리 철저하게 브랜드 전략에 기초하여 M&A를 성공시킨 경영자들도 있다. 그 대표적인 예로 들 수 있는 사람이 시티그룹의 회장인 샌디 와일(Sandy Weill)이다. 보다 우위에 있는 브랜드와 합병할 때마다 그는 철저하게 자사 브랜드가 아닌 우세한 브랜드를 내세우는 전략을 구사했다. 만일 커머셜 크레디트의 경영자가 와일이었다면 부동산에 대해서는 털끝만큼도 모르는 브랜드가 전면에 나서는 어처구니없는 일은 결코 발생하지 않았을 것이다.

프리메리카(Primerica)를 인수했을 때 와일은 새로운 브랜드를 프리메리카라고 부르는 데 조금도 주저하지 않았다. 그 다음으로 프리메리카가 트래블러스(Travelers)를 인수했을 때에는 그들의 브랜드 네임은 다시 트래블러스가 되었다. 그리고 트래블러스와 시티 코퍼레이션(Citicorp)이 합병되었을 때, 샌디 와일이 새로운 브랜드 네임을 업계 최고의 브랜드인 시티그룹으로 결정하리라는 것을 의심한 사람은 아무도 없었다.

서로 다른 방식으로 운영되던 두 기업이 하나가 될 때에는 일종의 '문화적 충돌'이 발생할 수밖에 없다. 특히 에퀴터블(Equitable) 생명보험사가 AXA 파이낸셜(AXA Financial)로, 크라이슬러(Chrysler)가 다임러크라이슬러(DaimlerChrysler)로 거듭난 것처럼 서로 다른 국적을 가진 기업들이 합병하거나 AOL이 타임워너(Time Warner)를 인수한 것처럼 신흥 브랜드가 업계의 막강 브랜드와 손을 잡는 경우에는 문화적 충돌이 더욱 복잡한 양상으로 나타나게 된다.

 기업을 인수한 경영자는 갑자기 한울타리 안으로 모여든 여러 개의 다양한 브랜드 메시지를 놓고 도대체 어떤 것에 중점을 두어야 할지 몰라 당황할 것이다. 이때 다른 모든 것을 압도하는 단 하나의 브랜드만을 주장하고 싶다면 과연 그 브랜드가 나머지 브랜드의 다양한 메시지를 모두 흡수할 수 있을 만큼 탄력 있는 브랜드인가를 먼저 신중하게 따져보아야 한다.

 예를 들어 프랑스에서는 매우 인기 있지만 미국에는 거의 알려지지 않은 브랜드가 있다고 치자. 이 브랜드를 소유하고 있는 프랑스 기업이 미국의 빅 브랜드를 인수했다면 과연 어떤 브랜드를 내세우는 것이 더 이익이 될까? 각각의 브랜드를 독립적으로 유지해야 할까? 아니면 두 브랜드 모두 과감하게 포기하고 아예 새로운 브랜드를 창조해야 할까?

 그러나 이처럼 경영자가 합병 후의 브랜드 네임을 두고 골머리를 앓으며 치열하게 고민하는 동안 회사의 다른 임원들은 그저 자신들의 차를 메르세데스 벤츠(Mercedes Benz)로 바꿀 것인가, 아니면 캐딜락(Cadillac)으로 바꿀 것인가 하는 생각에만 골몰해 있다. 이것이 오늘날 많은 기업들이 처한 한심한 현실인 것이다.

 어떤 브랜드 — 두 브랜드 중에서 어느 것이 더 우세한가 혹은 두 가지 모두를 대신하는 새로운 브랜드가 필요한가를 따져서 — 가 합병 이후의 거대해진 기업을 운영하는 데 더 도움이 되는가는 쉽게 답할 수 없는 문제이다. 그러나 그럼에도 불구하고 그것은 기업의 운명에 있어 매우 중요한 문제이며 따라서 기업 내부의 의견이나 특정 상황만을 반영해서 일방적으로 결정해서는 안 된다는 것만은 분명하다.

"고객을 만족시킬 수 있는 브랜드를 선택하라!"

이것만이 CEO가 고려해야 할 유일한 사항이다. 합병 후의 기업의 성공을 보장해줄 수 있는 브랜드는 소비자들의 마음을 끌 수 있는 브랜드뿐이다.

중요한 것은 브랜드를 지키는 일이다

브랜드 관리를 자신의 임무라고 생각하지 않는 CEO들이 저지르는 마지막 실수는 브랜드의 의미를 제대로 파악하지 못한 나머지 결국에는 회사에 대한 통제력까지 잃게 되는 것이다. 내 동창생 중에도 그런 친구가 한 명 있다. 그가 거느리고 있던 어느 컴퓨터 회사의 안타까운 예를 통해 CEO의 브랜드 인식의 중요성을 되새겨 보자.

컨트롤 데이터는 한때 IBM과 어깨를 겨룰 정도로 막강한 컴퓨터 회사였다. 창업자 윌리엄 노리스(William Norris)와 슈퍼컴퓨터를 개발한 천재 엔지니어 시모어 크레이(Seymour Cray)를 위시해 쟁쟁한 인재들이 포진한 그야말로 업계의 유망한 회사로 특히 1960년대와 1970년대에 정부기관과 산업체들을 대상으로 한 판매가 폭발적으로 증가하면서 눈부시게 성장하기 시작했다.

1967년 여름 미국 전역에서 인종 문제를 둘러싼 시위가 끊이지 않고 계속되자 컨트롤 데이터는 이를 기회로 투철한 참여 정신을 지닌 기업의 이미지를 확고히 다지겠다는 전략을 세웠다. 자신들이 보유한 첨단 기술을 통해 사회 발전에 이바지함으로써 서민들의 욕구를 충족시켜주겠다는 것이었다. 그래서 그들은 다른 기업들처럼 기부금을 내고 기념사진 몇 장 촬영하는 것이 전부인 형식적인 필랜트로피 활동에 만족할 수 없다면서 잘 알지도 못하는 사회사업을 자신들의 정식 사업에 포함시키겠다는 야심만만한 목표를 세우기까지 했다.

목표를 향한 첫걸음은 컨트롤 데이터의 메인프레임 컴퓨터와 연계된 쌍방향 교육 시스템 '플라토(PLATO)'로 시작되었다. 컨트롤 데이터측은 플라토의 개발에 총 10억 달러의 비용을 쏟아부었는데 이는 컴퓨터 사업부의 영업이익을 수년간 축적해야만 얻을 수 있는 엄청난 액수이다. 하지만 안타깝게도 이렇게 많은 돈을 투자한 플라토는 실패로 끝나고 말았다. 값비싼 최첨단 장비의 설치가 필수적인 플라토를 일선 교육 기관에서 도입하기에는 교육 예산이 턱없이 부족하다는 점을 미리 염두에 두지 못한 것이 치명적인 실수였다.

그 밖에도 컨트롤 데이터는 감옥에서 출소한 사람들이 일자리를 구하는 데 도움을 주고자 대중교통이 발달되지 않은 지역을 중심으로 저렴하게 중고차를 임대해주는 특별 프로그램을 시행하기도 했다. 하지만 전과자들은 컨트롤 데이터의 고귀한 뜻도 몰라주고 무려 34대나 되는 차를 훔쳐서 달아나버렸고 결국 컨트롤 데이터는 '범죄용 자동차'를 제공했다는 언론의 비난과 함께 웃음거리가 되고 말았다.

그러나 컨트롤 데이터는 포기하지 않았다. 그들은 기술력이 부족한 국가들과의 물물교환을 통해 전세계적 차원의 사회 공헌을 시도하고자 했다. 그래서 러시아제 크리스마스 카드를 포함해 유고제 와인 등 여러 가지 품목의 쓸데없는 잡동사니들을 잔뜩 받아들이고 그 대가로 수백만 달러에 달하는 컴퓨터를 중국과 구소련 국가들에 보냈다. 결국 컨트롤 데이터는 잡다한 쓰레기들을 처분하는 데 정신이 팔려서 주력 분야인 컴퓨터 사업까지 등한시하게 되었다.

그 잡동사니들 중에는 개인적으로 내가 무척 좋아하는 품목인 소련제 엽총도 있었는데, 품질은 그런대로 쓸 만했지만 시중에서는 그 총에 맞는 부품을 구할 수 없었기 때문에 찾는 사람이 거의 없었다. 게다가 마침 소련이 아프가니스탄을 침공하는 사태가 발생하는 바람에 제품의 이미지는 더욱 실추될 수밖에 없었다.

고심 끝에 컨트롤 데이터는 애물단지 소련제 엽총을 직원들에게 매각한다는 내용의 공고를 직원식당에 내걸기에 이르렀다. 정말 기가 막힌 일이 아닐 수 없다. 생각해보라. 식당에서 밥을 먹다가 엽총을 싸게 판매한다는 회사의 공고문을 보았을 때 과연 어느 직원이 자신의 직장에 대해 계속해서 자부심과 긍지를 느낄 수 있겠는가?

꼬리를 물고 이어진 일련의 시행착오들은 서서히 컨트롤 데이터의 브랜드 명성을 갉아먹으며 더 이상 업계 최고의 기업 이미지를 유지할 수 없도록 만들었다. 1980년대 초반까지만 해도 컴퓨터 관련 사업이 매출의 가장 큰 부분을 차지하는 주력 사업이었음에도 불구하고 점점 더 많은 사람들은 컨트롤 데이터를 산발적인 소규모 사업들만 벌이는 회사로 인식하게 되었기 때문이다.

소비자들은 결코 브랜드의 그림자를 좇지 않는다. 브랜드 자체를 받아들일 뿐이다.

업계의 유망 기업으로 한때는 최고의 자리를 넘보기까지 했던 컨트롤 데이터는 잔혹하고 치열한 컴퓨터 시장에서 일류 브랜드로서의 위상을 지키기 위해서 반드시 필요한 귀중한 재원을 난데없이 '사회가 필요로 하는 가치'를 충족시킨다며 헛되이 낭비했고 덕분에 자신들의 기조 사업마저도 뒷전으로 내몰고 말았다.

결국 그들은 소비자들에게 더 이상 최첨단 기술을 보유한 기업이 아닌 초라한 이미지를 가진 동네 변두리 상가로 인식되었던 것이다.

브랜드에 대한 애정과 자부심은 전염된다

CEO가 자사 브랜드의 방향을 잡지 못하면 기업 전체가 길을 잃고 헤매게 된다. 그러나 CEO가 늘 브랜드에 초점을 맞추고 브랜드에 기초한 경영을 한다면 이와는 정반대 현상이 일어나는 것은 물론이다. 어떤 일이 일어나는지 하나씩 짚어보자.

지위고하를 막론한 모든 직원들이 갑자기 브랜드 전문가가 될 것이다. 기업의 재무 관련 담당자들은 다른 기업을 인수하고자 할 때 과거에 그랬던 것처럼 총수익이 얼마나 증가할까 하는 것만 따지지 않고 전에는 한번도 생각해보지 못했던 그 무엇, 즉 인수하려는 상대 기업의 브랜드 명성에 눈길을 돌릴 것이다.

기업의 고문 변호사들은 그럴듯한 거짓말로 눈앞의 위기만을 모면하기보다는 정직하고 성실한 브랜드 이미지로 승부할 경우에 받는 보상이 더욱 강한 매력을 가지고 있음을 느끼기 시작할 것이고 광고 담당자들은 나름대로의 확신을 가지고 광고 전문가가 아닌 그 누구도 — 높은 자리에 있는 고위 간부라 하더라도 — 절대 광고 제작 과정에 간섭하지 못하도록 철저히 통제할 것이다.

정보기술(IT)을 책임지고 있는 직원들은 자신들이 단순한 기술자라기보다는 직장의 브랜드를 마케팅하는 사람들이라는 생각으로 무엇보다 고객들에게 자사 브랜드에 대한 신뢰를 심어줄 수 있는 기술적 지원이 이루어져야 함을 깨달을 것이다. 또한 판매 관련 부서는 '완전무결'한 브랜드 이미지를 유지하기 위해 조금이라도 브랜드에 누가 될 만한 점을 발견하면 즉각 관리자에게 보고하고 시정되도록 할 것이다.

CEO가 나서서 다른 무엇보다도 브랜드가 최우선임을 강조하면 그때부터 모든 직원들은 보다 폭넓은 관점에서 자사 브랜드를 바라보고, 브랜드에 관련된 모든 문제를 자신의 일로 생각하며 책임감을 느끼기 시작할 것이다. 이러한 브랜드 중심의 내부 문화가 확실하게 자리잡은 기업은 시장에서 대단히 유리한 고지를 확보해둔 것과 다름없어서 하루에 1,000명 또는 1만 명도 넘는 사람들이 끊임없이 브랜드 가치를 더해주는 놀라운 결과를 초래할 것이다.

일류 브랜드의 위치는 몇 편의 기발한 TV 광고를 통해 얻을 수 있는 것이 아니다. 소비자들과 접촉하는 모든 과정 — 무료 자동 응답 서비스에서부터 실제 상품을 구매하고 사용하는 것에 이르기까지 — 을 통해 즐거움을 제공하는 기업만이 소비자들에게 인정받는 파워 브랜드의 대열에 낄 수 있으며 이는 제품 디자이너에서 배송 담당자에 이르기까지 기업의 전 직원이 다 함께 브랜드를 돌보고 살찌우는 '브랜드 전문가'가 될 때 비로소 가능하다.

브랜드 전문가는 어떻게 만들어지는가? CEO가 직접 나서서 오늘날의 비즈니스에서 가장 중요한 것은 바로 브랜드라는 사실을 확신시켜 주면 된다.

신선한 고기와 썩은 고기

내가 어렸을 때 우리집은 유티카에서 식품점을 운영했는데 내 어린 기억에도 우리에게 물건을 대주던 업체들 때문에 부모님이 무척 애를 먹으셨던 일이 생각난다. 공급자들의 입장에서는 동네에 하나둘 슈퍼마켓이 들어서기 시작하자 상대적으로 규모가 작은 우리 가게가 매우 만만하게 보였던 모양이다.

특히 육류가 문제였다. 우리 가게에 육류를 대주던 업체는 최상품은 소비자들이 많이 찾는 슈퍼마켓에만 공급하고 우리한테는 오래 되어서 신선도가 떨어지거나 상태가 안 좋은 것들만 억지로 떠넘기려 했다.

생각 끝에 우리 부모님은 전화 주문 대신 일주일에 두 번씩 직접 가서 품질 좋은 고기를 골라오기로 마음먹었다. 그러나 지독하게 추운 냉동실에서는 후각이 마비되기 때문에 냄새만으로 고기의 상태를 판별하기란 불가능했다.

다행히도 우리 할머니는 신이 내린 탁월한 미감을 지니신 분으로 고기에 묻어 있는 박테리아 성분을 혀로 느끼는 재주를 가지고 계셨다. 할머니는 박테리아가 있는 고기를 먹으면 혀가 따끔 거리며 얼얼해진다고 하셨다. 얼마 후 할머니가 기운이 떨어져 도 살장에 가는 것이 힘들어졌을 때, 할아버지는 할머니 대신 나를 데리고 가셨다. 할머니의 탁월한 미감을 물려받은 행운아가 바로 나였기 때문이었다. 당시 나는 겨우 다섯 살의 어린 꼬마였지만 일주일에 두 번은 어김없이 새벽 다섯 시에 일어나 돼지 엉덩이 살이며 소갈비와 양고기 등을 핥아보고 품질 좋은 고기를 가려내 는 중요한 임무를 맡았던 것이다. 하얀 옷을 입은 사람이 우리에 게 내줄 고기를 가리키면 나는 쪼르르 달려가 핥아본 다음 혀에 이상한 느낌이 들 때마다 고개를 저었다. 그래서 하얀 옷을 입은 도살장의 일꾼들은 나를 '개미핥기 꼬마' 라고 부르며 놀리기도 했다.

우리 할아버지는 도살장에 가실 때마다 으레 '댈러샌드로 식품 점' 이라는 우리 가게의 브랜드 네임이 새겨진 도장을 가지고 가 셨다. 도살장의 사람들이 내 혀가 점찍은 고기를 바꿔치기할 수 없도록 잘 보이는 부분에 찍어서 우리 것임을 표시해두기 위해서 였다.

이제 한 기업의 운명을 책임지고 있는 CEO가 된 나는 어린 시 절의 그 작은 경험이 매우 유익하게 여겨질 때가 많다.

우리 가족이 하는 모든 일에 보증수표처럼 찍혀 있던 '댈러샌 드로 식품점' 의 브랜드와 마찬가지로 기업의 브랜드 역시 기업이 행하는 모든 일을 대표하는 것이다. 따라서 경영자는 모든 결정 을 내리기 전에 자사의 브랜드가 찍히게 될 그 일이 안전하고 올 바른 것인지, 혹 진부해진 것은 아닌지 심사숙고해서 잘 살펴야 한다. 상한 고기인지 아닌지 구별하기가 너무 어렵다면 우리 할머니와 내가 본능적인 감각을 통해 알아냈듯이 스스로의 본능이 이끄는 길로 가면 된다.

스스로에게 이렇게 물어보아라.

"이 일이 과연 우리 회사 브랜드에 도움이 될 것인가, 해가 될 것인가?"

이 간단한 질문이 기업 경영의 모든 것을 결정하는 가장 유용한 주문이며 프리즘이다.

브랜드 가치에 초점이 맞추어진 기업은 자사의 직원과 주주, 이 사회로부터 현재와 미래의 고객, 정부 규제기관, 그리고 미래의 합병 파트너에 이르기까지 기업의 운명을 쥐고 있는 모든 이들에게 만족과 기쁨을 주는 일이 가장 중요하다는 진리를 깨달은 셈이다. 이런 기업은 기업 경영에 별 도움도 되지 못하는 쓸데없는 일에 소중한 자본과 아까운 재능을 허비하지 않고 대신 기업의 생존에 반드시 필요한 소비자들의 애정과 존중을 받기 위한 활동에 집중할 수 있다.

브랜드에 초점을 맞춘 사업이야말로 성공을 위해 준비된 사업이라고 할 수 있다.

감사의 글

많은 사람들이 '언젠가는 책을 한 권 써봤으면' 하는 바람을 가지고 산다. 나 역시 이 책을 발간하게 된 지금 이 순간까지도 여전히 그런 소망을 간직하고 있다. 이 책은 나 한 사람에 의한 것이라기보다는 재능 있는 수많은 사람들의 힘이 모여서 이루어진 결과이기 때문이다. 이 책을 통해 나는 지난 일들을 회상하는 기회와 함께 감히 브랜딩에 관한 조언을 하는 행운까지 누릴 수 있었다. 그래서 이 자리를 빌어 그 동안 도움을 준 모두에게 감사의 말을 전하고 싶다.

특히 전 뉴욕 주지사 마리오 쿠오모(Mario Cuomo)와 전 매사추세츠 주지사 빌 웰드(Bill Weld)의 명연설문을 작성했던 탁월한 문장가이자 시나리오 작가인 미셸 오언스(Michele Owens) 여사에게 감사한다. 그녀는 일 년도 넘게 계속된 내 이야기를 참을성 있게 귀 기울여 듣고 그녀만의 유려한 문장으로 다듬어서 훌륭하게 재구성해주었다. 하지만 그런 가운데에도 내 생각, 내 목소리가 그대로 살아나게 하는 배려 또한 잊지 않았다.

다음으로 베키 콜레트(Becky Collet)에게 감사하고 싶다. 변호사이며 기업 커뮤니케이션 분야의 전문가인 그녀는 책을 쓰는 동안 내내 나를 격려하고 사기를 북돋워주었다. 이 책의 페이지마다, 글자마다, 뉘앙스마다 배어 있는 그녀의 노고에 깊이 감사하는 바이다.

존 행콕의 부사장인 변호사 스티브 버게이(Steve Burgay)는 뛰어난 편집 실력으로 나를 도왔을 뿐만 아니라, 이 책의 출판을 가장 먼저 기획한 장본인이기도 하다. 조 브레이너(Jo Breiner)는 발군의 자료 조사 능력을 발휘해 정확한 사실에 바탕을 둔 책이 나올 수 있도록 도움을 주었고, 변호사인 짐 마케티(Jim Marchetti)는 문장 하나하나를 꼼꼼히 검토해서 내용상의 오류는 없는지, 이 책에서 주장하는 바가 상식적으로 받아들일 만한 것인지를 일일이 확인해주었다.

그리고 나에게 아낌없는 충고와 격려를 해주고 편집에까지 참여해준 내 아내 자네트 댈러샌드로(Jeannette D'Alessandro)에게도 감사의 말을 전한다. 책이 나오기까지의 그 긴 시간 동안, 그녀는 모든 일이 잘 될 거라며 나의 곁에서 한결같은 모습으로 용기를 북돋워주었다. 드디어 책이 세상에 나온 지금, 나는 아내의 예언이 적중하기를 기대해본다.

편집자 메리 글렌(Mary Glenn)과 내 에이전트인 크리스 칼훈(Chris Calhoun)도 많은 도움을 주었다.

마지막으로 내가 일선에서 만난 수많은 사람들 ― 나와 좋은 관계를 맺은 사람들이든 악연으로 맺어진 사람들이든 — 그들과의 만남이 있었기에 거기서 얻은 모든 깨달음과 지식을 비로소 이 한 권의 책으로 엮을 수 있었음을 고백한다. 그들에게 오늘의 이 모든 영광을 돌리고 싶다.

데이비드 댈러샌드로

옮긴이의 글

성공적인 브랜드 구축 및 관리를 위한 지침서

바야흐로 21세기를 맞은 전세계 비즈니스계의 가장 주목할 만한 이슈 중 하나가 '브랜드'라는 사실에 대해 이의를 제기할 사람은 없을 것이다. 그렇다면 21세기 비즈니스계의 가장 뜨거운 화두인 브랜드란 과연 무엇인가?

미국 마케팅학회 AMA는 '판매자가 자신의 상품이나 서비스를 다른 경쟁자와 구별해서 표시하기 위해 사용하는 명칭 · 용어 · 상징 · 디자인 혹은 그 결합체'라고 브랜드를 정의하고 있다. 다시 말해 브랜드는 수많은 상품과 서비스가 각각 누구의 것인지를 '구별'하기 위한 목적으로 태어났고 이러한 브랜드의 기능은 지금도 변함이 없다.

그러나 오늘날의 '브랜드 가치'는 과거와는 비교도 할 수 없을 만큼 대단히 향상되었다. 이제 브랜드는 경쟁사와의 구별을 목적으로 한 단순한 '상품의 이름'이 아니라 다른 어떤 자산보다도 가치 있는 기업의 '무형자산'으로 인정받고 있다.

런던에 본부를 두고 있는 세계적인 브랜드 매니지먼트 회사 '인터브랜드(Interbrand)'는 매년 전세계 유명 기업의 '브랜드 자산가치(Brand Equity)'를 측정해서 발표하고 있다. 브랜드 자산가치의 측정이란 눈에 보이지 않는 무형자산인 '브랜드'에 가격을 매겨서 그 가치를 가시화하는 작업이다. 물론 눈에 보이지 않는 '무형자산'의 가치를 따지는 일이다 보니 측정 방법의 공정성과 타당성 여부가 논란이 되고 있는 것도 사실이다. 그러나 지금까지는 그저 '브랜드는 기업 활동에 매우 중요하다'고 막연하게만 알고 있던 사람들에게 한 기업의 브랜드가 전체 시장에서 차지하고 있는 위치와 중요성을 구체적으로 알려준다는 점에서 '브랜드 가치 따져보기'는 매우 의미 있는 작업이라고 할 수 있다.

2001년 인터브랜드가 최고의 브랜드 가치를 가지고 있는 것으로 평가한 기업은 미국의 코카콜라(Coca-Cola)이다. 전세계의 수많은 브랜드 가운데 단연 으뜸으로 꼽히는 '코카콜라' 브랜드는 무려 689억 5,000만 달러, 우리 돈으로 약 89조 6,000억 원에 해당하는 가치가 있다는 것이다. 그 밖에 인터브랜드가 선정한 2001년 '글로벌 브랜드 100'에서 2위를 차지한 기업은 역시 미국의 마이크로소프트(650억 달러)이고, 3위는 IBM(527억 달러), 4위는 GE(424억 달러)인 것으로 밝혀졌다. 아시아 브랜드로는 일본의 도요타(TOYOTA)가 186억 달러의 자산가치를 가진 것으로 집계되어 14위에 올랐고, 한국의 삼성(SAMSUNG)은 브랜드 가치가 63억 7,400만 달러로 42위를 기록했다. 삼성의 브랜드 가치는 세계 최고 브랜드로 평가받은 코카콜라의 10분의 1 정도에 불과하지만 아직도 OEM(주문자 상표 부착) 방식에 의한 무역 거래의 비중이 높은 우리 나라의 사정을 감안한다면 그 정도만으로도 대단한 쾌거라고 볼 수 있다.

이처럼 우리가 그 동안 '상품을 구별해서 부르는 이름' 정도로만 알고 있었던 브랜드 하나의 값어치가 웬만한 대기업의 총자산을 웃돌기까지 하는 오늘날의 사정을 보면 '브랜드'는 이제 기업의 성패를 가름하는 가장 중요한 요인이라고도 할 수 있다.

하지만 아쉽게도 브랜드에 대한 학문적이고 체계적인 연구는 최근에 들어서야 겨우 본격화되기 시작했다. 특히 우리 나라의 경우는 기업의 마케팅을 담당하고 있는 전문가들조차 아직도 브랜드를 '제품 이름'에 불과한 마케팅 믹스의 하부구조로 이해하는 경향이 지배적이다.

불과 몇 년 전까지만 해도 우리 나라 사람들은 대부분 '브랜드'가 아닌 '메이커'라는 말을 주로 사용해왔다는 점만 보아도 우리 나라에서 브랜드는 그 가치를 제대로 인정받지 못하고 홀대받아 왔음을 알 수 있다. 다행히 요즘 들어 우리 나라에도 전문적인 브랜딩을 대행하는 브랜드 매니지먼트 회사나 브랜드 네이밍 회사들이 하나둘 늘어나고 있는 추세다. 하지만 이들 역시 부르기 좋고 기억하기 쉬운 상표 이름을 짓는 회사로만 알고 있는 사람도 많다.

브랜드는 분명 마케팅의 상위개념이며 기업의 사활이 걸려 있는 기업 운영의 가장 핵심적 개념이다. 그저 그럴싸한 이름이나 하나 짓고 무차별적인 광고를 통해 그 이름을 널리 알리는 것이 브랜딩의 전부라고 생각한다면 여전히 '브랜드'를 제품의 이름

이라고만 생각하는 전근대적인 시각에서 벗어나지 못했다고 할
수 있다.

브랜드란 한 번 높은 자리에 올랐다고 해서 그 자리에 마냥 눌
러앉을 수 있는 것이 아니다. 시장환경과 소비자 욕구의 변화에
브랜드 역시 긴밀한 보조를 맞추어야 한다. 부단히 변화하고 끊
임없이 노력하는 브랜드만이 '브랜드 전쟁터'에서 살아남아 진
정한 승자가 될 수 있다.

하지만 애초에 자신이 어디서 왔으며 지금은 어디에 있는지를
제대로 알지 못하면 '변화'는커녕 지금 당장 어디로 가야 할지도
몰라 우왕좌왕 헤맬 수밖에 없다. 브랜딩의 방향설정이 제대로 되
어 있지 않은 상태에서는 마케팅이네 광고캠페인이네 하며 아무
리 소란을 떨어도 시시각각 변하는 세계 시장에서 길을 잃고 헤
매는 '미아'가 될 뿐이다.

스포츠 마케팅의 전문가이자 이 책의 저자인 데이비드 댈러샌
드로는 '브랜드 구축자(Brand Builder)'가 숨가쁘게 변화하는 시
장 환경에 발 빠르게 대처할 수 있는 역량과 지혜를 얻기 위해서
는 무엇보다 확고한 '정체성'을 지녀야 한다고 역설한다.

미국에서 가장 오래된 기업의 하나인 '존 행콕' 생명보험사의
존립이 위태로웠던 1984년 존 행콕에 입사한 저자는 전통적인 판
매 방식을 고수하던 다른 생명보험사들이 하나둘 쓰러져갈 때 오
히려 20퍼센트에 이르는 놀라운 성장률을 기록하며 존 행콕을 생
명보험업계의 독보적인 존재로 부각시켰다. 존 행콕 브랜드를 지
키기 위해 댈러샌드로가 견지한 마케팅 원칙은 바로 흐트러지지

않는 '존 행콕 정체성의 확립'이었다.

1998년에 IOC가 뇌물수수사건에 휘말리자 존 행콕은 즉시 올림픽 스폰서로서의 후원금 지급을 중단하기로 선언했고, 일개 기업의 이와 같은 용감한 결단은 결국 부패하고 추악한 기구였던 IOC의 근본적인 개혁을 이끌어내는 계기가 되었다. 이는 저자를 비롯하여 존 행콕의 경영진에게는 인간의 존엄한 '생명'을 다루는 생명보험사로서의 청렴하고 정직한 브랜드 이미지가 변질된 상업주의에 물들지 않도록 해야 한다는 굳은 신념이 있었기 때문에 가능한 일이었다. IOC의 부패에 맞서 싸우는 모습을 지켜보면서 소비자들이 존 행콕 브랜드에 단순한 생명보험사 이상의 높은 가치를 매겼음은 두말할 필요도 없는 일이다.

존 행콕 역사상 최연소 CEO인 동시에 세계적으로 권위 있는 경제지들로부터 이 시대 최고의 마케팅 리더이자 최고의 브랜딩 전문가로 추앙받고 있는 저자 댈러샌드로는 이 책을 통해 생생한 비즈니스 현장에서 자신이 직접 체험한 브랜드 구축의 성공과 실패 사례를 그만의 탁월한 식견으로 설파하고 있다.

아직 브랜딩에 대한 체계적인 연구가 전무하다고 할 수 있는 우리의 실정에서 댈러샌드로가 제시하는 '킬러 브랜드를 만드는 10가지 법칙'은 브랜드의 현재 위치와 앞으로 나아가야 할 방향을 알려주는 든든한 나침반 역할을 해줄 것이라 믿는다.

브랜드 운영자들에게 나침반이 되어줄 이 책이 번역되기까지 내게도 나침반이 되어준 분들이 많았다. 이 자리를 빌어 그분들에게 진심으로 감사를 드리고 싶다.

저자 특유의 냉소적이고 현학적인 문장을 원어민의 시각으로 친절하게 풀어준, 포드햄(Fordham) 대학에서 MBA 과정을 밟고 있는 미국인 친구 매트 카(Matt Carr)와 테러 사건이 터졌을 때 진심으로 안부를 걱정해준 청림출판사의 가족들에게 감사드린다.

마지막으로 '엄마가 동화책 읽어주는 시간'을 빼앗기고도 잘 참아준 나의 딸 지영이와 늦은 밤 내 곁을 지키며 말없이 격려해준 남편, 그리고 가까이에 계시지는 않지만 언제나 넘치는 사랑을 전해주시는 한국의 부모님께도 모두 감사드린다.

2002년 1월 미국 뉴저지에서
이수정